Geschichten und Geschichte

Theo Schmidkonz

Geschichten und Geschichte

Schwabenverlag

VERLAGSGRUPPE PATMOS

PATMOS
ESCHBACH
GRUNEWALD
THORBECKE
SCHWABEN

Die Verlagsgruppe
mit Sinn für das Leben

Für die Verlagsgruppe Patmos ist Nachhaltigkeit ein wichtiger Maßstab
ihres Handelns. Wir achten daher auf den Einsatz umweltschonender Ressourcen
und Materialien.

Gestaltung, Satz und Repro: Schwabenverlag AG, Ostfildern
Druck: CPI – buchbücher.de, Birkach
Hergestellt in Deutschland
ISBN 978-3-7966-1771-3

Inhalt

Wenige Tage vor seinem Tod am 2. Januar 2018 hat P. Theo Schmidkonz SJ die Arbeit an seinem Werk »Geschichten und Geschichte« abgeschlossen. Um dieses beeindruckende Zeugnis eines Lebens in schwierigen, aber auch spannenden und ereignisreichen Zeiten zugänglich zu machen, haben sich die Deutsche Provinz der Jesuiten und der Verlag entschieden, das Buch posthum zu veröffentlichen. Dankbar für die vielen Worte, mit denen P. Theo Schmidkonz SJ unzählige Menschen geprägt hat, legen sie den Leserinnen und Lesern seine Lebensgeschichte vor, die zugleich eine bewegte Zeitgeschichte spiegelt.

Vorwort

Ich wurde vor einem Jahr angehalten, eine Art Vita zu schreiben. Wie aber sollte diese aussehen?

Ich entschied mich für eine Zusammenstellung besonderer Geschichten in meinem Leben, die sich vor allem zum Nachdenken und Weitererzählen eignen, wie es eine Ärztin jetzt schon mit Erfolg macht. Dabei suchte ich Strukturen für die Geschichten. Grob gesagt: Ich fing an mit meiner Kindheit und Jugend. Dazu gehören verbotene Pfarrjugendarbeit, Verhaftung, Luftwaffenhelferzeit. Schreckliche Zeit in der Kriegsgefangenschaft, gute Zeiten im Seminar Chartres, Heimkehr, Priesterseminar Dillingen, Ausbildung bei den Jesuiten, Studentenpfarrer und 45 Jahre Priesterseelsorger, davon 31 Jahre mit Sitz im Heilbad Krumbad. Es sollte auf keinen Fall eine Biographie werden. Dazu fehlte es an Genauigkeit der Angaben für Personen und Zeitabläufe. Außerdem war ich gesundheitlich sehr angeschlagen mit fortgeschrittenem Parkinson und Metastasen in den Knochen und eine unheilbare Herzinsuffizienz. Ein guter Freund meinte: »Du hast uns so wunderbare Geschichten aus deinem Leben erzählt. Schreib sie zusammen auf. Viele werden sich freuen.« Ich versuchte es mit letzter Kraft.

Der Titel der Schrift lautet: »Geschichten und Geschichte«. Es ist schon interessant, wie oft Alltagsgeschichten die große Geschichte der Welt berühren: Viele lebendige Christen wurden vom Konzil und den neuen Päpsten sehr bewegt – bis zum heutigen Tag. Genauso verhält es sich zwischen meinem Leben und wichtigen Staatsereignissen. Schon ein mutiger Einsatz oder ein Gebet, wie die sieben Worte Jesu am Kreuz beweisen, kann die Welt verändern.

Ich hatte inzwischen Angst, das Ganze nimmt die Gestalt eines Religionsbuches an. Auf jeder Seite kommt fast einmal das Wort »Gott« vor. Aber dann sagte ich mir: Warum sollte es das nicht? Ist er nicht die Mitte der Weltgeschichte?

Herausragend für meine Prägung waren meine Eltern, Kaplan

Hermann Josef Wehrle und Pater Alfred Delp SJ. Daneben waren es vor allem Sätze für das – Leben –, egal von wem gesprochen. In unvergessener Erinnerung blieb mir ein Satz von Marc Chagall bei der Eröffnung einer seiner Ausstellungen: »Ich bin überzeugt, dass die Welt einmal nicht an *zu viel* Zärtlichkeit zugrunde geht, sondern an *zu wenig.*« Ich fing an, die Zärtlichkeit zu erkennen als den Kern aller Menschlichkeit. Papst Franziskus betont fast nichts so häufig wie die Zärtlichkeit auch im Christentum.

Ich danke meinen Vorgesetzten, dass ich weiterhin Seelsorge machen darf, indem ich jeden Tag Besuche empfange. Sie bauen mich mächtig auf und geben mir Energie.

Ignatius von Loyola rät in seinen Exerzitien, aus den biblischen Texten »Frucht zu ziehen«. Möge diese Schrift dem Leser ein wenig Frucht, Freude und Ermutigung schenken. Ich, ein alter Jesuit, hätte meine größte Freude daran in der Heimat Gottes.

Vorgeschichten

Zu meiner Freude darf ich feststellen: Meine Vorgeschichte hat eine passende biblische Wurzel. Bekanntlich kritisierten die religiösen Führer Israels Jesus mit den Worten: »Dieser Freund der Zöllner und Sünder!« (Lk 7,34) Mein Vater war 1912/13 an der bayrisch-böhmischen Grenze ein strenger Zöllner, auch Grenzaufseher genannt. Und meine Mutter war ergänzend die Sünderin. Denn die Kulzer-Kinder mussten nach dem Sonntagsgottesdienst in der böhmisch-katholischen Kirche im dortigen Dorf kräftig einkaufen und alles natürlich zollfrei über die Grenze schmuggeln.

Dabei ertappte mein Vater die noch sehr junge Rosina, ging mit ihr zu ihrem angesehenen Vater und erklärte diesem: »Entweder darf deine Tochter mit mir am nächsten Sonntag spazieren gehen oder ich muss Sie anzeigen.« Mein Großvater erwiderte: »Rosl, hast g'hört? Du gehst mit dem Schmidkonz Alisi am Sonntag spazieren!« Dies fühlte sich an wie eine Erpressung im Dienst. Weil aber mein Vater meine Mutter bildhübsch fand und meine Mutter sich ebenso spontan in meinen Vater verliebte, stand einer Hochzeit im Mai 1914 dort in Steinlohe nichts im Wege.

Als Bundespräsident Gustav Heinemann 1990 die Oberpfalz besuchte und im Katharinenhof bei Steinlohe übernachtete, durfte ich ihm die Gnadenkapelle von Steinlohe erklären. Anschließend zeigte ich ihm das große Schild »Landesgrenze« und sagte zu ihm: »An dieser Stelle hat mein Zöllner-Vater meine Mutter beim Schmuggeln erwischt und geheiratet.« Darauf Gustav Heinemann: »Aber dafür hätte sie nicht lebenslänglich verdient.« Gott sei Dank blieben meine Eltern »lebenslänglich« zusammen.

Eine weitere Vorgeschichte: Ich war nicht geplant, im Grund auch nicht erwünscht. Wir lebten in einem neuen, großen Beamten-Wohnblock, im Süden von Augsburg, Ulrich-Hofmeier-Str. 1. Die Wohnung war bereits ohne mich für acht Personen zu klein, inzwischen auch zu teuer. Mein Vater war nur Zollsekretär. In den Jahren laufender Inflationen und totaler Geldentwertungen konnten wir uns nichts leisten. Es war ein Glück, dass mein Vater

Meine Eltern

gelernter Schreiner war und alle Möbel selbst anfertigte. Nebenbei lernte er das Schuh-Handwerk und es verging kaum ein Abend, an dem es nicht etwas zu reparieren gab. Wir Buben trugen stolz die Klamotten des älteren Bruders, fühlten uns keineswegs arm und waren zufrieden. In der Wohnung gab es kein Bad, keine Dusche. Doch im Sechser-Block konnte man einmal in der Woche pro Familie im Keller warm baden.

Meine Mutter erzählte mir: Bei ihrer monatlichen Beichte offenbarte sie einem Pater ihre Not. Ein siebtes Kind sei im Moment nicht zu verkraften. Der Pater beschimpfte meine Mutter daraufhin so laut, dass die vor dem Beichtstuhl wartenden Frauen alles verstanden. Meine Mutter sei eine schwere Sünderin, ja eine Hure, wenn sie Kinder verhüten würde und er könne sie nicht von ihren Sünden absolvieren. Meine Mutter sagte: Beim Verlassen des Beichtstuhls hätten sie fast alle in den Arm genommen und ihr erklärt, sie solle den Pater anzeigen – sie seien ja Zeugen. Meine Mutter machte dies natürlich nicht. »Papa und ich beschlossen daraufhin, vorsichtiger zu sein und künftige Kinder anzunehmen, wie sie nun einmal kommen.« Meinem Eintritt in diese Welt stand somit nichts mehr im Wege.

Im Februar 1926 wurde ich im Schoß meiner Mutter empfangen und neun Monate später am 5. November 1926 im neuen Wöchnerinnenheim Augsburg an einem Freitag geboren. Manche Fragen und Probleme mit der Mutter Kirche schienen also irgendwie bereits vorgezeichnet zu sein, wie sich schon fünf Tage später erweisen sollte. Am 10. November 1926 wurde ich zusammen mit

Dutzenden anderer Neugeborenen in einem großen Saal des Wöchnerinnenheimes getauft. Scheinbar war damals schon die Zeit sehr knapp bemessen. Meine Mutter sagte, der Kaplan fegte mit einem Tempo durch die Reihen: »Ich taufe dich im Namen des Vaters und des Sohnes und des Heiligen Geistes.« – Sie konnte nicht feststellen, ob ich vom Taufwasser überhaupt etwas erwischt hatte!

Ein Bischof wollte mich später sogar nochmals taufen und mir die Priesterweihe spenden – »zur Sicherheit«, meinte er. Ich verließ mich lieber auf die Sicherheit und Großzügigkeit *Gottes!*

Am 10. November 1926 gab es noch ein Taufpatenproblem. Die fünf möglichen Onkels waren schon bei meinen fünf älteren Brüdern als Paten besetzt. Also bekam ich eine Paten-*Tante*, eine große Auswahl bei allein acht Schwestern mütterlicherseits. Bei uns taufte man immer auf den Rufnamen und den Namen des Paten. Seither heißt mein ganzer Vorname: Theodor Maria, worüber meine Tante Marie und ich sehr glücklich waren.

Familie noch ohne Paul: Leo, Alois, Mutter, Berta, Theo, Vater, Alfons, Herbert

Geschichten in Kinder- und Jugendzeit

Interessant war für mich, was mir meine Mutter über meine ersten drei Kinderjahre erzählte, an die ich mich selbst nicht erinnern kann. Ich sei sehr gerne in die Kirche mitgegangen, hätte mich aber ziemlich temperamentvoll benommen und immer wieder neue Fragen gestellt wie: Warum schläft der immer, wenn ich mit ihm reden möchte? Er gibt mir keine Antwort! Oder: Warum steckt man ihn in einen goldenen Käfig, er bekommt doch keine Luft und erstickt? Wenn keine Gottesdienste stattfanden, durfte ich alles kräftig beschnuppern und erforschen. Am liebsten wollte ich immer wieder auf die Kanzel hinaufkrabbeln und ich musste auch alle Beichtstühle genau inspizieren, wobei ich gefragt haben soll: »Ist dies ein Gefängnis?« Meine Mutter erwies sich als gute Theologin, weil sie alle Fragen erlaubte. Natürlich musste ich die Glockenschellen am Altar ausprobieren. Und einmal hätte ich versucht, den lebensgroßen Antonius in seiner Kapelle etwas zu kitzeln, um ihn aus seiner Ruhe zu bringen. Zu meiner Enttäuschung ist mir dies leider nicht gelungen. Meine Mutter sagte, ich hätte mich in der Kirche so wohl gefühlt wie auf der Fußballwiese.

Besonders geliebt hätte ich in den ersten drei Jahren feurige Prediger zum Beispiel in der Fastenzeit. Man musste mich unter der Kanzel so platzieren, dass ich den Prediger fest im Auge hatte. Manchen Prediger habe dies sogar irritiert und einer habe beim Mesner nachgefragt, wer dieser gestörte Knabe sei, der ihn die ganze Zeit angestarrt hätte. Ich weiß mit Sicherheit: Meine Mutter erfand keine Märchen. Das war nicht ihre Art. Auf ihr Wort kann ich mich verlassen.

So erzählte sie ferner: Lieblingsausflug unserer Familie im Sommer und Herbst war die kleine Kobel-Wallfahrt, ein beliebter Marienort westlich von Augsburg. Eine erhebliche Strecke ging man zu Fuß. Noch vor dem Kobelberganstieg jammerte ich: »Es geht nicht mehr. Ich kann nicht mehr.« Meine Mutter reagierte – wie sie sagte – mit ihrer echten Glaubensüberzeugung: »Auch wenn du ihn nicht siehst, der Heiland geht direkt vor dir, nimm dich bei der Hand und zieht dich mit, bis wir oben sind. Und mit ihm schaffst du es.« Rückblickend machte ich die Erfahrung: Wenn zwei miteinander fest glauben, geht alles wesentlich leichter. *Gehen* musste ich schon selbst; aber die *Kraft* zum Gehen kam von ihrem Glauben, steckte mich an, trug mich den Berg hinauf.

Wie oft steht in der Bibel: »Und Jesus ging ihnen *voran*. Er sagte: Habt keine Angst! Glaubt doch an Gott und glaubt auch an mich! Ich bin bei euch alle Tage.«

Diese Geschichte aus meiner frühen Kindheit erzählte mir meine Mutter, als ich blutjung noch in den Krieg ziehen musste. Diese *wahre* Geschichte schenkte mir Kraft in Gefangenschaft, in schwerer Krankheit und in Zeiten der Krise.

40 Jahre später erzählte ich als Prediger auf der Kobel-Wall-fahrtskanzel im Freien meine damalige Weg-Geschichte. Bei diesem Familiengottesdienst wollte ich vor allem den Kindern Mut machen, nie aufzugeben. Den Schub dazu hätte ich von meiner Mutter bekommen und vom Glauben an Jesus.

Unsere Familie war unsere Heimat, egal wo wir wohnten. Wir hielten alle zusammen und jeder konnte sich auf den anderen verlassen. Die Älteste von uns, unsere einzige Schwester Berta, war zu uns wie eine zweite Mutter, unter uns Geschwistern der liebenswürdige Chef. Ihr Apfelstrudel war Weltklasse. Sie mochte ihre sieben Brüder und tat alles für sie. Alfons, der mit Leib und Seele Gärtner war, starb an der russischen Front, genau am geplanten Hochzeitstag mit Luise. Alois, der Geigenspieler, war im Internat St. Ottilien und im Ludwigs-Institut zu Augsburg bei den Benediktinern. Wir sahen uns leider sehr selten. Sein Tod in Russland war schrecklich, nicht zu beschreiben. Regelmäßig im Abstand von zwei Jahren kam der nächste Nachwuchs. Leo war der ideenreichste unter uns Geschwistern. Obwohl wir alle vorübergehend Pfarrer werden wollten und »Pfarrer spielten« – Leo wollte von Anfang an Papst werden. Meine Mutter nähte ihm eigens ein weißes Kleid und ich Fünfjähriger diente seiner Heiligkeit mit großem Respekt. Er wurde dann aber doch lieber ein Familienvater mit drei Kindern. Mit Herbert lag ich nachts in einem Bett, wobei er mir mit einer Taschenlampe unter der Decke fast den ganzen Karl May erzählte. Mein Vater kontrollierte nämlich jede Nacht zweimal, ohne uns je zu erwischen. Herbert behauptete: Das »Sich-nicht-erwischen-Lassen« sei die bevorzugte Tugend der Schmidkonz-Buben gewesen. Eugen starb schon mit wenigen Jahren. Ich kam dann als Vorletzter und sechs Jahre nach mir unser jüngster Bruder Paul. Er hatte den nachhaltigsten Einfluss auf mein Leben. Er setzte mich immer wieder auf neue Spuren. (Mit drei Geschichten über ihn schließe ich im Wesentlichen auch meine Geschichten.)

Ich ging gern in den Kindergarten der Pfarrei St. Anton, unter der Leitung von Schwestern aus St. Ursula. In bester Erinnerung ist mir die damalige Postulantin Innocentia. Sie war phantasiereich, humorvoll, kreativ und versuchte jeden zu fördern, so gut es ging. Mir vertraute sie zum Beispiel zwei verängstigte Buben an, die häufig gehänselt und ausgegrenzt wurden. Es machte mir Freude, für diese einzutreten, was übrigens zu einer Freundschaft führte, die bis heute andauert. Enorm, was die Frauen von St. Ursula zum Aufbau der neuen Pfarrei St. Anton leisteten! Wie modern sie ihre Arbeit im Altenheim St. Albertus mit ihrer Tätigkeit im Kindergarten zu verbinden wussten. Mein sechs Jahre jüngerer Bruder Paul entdeckte dort sein Talent zum Theaterspielen und die Gabe, zum Laienspiel zu ermutigen. Was für ein Segen ging von dem kleinen Kindergarten aus!

Von meinen Brüdern wurde ich schon früh in die große Welt des Fußballs eingeweiht. Mit anderen Buben verbrachten wir viel Zeit auf den Spielwiesen neben dem Wittelsbacher Park, nur wenige Minuten von unseren Häusern entfernt. Schon mit zwei bis drei Jahren wurde ich ein wichtiges Element auf dem Fußballplatz.

Die Tormarkierung bestand meistens aus zwei Kitteln, bis meine Brüder entdeckten, ich sei auch ein sehr geeigneter Außenpfosten des Tores. Wenn dann ein strammer Schuss hörbar und für mich sehr spürbar auf meinem Kopf landete, schrien alle: »Latte.«

Der Fußball war immerhin aus Leder und zeigte entsprechende Wirkungen: Ich *träumte* vom Fußball. Wir spielten im Wohnungsgang mit einem Tennisball Fußball, sodass beim unter uns wohnenden Regierungsrat der Kronleuchter wackelte. Mein Vater war trotzdem immer auf unserer Seite.

Ich durfte alle zwei Wochen am Sonntagnachmittag ins Fußballstadion, wo der FC Schwaben gegen Jahn Regensburg spielte – mit ihrem Nationaltorwart Jakob oder gegen Schweinfurt mit ihren Nationalspielern Kupfer und Kitzinger. Unser Idol beim FC Schwaben war natürlich Ernst Lehner,

Meine Geschwister und mein Cousin aus Holland

Deutschlands bester Rechtsaußen aller Zeiten. Der Vater von Ernst Lehner war mit meinem Vater seit dem Ersten Weltkrieg eng befreundet. Wir kamen so leicht an Autogramme des Nationalspielers. Für *ein* Autogramm von ihm bekam ich 10 Pfennig, das waren zwei große Eistüten. Diese Stars waren damals noch echte Amateure und spielten für ein Butterbrot. Leider hat bei mir der Fußball stark an Sympathie eingebüßt durch den gigantischen Kommerz der letzten Jahrzehnte. Schade!

Während der ersten vier Klassen an der Wittelsbacher Volksschule, Augsburg, ist mir in bester Erinnerung unser Lehrer Hans Kohl. Einmalig seine engagierte Heimatkunde, seine tollen Ausflüge mit uns in schwäbische, oberbayrische Städte und Dörfer mit ihren wunderbaren Kirchen, Brunnen und Denkmälern. Er weckte in mir zum ersten Mal die Freude an der Kunst, die mich nie mehr los ließ. So erlebte ich mit ihm zum ersten Mal den Dom und St. Ulrich in Augsburg mit der dazwischen liegenden prächtigen Brunnenstraße, die zu den schönsten der Welt gehört. Das ging mir Jahrzehnte später so richtig auf, als ich durch Zufall wieder eine Domführung mit dem inzwischen pensionierten alten Kohl erlebte – hinreißend!

Am besten lasse ich ihn selbst zu Wort kommen mit einem kurzen Brief, den er mir zu meiner Priesterweihe 1957 schrieb: »Ich danke Gott, dass ich dir vier Jahre lang den Weg zeigen durfte zum *Leben*. Dazu gehört lesen, schreiben, rechnen können, die Geschichte der Heimat erforschen, aus der man kommt, vor allem aber – *Gott* auf der Spur bleiben. Dass du *selbst* auf dieser Spur bleibst und vielen Menschen diese Spur zeigen darfst, wünsche ich dir von ganzem Herzen. Ich bete für dich. Lieber Theo, bete du für uns und deinen alten Lehrer Kohl.«

Meine Mutter war sehr bildungshungrig, liebte gute Vorträge. Die älteren Geschwister waren anfangs verantwortlich für die jüngeren; später hatte sie »freie Fahrt«, weil alle aus dem Haus waren. In ihrer Pensionszeit lebten meine Eltern bei meiner verheirateten Schwester Berta in Aitrang/Allgäu. Dort besuchte die Oma Schmidkonz einen Vortrag »Umgang mit Kleinstkindern«. Als meine Mutter im Saal auftauchte, schmunzelten die jungen Mütter und meinten: »Frau Schmidkonz, da sind sie heute auf dem falschen Dampfer. Bei uns geht es um Kleinstkinder.« Sie antwortete: »Aber meine Enkel sind Kleinstkinder und ich möchte wissen, wie man diese *heute* erzieht. Wir lernen doch nie aus, oder?« Dafür bekam sie Applaus. Sie urteilte nie über Dinge, von denen sie nichts oder wenig verstand. Dafür war sie umso wissbegieriger.

Die ersten zehn Jahre meines Lebens war ich öffentlich auffallend schüchtern, bis ein Ereignis 1936 in mir ein starkes, bleibendes Selbstbewusstsein weckte. Es war am 29. Juni, am Fest von Petrus und Paulus. Die katholischen Männer von Augsburg hatten den berühmten Jesuitenpater Rupert Mayer SJ zu einer Festpredigt in ihre Stadt eingeladen, in eine ihrer größten Kirchen, ich glaube es war die Basilika St. Ulrich. Tausende Männer pilgerten dorthin; doch viele fanden keinen Platz mehr. Deshalb waren auch keine Frauen zugelassen, worüber am Eingang der Basilika ein zwei Meter großer Herr mit unbarmherziger Strenge wachte. Als ich kleiner Knirps im Strom der Männer plötzlich vor diesem Riesen stand, packte mich eine lähmende Angst, obwohl ich die Hand meines Vaters auf meiner Schulter spürte. Der Kirchenwächter schaute mich von oben herab kritisch an und fragte dann meinen Vater energisch: »Ist das vielleicht ein *Mann*?« Mir stockte einen Moment der Atem, bis mein Vater mit fester Stimme sagte: »Ja, das ist ein Mann!« Jetzt lächelte der Inquisitor und sagte nur noch kurz: »Dann rein mit dir zum Pater Rupert!« Ich war zwar der Kleinste unter lauter großen Männern, aber ab jetzt fühlte ich in meinem Innersten: »Du brauchst dich vor niemand mehr zu fürchten, vor keinem Menschen.« Ich übertreibe nicht: Ab jetzt war ich wie verwandelt. Ich war überzeugt – Pater Rupert Mayer SJ hat dies in mir bewirkt. Mein Vater sagte oft zu uns acht Kindern, er kenne keinen mutigeren Menschen als diesen Pater. Meine Schüchternheit war mit einem Schlag weg. Ein gesundes Selbstbewusstsein jedenfalls hat mir seit diesem Erlebnis in entscheidenden Situationen sehr geholfen.

Jetzt wartete ich aber voll Spannung auf diesen Mann selbst. Eindrucksvoll, wie der beinamputierte Pater die Kanzel bestieg. Seine Worte waren einfach, verständlich und bewegten mich. Der Hauptgedanke seiner Predigt sollte mich mein ganzes Leben begleiten. Seine Worte damals habe ich später hunderte Male in Vorträgen, Predigten und Gesprächen weitergegeben.

Der Pater schilderte zuerst das Versagen dieser zwei bedeutenden Apostel. Dann fragte er: »Wie groß muss die Liebe Gottes sein, die aus zwei schweren Sündern so große Heilige macht?« Ich konnte gut stenografieren und schrieb die Worte des Predigers in ein Büchlein, das ich immer bei mir trug, mit dem Titel »Worte fürs Leben«. Rupert Mayer SJ sagte wörtlich: »So wie Gott Petrus und Paulus liebte – nämlich mit unendlicher Liebe – so liebt er auch jeden von *euch*!« Er fuhr fort: »Diese Liebe würde ich jetzt gern so lebendig beschreiben, dass ihr sie tief in euch bewahrt und keinen Tag mehr vergesst. Ich will es mit meinen armseligen Worten versuchen«, sagte er bescheiden. Darauf folgte ein typischer Rupert Mayer-Vergleich, den jeder Mensch, ja jedes Kind versteht: »Wenn ich – seitdem es Menschen gibt – die Liebe aller Männer zu ihren Frauen und Kindern zusammennähme und dazu die echte Liebe aller Frauen zu ihren Männern und ihrer Familie – dann wäre diese Liebe nur ein schwacher Abglanz *der* Liebe, mit der Gott jeden Einzelnen von *uns* liebt!«

Diese Liebe konnte ich mir vorstellen, weil sie uns von unseren Eltern einmalig vorgelebt wurde. Auch der Blick auf die zwei so gegensätzlichen Gestalten Petrus und Paulus hat meinen Glauben an das grenzenlose Erbarmen Gottes wesentlich bestärkt. An diesem Peter- und Paul-Tag war ich mit Sicherheit der glücklichste, jüngste Mann von ganz Augsburg.

Lieber Bruder und Freund Rupert, schon dein *Kommen* nach Augsburg und erst recht deine *Predigt* dort brachten in mein junges Leben eine unvergessliche Zäsur. Du wurdest eine feste »Größe« auf meinem Weg. Keine Novene mit dir – egal ob für mich oder für andere – war umsonst. Du hast mir in den letzten achtzig Jahren immer wieder Mut gemacht. Dafür danke ich dir heute von ganzem Herzen. Dass ich neuestens (2017) zu deiner früheren Hausgemeinschaft St. Michael in München gehören darf, ist für mich eine ganz besondere Freude. Ich fühle mich aber auch hier, im Heilbad Krumbad, mit dir engstens verbunden. Denn in diesem Haus hast du 1938 nach deiner Haftentlassung aus dem Gefängnis Landsberg acht Wochen lang in aller Stille Exerzitien gemacht. Du hast Gott täglich gefragt: Soll ich künftig reden oder dem Wunsch meiner Vorgesetzten folgen und schweigen? In deinem Ringen um die Erkenntnis des Willens Gottes bleibst du mein Vorbild. Ich freue mich auf unser zweites und endgültiges Wiedersehen.

Im gleichen Jahr half mir ein zweites Erlebnis, meine übertriebene Schüchternheit endgültig zu überwinden. Ich war in der ersten Klasse im Gymnasium der Benediktiner in St. Stephan, als eine schwere Diphtherie-Erkrankung mich acht Wochen lang von Freunden und Schule völlig isolierte. Nach dieser Zeit besuchte unser Klassenlehrer P. Ulrich Vogg meine Eltern, was ungewöhnlich war. Ich ahnte nichts Gutes und lauschte heimlich an der Wohnzimmertüre. Er gab den dringenden Rat, ich sollte die erste Klasse besser wiederholen, der Lernstoff sei zu groß. Da riss ich die Türe auf und sagte laut und wütend: »Ich will jetzt nicht aufhören. Ich weiß, ich schaffe es, weil meine Freunde mir helfen werden.«

Während meine Eltern, wie sie später sagten, mich nicht wieder erkannten und sprachlos waren, sagte der Pater spontan und lächelnd: »Theo, ich glaube dir, du schaffst es.« Und er bot meinen Eltern kostenlos Nachhilfestunden an, besonders in Latein und Mathematik. Das Schuljahr war gerettet. Meine bisherige große Unsicherheit war weg. Ich wagte ab jetzt, meinen Mund aufzumachen und meine Meinung zu vertreten. Die Angst, ich könnte mich blamieren, war für allezeit verschwunden. Ich verdankte dies natürlich klugen Lehrern und sehr weisen Eltern, die meinen damaligen Mut-Ausbruch nicht autoritär im Keim erstickten, sondern als eine Chance begriffen.

Mein Vater war ein höchst politischer Mann. Ich erinnere mich genau, wie eine brisante Äußerung von ihm über Hitler mich aufhorchen ließ. Ich war gerade erst sechs Jahre alt geworden. Hitler wurde am 30. Januar 1933 vom Reichspräsidenten Paul von Hindenburg zum neuen Reichskanzler ernannt. Man wurde aufgefordert, die Hakenkreuzfahne aus dem Fenster zu hängen, was in unserem Häuserblock auch geschah bis auf die Schmidkonz-Fenster. Wir hatten nämlich keine solchen Fahnen. Warm bekleidet hingen wir alle am offenen Fenster und schauten gespannt auf die belebte Hindenburgstraße. Dort marschierten mit Musik und Liedern endlose Fackelzüge von Soldaten und SA-Leuten durch die Nacht. Es hatte etwas Faszinierendes an sich und verbreitete gleichzeitig eine gespenstische Atmosphäre.

Mein Vater hielt mich fest in seinem Arm. Ich fühlte mich sicher. Um uns herum die Schar meiner Geschwister. Meine Mutter lag mit meinem vor einer Woche geborenen jüngsten Bruder Paul noch im Wöchnerinnenheim. Rückblickend – ein gewaltiger Einschnitt in mein junges Leben. Denn mein Vater kommentierte das ganze Geschehen mit ziemlich kritischen Bemerkungen, mal leiser und dann auch wieder ziemlich laut. Seine Worte waren für mich in dieser Nacht wie ein Evangelium. Ich höre noch meinen ältesten, damals 16-jährigen Bruder Alfons warnend sagen: »Papa, sei vorsichtig! Wir wissen nicht, was die Nazi vorhaben.«

Doch jetzt legte mein Vater erst richtig los: »Kinder, denkt daran: Dieser Mann will den Krieg. Fallt bloß auf seine schönen Worte nicht herein. Jetzt haben wir einen Verbrecher als Kanzler!« Wie eine prophetische Vision haben sich damals seine Worte in mich eingegraben. Ich dichte nicht ein Wort hinzu. Mir wurden die Augen geöffnet. Und – ich glaubte meinem Vater. In mir war mehr als nur ein politischer Instinkt erwacht. Ab diesem Fenstererlebnis wurde mein Vater die nächsten zwölf Jahre der zuverlässigste politische Kompass in meinem Leben. In seinen klaren Beobachtungen und Analysen sah er die grausame Wirklichkeit konsequent auf uns zukommen. Wie war dies nur möglich? Unglaublich viele Akademiker fielen auf die raffinierte Taktik Hitlers prompt herein, während viele einfache Angestellte und Arbeiter den Durchblick bewahrten.

Es waren immer wieder einzelne kleine *Geschichten*, die mich von Mal zu Mal sensibler machten für den Sinn der *Geschichte*. Das Fenstererlebnis am 30. Januar 1933 war zunächst so etwas wie ein kleines Schauspiel, auch eine Befriedigung von Neugier. Die Familie rückte enger zusammen. Die Älteste von uns, meine Schwester Berta, holte uns zurück in die Normalität des Alltags, indem sie fragte: »Wollen wir jetzt nicht endlich etwas essen und trinken. Ich habe etwas hergerichtet.« Alle lachten wie befreit. Wir beteten noch für unsere Mutter und unseren jüngsten Bruder Paul und gingen dann zu Bett. Das Leben ging weiter.

Fundamental für meine Mutter und meinen Vater war ihre Aufnahme in den Dritten Orden des hl. Franz von Assisi an ihrem Hochzeitstag, dem 24. Mai 1914, in Steinlohe. Eine der wenigen Verpflichtungen lautete: Täglich ein wenig Heilige Schrift lesen,

Altes wie Neues Testament. Meine Mutter konnte sagen: »In der Bibel spricht Gott, spricht Jesus unmittelbar mit mir. Er meint nicht die anderen, sondern *mich*.« Sie las die Bibel wirklich *betend* und war deshalb so geprägt von ihr.

Ihre primäre Orientierung waren einfach die Person und die Botschaft Jesu. »Von ihm habe ich gelernt«, sagte sie zu mir, »niemanden zu verurteilen; denn *seine* Gedanken sind nicht *unsere* Gedanken und *seine* Wege sind oft erstaunlich anders.« Mein Bruder Herbert war ein grundguter Mensch, hilfsbereit für jeden; aber mit seinen Ehen hatte er Probleme. Er suchte vier Mal die »Richtige«. Nachdem er zwei Frauen je zweimal geheiratet hatte, funkte es endlich bei ihm. Durch seine letzte Frau bekam er wieder Freude am Glauben, wurde ein ausgesprochener Familienmensch, war beliebt in jeder Runde, besonders im Heimatort seiner Frau Adelheid in Butzweiler bei Trier. Er zog eigens dorthin, damit seine Frau nach seinem Tod bei ihren Verwandten leben könnte. Eines Tages fragte ich meine Mutter: »Was hältst du von den vier Ehen unseres lieben Herbert?« Ihre typisch biblische Antwort: »Ich frag da zuerst immer *Jesus*. Was meinst *du* dazu? Jesus war ja unglaublich geduldig und großzügig. Er sagte doch: An ihren Früchten werdet ihr sie erkennen. Der gute Baum bringt gute Früchte hervor, ein schlechter Baum aber schlechte. Ein guter Baum kann keine schlechten Früchte hervorbringen und ein schlechter Baum keine guten. An ihren Früchten also werdet ihr erkennen (Mt 7,16–20). Und wenn nun der Herbert so viel Gutes tut, dann kann doch diese letzte Ehe nichts Schlechtes sein.« Im Dialog mit Jesus suchte sie die Unterscheidung zwischen richtig und falsch und lag so der Wahrheit vielleicht näher als mancher Theologe.

Meine Mutter war treu konservativ, aß am Freitag kein Fleisch, hielt die Fastengebote, die für sie längst nicht mehr galten. Aber im Gespräch mit Jesus kam sie manchmal auch zu nicht kirchen-konformen Lösungen. Sie konnte sagen: »Wie schon zur Zeit Jesu müssen auch heute Gesetze von Zeit zu Zeit überdacht werden, ob sie noch Menschen-gerecht und Menschen-hilfreich sind.« Ihre Methode war einfach. Über Schwierigkeiten dachte sie nicht nur gründlich nach, sondern besprach sie immer auch mit dem lebendigen Jesus neben ihr. Wir Christen beziehen Jesus selbst, sein Denken und Leben viel zu wenig ein in unsere Problematik. Es würde unseren Horizont wesentlich weiten und in keiner Weise verengen. Es ist nie zu spät, diese Form des Gesprächs zu erlernen und zu praktizieren. Ich vermute, es wird jungen Menschen viel zu wenig empfohlen und vorgelebt. In diesem Sinn war meine Mutter eine durchaus moderne Theologin, weil sie weniger über Gott redete, sondern viel mehr *mit* ihm.

Die nächste Geschichte, die mir einfällt, war etwa vier Jahre später ein Dauerstreit meiner älteren Brüder mit meinem Vater. Es war inzwischen Pflicht geworden, der Hitlerjugend beizutreten. Verlockend dabei war das Gemeinschaftsleben mit dem Angebot von Spielen, gemeinsamen Fahrten, Lagerfeuer usw. Das Gefährliche in den Augen meines Vaters aber war das Singen von antisemitischen Liedern, die meine Brüder auch daheim ahnungslos sangen. Heimtückisch war sicher auch die lautlose Erziehung auf einen kommenden Krieg hin.

Meine Brüder setzten meinen Vater immer mehr unter Druck. Sie waren die einzigen, die nicht mitmachen durften und sich darum ausgeschlossen fühlten. Bis meinem Vater der Kragen platzte und er nachgab mit den Worten, die ich heute noch genau höre: »Ihr könnt in die Hitlerjugend eintreten, aber müsst es mit eurem Gewissen vor unserem Herrgott verantworten.« Einige Tage später stellte ich meinem Vater – ohne mir dessen bewusst zu sein – eine der wichtigsten und schwierigsten Fragen des Lebens überhaupt: »Papa, was ist genau das Gewissen? Wie erkenne ich das Gewissen?« Die Antwort meines Vaters damals war genial. Wieder begegnete mir in einer kleinen Geschichte, was im Verlauf der großen Geschichte zur Substanz des Menschseins gehört. Mein Vater sagte: »Da gehst du am besten in St. Anton in die Antoniuskapelle.« Diese war mystisch dunkel wegen der dortigen Farbfenster. Mein Vater fuhr fort: »Dann bittest du Gott ganz fest, was du *tun* sollst. Frage ihn: Soll ich zum Jungvolk, zur Hitlerjugend gehen oder nicht? Zeig mir bitte, was richtig ist. Dann wartest du ab.

Wiederhole deine Bitten und höre dabei tief in dich hinein. Da drinnen, in deinem Herzen, bekommst du die Antwort. Du wirst sehen und spüren, was das Richtige ist. Und bete zwischendurch um den Heiligen Geist. Er führt uns und gibt uns die Kraft.«

Am nächsten Tag ging ich in die Antoniuskapelle, tat alles, was mein Vater mir geraten hatte, verhielt mich dabei eine Stunde ganz ruhig. Und es wurde in mir immer heller und klarer: Du gehst *nicht* in die Hitlerjugend!

Ich kann nicht beschreiben, wie glücklich ich war. Übrigens entdeckte ich später, dass die Weisungen meines Vaters sinngemäß identisch waren mit den Ratschlägen des Ignatius von Loyola in seinen Exerzitien zu der Frage: Wie erkenne ich, was Gott von mir will?

Mir scheint, in unserer Pastoral geschieht zu wenig, was die Erziehung zu einer persönlichen Gewissensentscheidung betrifft. Aber gibt es etwas Wichtigeres, vielleicht auch Spannenderes?

Eine kleine Irritation mit meinem Vater gab es im Umgang mit einem Heiligen; doch davon etwas später.

Als Kinder liebten wir die sogenannten »Heiligenlegenden« mit ihren heroischen Märtyrer-Geschichten. Meistens endete die Geschichte, die einer von uns laut vorlas, mit einer lächelnden Bemerkung meiner Mutter: »Wieder nur ein Papst, ein Bischof, eine Nonne, ein Mönch – und wieder keine heilige Mutter, kein heiliger Familienvater. Schade!«

Dass ich dennoch einige Heilige besonders schätzen lernte, verdanke ich unserem Jugendkaplan Johannes Aichele, der ein ausgezeichneter Religionslehrer an einer höheren Schule wurde. Er schenkte uns gute Kunstkarten von unseren Namenspatronen und fragte nach unseren Lieblingsheiligen. Ich bekam von ihm den heiligen Theodor als Soldat am Nordportal der Kathedrale von Chartres und eine romanische Darstellung des Märtyrers Stephanus. Von Steinen niedergeschlagen betet er wie Jesus am Kreuz für seine Feinde. Und während er in einem Lichtstrahl den Himmel offen sieht, legt er alles in die bergende Hand Gottes. Diese zwei Karten bekam ich von Kaplan Aichele zu meiner Erstkommunion (das sinnvollste Geschenk damals!).

Als Kunstkenner forderte der Kaplan uns auf, zu Hause für eine gewisse Entrümpelung von Kitsch zu sorgen. Dafür hatte ich sogleich auch mein erstes »Opfer« im Blick. In unserem Wohnungsgang stand auf einem Postament eine relativ große Gipsfigur vom heiligen Aloisius, dem Namenspatron meines Vaters und meines Bruders Alois. Alles an diesem Heiligen wirkte auf mich süßlich: sein Spitzenchorrock, seine schiefe Kopfhaltung, sein schmachtender, angeblich frommer Blick. Mit einem Staubwedel stürzte ich ihn von seinem Sockel und er zerfiel in mehrere Teile. Ich gebe zu, es war schon ein kleiner Anfall von Fundamentalismus und Bilderstürmerei. Ich bedachte nicht, was diese Figur für meinen *Vater* bedeutete.

Die einzige Ohrfeige, die ich je von ihm bekam, brachte mich wieder auf den Boden der Wirklichkeit. Aber das Schlimmste war: Mein Vater gipste seinen Namenspatron wieder vollständig zusammen, fachgerecht, wie ein Chirurg Knochenbrüche behandelt. Und nun stand der junge Jesuiten-Heilige noch provozierender vor mir, nämlich jetzt erhöht als Märtyrer! Wir blieben einander fremd, tolerierten aber gegenseitig unsere Eigenheiten. Vielleicht werden wir einmal Freunde im Himmel.

Viele Juden, unsere Hausfreunde

Zwischen 1935 und 1941 war auffällig, wie die Juden in unserer Familie ein- und ausgingen. Durchschnittlich kam pro Woche ein Abendbesucher. Es waren meistens Besitzer mittlerer Betriebe, aber auch großer Kaufhäuser. Als Sekretär im Hauptzollamt war mein Vater für sie ein sehr gesuchter Berater in Steuer-, Zoll- und Devisenfragen. Aber noch mehr war er in dieser Zeit für Juden ein zuverlässiger Partner in ihren persönlichen Nöten. Mein Vater informierte uns in kühner Offenheit über die schwierige Situation dieser Leute. Auf Druck der Nazibehörden sollten sie ihre Betriebe systematisch arisieren lassen, d. h., ihr Geschäft an Nicht-Juden verkaufen, selbst aber nur noch in untergeordneter Stellung mitmischen. Papa impfte uns ein, wie unrechtmäßig und demütigend diese Anordnung sei und dass er Schlimmstes befürchte.

Ein gewisser Herr Friedmann, der öfter kam, überraschte uns eines Abends mit der Bemerkung: »Kinder, ihr habt einen wunderbaren Vater. Euer Papa ist ein echter Christ und ein echter Jud.« Bei dem Wort »Jud« zuckten wir doch etwas zusammen; denn dieses Wort hatte damals sprichwörtlich eine sehr negative Bedeutung. Das war aber nur ein Moment. Es folgte ja noch der Satz: »Denn euer Papa – ist ein *Mensch*!«

Das war wieder ein Satz, der in mein Büchlein »Worte fürs Leben« eingetragen wurde. Es war eine spontane Ahnung, dass in diesem Wort mehr steckt, als ich es fassen konnte. Dieser Satz hat mich weit über meine Studienzeit hinaus begleitet. Und es ging mir immer mehr auf, dass auch *Jesus* ein echter Christ und Jude war, ganz einfach, weil er ein *Mensch* war. Er wurde eben mit dem Eintritt in diese Welt kein Hoherpriester und Papst, kein Präsident und Direktor, sondern – so beten wir in unserem Credo: »*Homo* factus est«, ein Mensch ist er geworden – für uns, um unseres Heiles willen. Ein Mensch – damit auch *wir* in Einheit mit ihm immer mehr Mensch, menschlicher werden! Ich danke dem Menschen Friedmann von ganzem Herzen für sein treffendes Wort über meinen Vater.

Keiner dieser Besucher verließ unsere Wohnung, ohne sich auch von uns Kindern zu verabschieden. Jedes Mal schenkten sie uns eine Tafel Schokolade, allerdings wurde immer betont: eine Tafel für zwei Personen. So mussten wir immer gerecht miteinander *teilen*. So traurig die Zeit war, wir *freuten* uns über unsere Juden. Als aber eines Tages immer weniger kamen und mein Vater die Nachricht brachte, die Friedmanns wären freiwillig aus dem Leben geschieden, empfanden wir das alle als tiefen Schmerz, ja als einen Schock! Mein Vater sagte, die Friedmanns wollten – wie viele andere Juden – einem Abtransport in ein Konzentrationslager zuvorkommen. Bei unserem Abendgebet wurde nun noch intensiver als bisher für unsere jüdischen Schwestern und Brüder gebetet.

Für dieses Gedenken bin ich meinen Eltern ewig dankbar, weil das grauenhafteste Verbrechen der Weltgeschichte einen Platz gefunden hatte in *Gott*, wenn auch in seiner absoluten Unbegreiflichkeit. Wochenlang betete mein Vater täglich am Ende des Abendgebetes zusätzlich den Psalm 22, den auch Jesus am Kreuz gebetet hat mit den erschütternden Worten: »Mein Gott, mein Gott, warum hast du mich verlassen?« Niemals haben mich die Worte dieses Psalms mehr bewegt als damals.

In diesem Zusammenhang möchte ich auf zwei einschneidende Ereignisse in meinem frühen Leben zurückblicken. Mein Vater machte seinen Jahresurlaub immer in unseren Schul-Sommerferien. Meine Mutter blieb am liebsten mit unserem jüngsten Bruder daheim. Sie wollte und brauchte einfach Ruhe. Die erste Urlaubswoche verbrachten wir gemeinsam in Steinlohe, der Heimat meiner Mutter. Wir Kinder schliefen nachts begeistert auf dem Dachboden. Am Tag waren wichtig das Mithelfen-Dürfen bei der Ernte und die anschließende Entspannung beim Schwimmen und Angeln im herrlichen Weiher vor Großvaters kleinem »Häusl«. In der zweiten und dritten Ferienwoche nahm mich mein Vater aber immer allein mit in sein Heimatdorf Altglashütte, weiter nördlich gelegen als Steinlohe. Wir verstanden uns glänzend und mein Vater war in dieser Zeit mein bester Lehrmeister. Dies zeigte sich in seinem umfangreichen Wissen über die Natur ebenso wie in seiner gründlichen politischen Sachkenntnis der Vergangenheit und Gegenwart.

26

KZ Flossenbürg

Schon mein erster Besuch in Altglashütte begann mit einer erschütternden politischen Gegenwartserfahrung. Es war im Jahr 1938. Ich war 11 Jahre alt. Mein Vater bereitete mich vor, indem er mich an das Wort »Dachau« erinnerte: »Du hast schon oft gehört: Halt deinen Mund, sonst kommst nach Dachau!« Das war in der Tat ein geflügeltes Wort und mahnte zur größten politischen Vorsicht. Ein kritisches Wort über die Nazis, ein böser Witz und du warst im bekanntesten bayrischen Konzentrationslager. Schon das Wort »Dachau« verbreitete Angst und Schrecken. Ich verstand, was mein Vater mir sagen wollte, vor allem, weil er noch hinzufügte: »Mach heut deine Augen auf. Schau genau hin, was du siehst. Präge es dir fest ein. Wir werden hinterher darüber reden.«

Wenn man von Altglashütte nach Flossenbürg wollte, musste man mitten durch das KZ-Gelände hindurchgehen. Als die erste SS-Wache erschien, sagte mein Vater nicht »Heil Hitler«, sondern lupfte seinen Hut und sagte freundlich »Grüß Gott«. Der SS-Mann schaute uns wütend an, dass ich dachte: Jetzt sind wir dran! Aber im Innersten freute ich mich, weil mein Vater sich nicht beugte, sondern Charakter zeigte. Gleich danach standen wir vor einem großen Plakat: »Wer stehen bleibt, wird erschossen.« Kommentar meines Vaters: »Schau, eine so große Angst haben die vor uns zwei!« Wir mussten beide lachen trotz Todesgefahr.

Jetzt sagte mein Vater: »Schau nach links. Da siehst du das große Eingangstor zur Hölle. Hinter dem Tor befinden sich die armseligen Baracken der Häftlinge. Und jetzt schau nach rechts. Hinter dem Stacheldrahtzaun müssen die Häftlinge in diesem Steinbruch Schwerstarbeit leisten. Das überleben natürlich viele nicht.« Ich erfuhr weiterhin: Mit dem wertvollen Granitstein ließ Hitler seine monumentalen Parteibauten und die ersten Autobahnen errichten. Die Burgruine im Hintergrund wirkte auf mich wie ein Symbol dafür, dass hier Menschen buchstäblich ruiniert werden!

Und wieder sagte mein Vater: »Schau wieder genau hin. Die tragen alle unterschiedliche Farbzeichen auf ihrer Häftlingskleidung.« Das sollte ihr jeweiliges Vergehen bezeichnen, weshalb sie hier im KZ waren. Am ergreifendsten waren für mich die ausgehungerten, depressiven Gesichter. Sie schauten uns durch den Stacheldrahtzaun hindurch hilfesuchend und fragend an, als wollten sie sagen: »Könnt ihr denn wirklich gar nichts tun?«

Wir gingen anschließend in die Flossenbürger Kirche und beteten dort für die KZler und ihre Henker. Als hätte mein Vater meine Frage geahnt, sagte er am Ende: »Auch wenn wir fast gar nichts machen können, *eines* können wir *immer* tun: auf keinen Fall mitmachen!« Am Abend ging ein schlimmer, aber erfahrungsträchtiger Tag zu Ende. Ich konnte lange nicht einschlafen.

Mit meinen Studenten und Studentinnen fuhr ich mehrmals zu dieser bedeutenden Gedenkstätte. Höhepunkt war immer eine Glaubensfeier auf dem Platz, auf dem der evangelische Pfarrer und Bekenner Dietrich Bonhoeffer in der Osterwoche am 9. April 1945 gehängt wurde. Seine letzten Worte lauteten: »Das ist das Ende, aber der Anfang des Lebens.« Dietrich Bonhoeffer wusste im Glauben: Stärker als der Tod ist das Leben, das Gott uns geschenkt hat. Und stärker als der Hass ist die Liebe. Denn sie hört niemals auf. Zum Abschluss unserer Wallfahrt sangen wir immer auf dem Hinrichtungsplatz das bekannteste Lied von Bonhoeffer, das er für seine Mitgefangenen zum Jahreswechsel 1944/45 eigens schrieb:

»Von guten Mächten treu und still umgeben,
behütet und getröstet wunderbar.
So will ich diese Tage mit euch leben
und mit euch gehen in ein neues Jahr.

Lass warm und still die Kerzen heute flammen,
die du in unsre Dunkelheit gebracht.
Führ, wenn es sein kann, wieder uns zusammen.
Wir wissen es: Dein Licht scheint in der Nacht.

Von guten Mächten wunderbar geborgen,
erwarten wir getrost, was kommen mag.

Gott ist bei uns am Abend und am Morgen
und ganz gewiss an jedem neuen Tag.«

In einem krassen Gegensatz zu meinem Flossenbürg-Erlebnis
standen unsere nächsten Wanderungen durch den Böhmerwald.
Was ich meinem Vater besonders verdanke, ist seine ungewöhnli-
che Vorliebe für die Natur und die damit verbundene Spiritualität.
Er war als Zöllner zehn Jahre im Außendienst an der bayrisch/
böhmischen Grenze tätig. Er lebte so immer draußen – wie er
gerne sagte:»In Gottes herrlicher freier Natur.« Er war offensichtlich eng befreundet mit den zuständigen Förstern. Von denen
bezog er wohl die nötige Fachliteratur über den Wald, die Bäume,
die Sträucher, die Pflanzen, die Tiere. Es war sagenhaft, wie er
begeistert die Zusammenhänge des Lebens in der Natur erzählen
konnte, vergleichbar mit einem spannenden Kriminalroman.

Jedoch einmalig war, wie er seine manchmal längeren Ausführungen immer mit den gleichen Worten schloss:»Und denk
daran – das alles hat unser Herrgott gemacht für dich und für
mich, für die Menschen. Aber das Wunderbarste ist: In jedem
Zweig, jedem Gräslein, jedem Lebewesen ist der Herrgott selbst
gegenwärtig. Du findest ihn also nicht nur in der Kirche, sondern
in allem, was ist und was lebt.«

Auch das notierte ich schon früher in meinem Büchlein. Nur –
je öfter er diese Sätze mit Überzeugung wiederholte, desto stärker
wurde mein Glaube an Gottes Gegenwart im Wunderwerk der
Natur. Wanderungen, so oft wie nur möglich, allen voran Bergtouren, gehörten zu meinem Leben wie Speise und Trank, Freundschaft und Gottesdienst. Dank dieser Naturfreude meines Vaters
wurden einfache Sätze der Bergpredigt für mich immer mehr zu
einem Leitmotiv:»Lern von den Lilien, die auf dem Feld wachsen.
Sie arbeiten nicht und spinnen nicht. Doch ich sage euch: Selbst
Salomo war in all seiner Pracht nicht gekleidet wie eine von ihnen.
Wenn aber Gott schon das Gras so prächtig kleidet, das heute auf
dem Feld steht und morgen ins Feuer geworfen wird, wie viel mehr
dann euch, ihr Kleingläubigen!« (Mt 6).

Nach Flossenbürg erschütterte im gleichen Jahr 1938 ein zweites Erlebnis meine frühe Jugend. Es war die Nacht des 9. November, an meinem Namenstag, wenige Tage nach meinem 12. Geburtstag. In dieser sogenannten »Kristallnacht« wurden fast alle Synagogen in Deutschland niedergebrannt oder schwer beschädigt und entweiht. Hitlerjungen und SA-Männer wurden angestiftet, heimtückisch in Zivil die Heiligtümer der Juden zu vernichten. Es sollte der Eindruck erweckt werden, das *Volk* stünde auf gegen die Juden. Die Erregung an unserem Gymnasium St. Stephan war enorm. In der Familie tobte mein Vater: »Kinder, das ist der Anfang der Vernichtung der Juden. Dann sind wir dran!«

Im Zusammenhang mit dem Synagogenbrand prägten sich zwei Namen besonders meinem Gedächtnis ein. Die Stellungnahmen der beiden Personen zum 9. 11. 1938 standen auf einem Blatt Papier, das wie ein Flugblatt aussah. Woher mein Vater diese Informationen bekam, ist mir unbekannt. Die erste stammte von P. Rupert Mayer SJ, München, gerichtet an Kardinal Faulhaber. Sinngemäß: Berufen Sie gemeinsam mit Ihrem Vorsitzenden Kardinal Bertram aus Breslau die Bischofskonferenz ein und protestieren sie heftigst gegen diese scheußlichen Verbrechen. »Wenn Sie jetzt nicht öffentlich protestieren, werden bald nicht nur mehr Steine brennen, sondern Menschen!« Der zweite Text stammte von Dietrich Bonhoeffer, Mitglied der bekennenden evangelischen Kirche: »Wer jetzt nicht laut für die Juden schreit, hat kein Recht, jüdische Psalmen zu beten und sie gar im gregorianischen Choral zu singen.« Das waren Worte eines katholischen und eines evangelischen Propheten, die leider unerhört blieben. Es geschah nichts. Die Kirchenleitungen blieben stumm. Hitler hatte gewonnen und konnte sein Juden-Vernichtungswerk in Ruhe, ungestört einleiten.

In starker Erinnerung blieb mir der Heilige Abend 1938. Es war Brauch, dass an diesem Abend ein Freund meines Vaters eingeladen wurde, ein Kriegskamerad aus dem Ersten Weltkrieg. Bei einem Gasangriff an der französischen Front verlor er sein Augenlicht und wohnte, ziemlich allein, in unserer Nähe. Seit ich mich erinnern kann, eröffnete er jedes Jahr unsere Krippenfeier, indem er zusammen mit meinem Bruder Alois auf der Geige zunächst solo eine Strophe von Stille Nacht spielte. Danach sang die ganze Familie die bekannten drei Strophen dieses Weihnachtsliedes. Mein ältester Bruder Alfons holte den Kriegsblinden jedes Mal ab und begleitete ihn hinterher wieder in seine Wohnung zurück. Wir nannten ihn nur »unseren Geiger«. Aber diesmal war es wie ein Abschied. Er war inzwischen sehr krank und wenige Monate später starb er. Doch Weihnachten 1939 sorgte mein Vater für eine große Überraschung. Der blinde Geiger war am Heiligen Abend doch plötzlich mitten unter uns; denn mein Vater schnitzte inzwischen eine Krippenfigur, einen Hirten als Geiger. Dieser stand zwischen Maria und Josef ganz nah an der Krippe. Wir verstanden unseren Vater, zumal auch mein Bruder Alois samt seiner Geige nicht mehr in unserer Mitte lebte. Es war inzwischen Krieg und der Leutnant Alois Schmidkonz hatte andere Sorgen.

In dieser Zeit schrieb ich mit 12 Jahren mein erstes, vielleicht sinnvollstes Gedicht, das zwar sehr romantisch klingt, aber für mich Gültigkeit hat bis zum heutigen Tag im Jahr 2017.

Ewige Melodie

Durch des Waldes heil'ge Stille
einsam auf verlassnen Wegen
zieht des Morgens schon ein Wanderer,
ehe nur der Tau gelegen.

Ruhig und fest hält er umschlungen
eine Geige zart und fein,
während um sein strahlend Antlitz
spielt der Jugend heller Schein.

Da, unter mächt'gen Tannenwipfeln
fällt er nieder auf die Knie:
Herrgott, fleht er, lass mich finden
tiefste ewige Melodie.

Und die Augen gleiten suchend
durch des Waldes dunkle Hallen,
bis er hört der liebsten Vöglein
schönste Melodie erschallen.

Freudig greift er zu der Geige
und sein Herz, es jubiliert,
all' das bunte frohe Singen
in den Saiten sich verliert.

Fröhlichkeit schwingt im Akkorde,
silbern klingt die Stimm' der Finken –
doch da lässt er voller Wehmut
langsam seine Hand entsinken.

Wohl konnt' seine Seel' berauschen
dieser weiche traute Klang;
doch sein Sehnen dringt viel höher,
will unsterblichen Gesang.

Und so schreitet wieder weiter
er erfüllt von Hoffnung gut.
Wann wird er das Lied wohl finden?
Wo es wohl verborgen ruht?

Mein Bruder Herbert, Schüler an der Oberrealschule in Augsburg,
gehörte inzwischen zum katholischen Schüler- und Studenten-
bund »Neu-Deutschland«. Dieser Bund wurde 1919 von dem Jesuiten P. Esch gegründet, eine Art Ergänzung zur bisherigen MC
(Marianischen Kongregation). Die »Laienführer« des ND gingen
bei uns ein und aus. Auf der Suche nach einem Firmpaten für mich
kam ich selbst auf den Leiter des ND Josef Helmschrott. Ich war
begeistert von ihm. Nur – vor der Firmung erschreckte er mich mit
der Bemerkung: »Den Quatsch mit der Uhr machen wir natürlich
nicht mit. Du bekommst von mir ein Schott-Messbuch, eine deut-

sche Übersetzung der lateinischen Messtexte.« Als Widmung schrieb er auf die erste Seite: »Sei immer ein treuer Kämpfer Jesu Christi.« Das wollte ich in der Tat sein, aber ich wollte auch die übliche Firmungsuhr. Meine Mutter sah mir meine Enttäuschung an und tröstete mich mit der rechtzeitigen Bemerkung, der Peppo sei ja selber noch Student und habe kein Geld. Die Uhr habe sie für mich gekauft. Sie fügte hinzu: »Das wollen wir aber dem Peppo nicht sagen und spüren lassen.«

Die Firmung war gerettet. Ich war bereit für das Kommen des Heiligen Geistes. 40 Jahre später war ich als Dorfpfarrer der Schirmherr für ein großes Dorffest. Es kam als Ehrengast auch mein Firmpate Peppo, inzwischen stellvertretender Landrat von Augsburg/Land. Er rühmte sich, dass er mir bei der Firmung die Hand auf die Schulter gelegt habe, was offensichtlich nicht ohne Wirkung geblieben sei. Ich antwortete postwendend: »Aber die Uhr bist du mir noch schuldig!« Prompt schenkte er mir seine teure Armbanduhr, sodass meine Firmung auch in weltlicher Hinsicht ihren richtigen traditionellen Abschluss fand. O ihr lieben alten Traditionen! Ihr könnt manchmal vom Wesentlichen ganz schön ablenken. Bei Taufen, Erstkommunionen, Hochzeiten dominieren sehr oft Äußerlichkeiten gegenüber dem, was hier eigentlich Großartiges geschieht.

Durch meinen Bruder Herbert kam ich noch vor meiner Gymnasialzeit zur Gemeinschaft des »ND«. Unser Präses war der Dominikaner Pater Alfred (PA), mit dem wir ganze Sonntage in diversen Klöstern verbrachten, z. B. bei den Zisterzienserinnen in Oberschönenfeld und oft bei den Dominikanerinnen in Lohhof. Dort wurden uns Räume zum Singen und Spielen zur Verfügung gestellt, auch der Garten. Mittags gab es meistens einen hervorragenden Eintopf, als Nachspeise jede Menge Pudding. Für uns junge Kerle waren dies paradiesische Oasen, zumal schon bald derartige Zusammenkünfte von den Nazis verboten wurden. Das machte aber für uns alles nur viel spannender. Ja, es entstand in mir ein wachsendes Widerstandsgefühl.

Am nachhaltigsten wirkten auf mich die erstmaligen Fahrten in die Lechtaler Alpen mit Kaplan Toni Hauber, einem idealen, unermüdlichen Bergwanderer. Die Bergmessen mit ihm waren die Gipfel, die Höhepunkte dieser jugendbewegten Zeit. Wir sangen mit Inbrunst die damals entstandenen neuen Lieder mit Texten von Georg Thurmair mit den Melodien von Heinrich Neuß. Wir jubelten diese Lieder in die aufkommende dunkle Zeit hinein.

»Mein Gott, wie schön ist deine Welt. Der Wald ist grün, die Wiesen blühen, die großen Ströme ziehn dahin, vom Sonnenglanz erhellt; die Wolken und die Winde fliehen, das Leben rauscht und braust dahin. Mein Gott, wie schön ist deine Welt, wie schön ist deine Welt!« Wir wussten, was wir in der vierten Strophe sangen, und standen mit voller Überzeugung zu jedem Satz:

»Mein Gott, wie schön ist deine Welt:
drum lass uns allzeit fröhlich sein;
und brechen die Gewitter ein,
dann sei uns zugesellt;
dann lösch dein gutes Licht nicht aus
und bleibe wie ein Gast im Haus,
mein Gott, in deiner schönen Welt,
in deiner schönen Welt!«

Das war damals eines meiner Lieblingslieder und ist es bis heute. Die Freude an diesem Glauben konnte mir seither kein Atheist und kein Professor der Theologie rauben.

Meine Eltern machten zu unseren oft abenteuerlichen Fahrten keinerlei Einschränkung. Im Gegenteil – sie wussten besser als wir, dass ein gemeinsam gelebter und erlebter Glaube einen innerlich stärker macht. Dies galt vor allem für die beiden großen Jugendgottesdienste jedes Jahr im Dom – am Dreifaltigkeitssonntag und am Christkönigsfest. Tausende sangen mit Leidenschaft die bekannten Christus-Lieder, während draußen vor dem Dom ebenfalls tausende Hitlerjungen und SA-Leute lautstark ihre Nazi-Lieder entgegenhielten. Wir alle spürten im Dom: Die Kräfte Gottes sind absolut stärker als die bedrohlichen Mächte der Hölle. Wer es nicht erlebt hat, wird es kaum glauben: Nie haben wir die Herrlichkeit des Christ-Sein-Dürfens ergriffener erlebt als an diesen Bekenntnistagen in unserem Dom.

Ähnlich war meine innere Stimmung, wenn unsere kleine ND-Gruppe in St. Anton sich zur nächtlichen Stunde im Altarraum versammelte – zur Weihe an Christus oder zur Aufnahme eines neuen Mitgliedes. Dann brannten nur zwei Kerzen am Altar, weil in der Kriegszeit nächtliche Beleuchtung in der Kirche verboten war. Ich wage zu sagen: Umso stärker aber brannte das Feuer des Glaubens in uns! Um das ND-Banner versammelt, spürten wir alle: Du, Jesus, lebst, bist wirklich unter uns, auch jetzt in unserer Mitte. Und wir wissen: Du bleibst bei uns und lässt uns niemals allein. Die Begeisterung damals erlebten wir wirklich als ein Gepacktsein vom Heiligen Geist.

Den Gruppenstunden im ND verdanke ich eine wertvolle Empfehlung, die zu einem festen Bestandteil meines langen Lebens werden sollte: tägliche systematische Lesung der Evangelien und Paulusbriefe, später auch der Bücher im Alten Testament. Dazu bekamen wir von unserem Präses Karl Hieber und unserem Gruppenführer Georg Steinle kurze schriftliche Hinweise, meistens in Frageform, worüber dann in der nächsten Gruppenstunde lebhaft diskutiert wurde. Der direkte Umgang mit der Heiligen Schrift war mir seither immer lieber als die Beschäftigung mit dem Katechismus. Mir scheint, dies war ein Hauptanliegen des Franz von Assisi, weshalb in seinem Dritten Orden die tägliche Schriftlesung eine der wenigen Pflichtübungen war. Auch Papst Franziskus weist unermüdlich darauf hin: Das Wichtigste für den Christen sind die Person und die Botschaft Jesu, sein Tod, seine Auferstehung und die Einladung, an seinem Heilswerk mitzuarbeiten.

1. September 1939 – Ausbruch des Zweiten verheerenden Weltkrieges. Noch nicht 13 Jahre alt, begann ich mit dem Tagebuch-Schreiben. Die folgenden Worte stammen allerdings nicht von mir. Es waren die Worte meines Vaters, die er an diesem Tag zornig und angstvoll zugleich von sich gab, Sätze, die ich ihm blind glaubte: »Hitler lügt. Mit Sicherheit hat Polen nicht *uns* überfallen,

sondern Hitler die Polen. Wir müssen den Krieg verlieren, denn wenn Hitler gewinnt, wird er nach den Juden die Christen vernichten. Der Verbrecher bringt nur Unheil über Europa. Ich befürchte Schlimmstes.« Ich schrieb diese Worte in mein Tagebuch nicht als Zitate meines Vaters, sondern als meine eigene Meinung, was später die Gestapo mir natürlich nicht glauben wollte. Außer meinem ältesten Bruder Alfons, der Gärtner war, wollten sich meine anderen Brüder gleich freiwillig melden, was meinen Vater wütend machte. Über die ersten Siege in Polen und Frankreich waren meine Brüder hell begeistert. Mein Vater dagegen warnte einsam wie ein Prophet in der Wüste. Ich stellte erschreckend fest: Unsere Familie ist gespalten. Vier Jahre später lag mein Tagebuch auf dem Verhörtisch der Gestapo, inzwischen zwei Bände.

Das Leben ging zunächst weiter. Ich trat nicht, wie es inzwischen Pflicht war, der Hitlerjugend bei und auch einige meiner Mit-Ministranten von St. Anton nicht. Zur Strafe mussten wir jeden zweiten Sonntagvormittag zum »Exerzieren« antreten, was einer vormilitärischen Ausbildung gleichkam. Trotz der Sonntagsbelastung und der Schikanen empfanden wir fast alle diesen kleinen »Widerstand« wie ein höheres Glücksgefühl. Weil ich zudem grundsätzlich – im Einverständnis mit meinem Vater – nicht freiwillig zu diesen Terminen erschien, wurde ich regelmäßig von einem Polizisten in der Wohnung abgeholt und zum Exerzierplatz geführt. Die meisten Polizisten zeigten unerwartete Sympathie, mancher versicherte mir sogar ausdrücklich seine Zustimmung.

Freiwillig dagegen meldete ich mich in der Pfarrjugend zur Einladung von Willi Schönmetzler, an einer Gruppenführerschulung teilzunehmen. Dies bedeutete einen neuen Abschnitt in meinem Leben. Der Kaplan stellte hohe Anforderungen an uns. So mussten wir z. B. wichtige Teile der Evangelien, wie die Bergpredigt bei Matthäus 5–7, auswendig lernen. In der Einzelprüfung musste ich die ganze Bergpredigt aufsagen, was am Ende der Kaplan mit dem Satz kommentierte: »Theo, du wirst dies nie bereuen. Du wirst diese Bergpredigt mitnehmen in dein Leben.«

Zwei Schlüsselerlebnisse

In dieser Zeit 1940 hatte ich zwei Schlüsselerlebnisse. Eines hatte buchstäblich mit Schlüssel zu tun. Mein Vater war einige Male sehr zornig, weil die Gruppenführerschulung solange gedauert hatte. Meine Eltern gingen nämlich täglich früh schlafen. Es war also wieder einmal nach zehn Uhr nachts, als mein Vater eigens aufstehen musste, um mir die Türe zu öffnen. Er sagte energisch: »Jetzt ist Schluss! Ich verbiete dir diese langen Abende.« Ich antwortete: »Du brauchst mir ja nur den Hausschlüssel zu geben.« Da holte mein Vater schon aus zu einer Ohrfeige. Doch meine Mutter ging dazwischen mit den Worten: »Warum denn nicht? Geben wir ihm den Schlüssel. Schenken wir ihm unser Vertrauen. Wenn er es missbraucht, ist er selber schuld.« Großartig, wie sie in Ruhe das Problem löste und mit meinem Vater Arm in Arm ins Schlafzimmer zurückging.

Es folgte ein Meisterstück meiner Mutter. Ich bekam ab jetzt tatsächlich den Hausschlüssel, missbrauchte aber schon bald das geschenkte Vertrauen. Ich sagte meinen Eltern, es sei wieder Schulungsabend beim Kaplan. In Wirklichkeit ging ich heimlich ins Kino zu einem hochgelobten Liebesfilm. Der Film jedoch gab mir gar nichts, weil mich meine Lüge unbändig wurmte. Am darauf folgenden Samstag war ich eingeteilt zur Hausmitarbeit. Ich gestand meiner Mutter mein Vergehen und bat um Verzeihung. Meine Mutter lächelte und fragte: »War der Film wenigstens schön?« Meine Antwort: »Ich weiß gar nichts davon. Ich hatte nur Wut im Bauch über mich selbst.« Nochmals meine Mutter, immer noch lächelnd: »Na schau, da hast du für dein Leben viel gelernt!«

Bald darauf beichtete ich bei Kaplan Schönmetzler: »Ich habe gelogen.« Dann erzählte ich ihm die ganze Schlüsselgeschichte. Er hörte geduldig zu und sagte beim Zuspruch: »Hauptsache, du hast jetzt den Hausschlüssel! Dominus noster Jesus Christus te absolvat...« Ich bekam die Lossprechung. Damit war die Sache endgültig, auch kirchlich-moralisch bereinigt.

Als ich 20 Jahre später – inzwischen Studentenpfarrer in München – diese Geschichte in einem Gesprächskreis mit lauter Psychologen erzählte, fragte mich ein Psychiater: »Was hat denn Ihre Mutter eigentlich studiert?« Ich konnte wahrheitsgemäß sagen: »Die Weisheit eines Jesus von Nazaret.« Sie las nämlich täglich bis zu ihrem Tod bei mir in Streitheim die Heilige Schrift.

Hierher gehört das zweite Schlüsselerlebnis im Zusammenhang mit unserer Gruppenführerausbildung. Wir mussten damals auch einige herausragende Stellen aus den Paulusbriefen sinngemäß wiedergeben können. Dazu gehörten Texte aus dem Römerbrief 8,35–39: »Nichts kann uns trennen von der Liebe Gottes«, aus dem 1. Brief an die Korinther Kap. 13: »Die Liebe hört niemals auf.«

Am wichtigsten aber war mir der Satz in 1 Kor 6,19, den Paulus mehrmals zitiert: »Wisst ihr nicht, dass euer Leib ein Tempel des Heiligen Geistes ist, der in euch wohnt?« Ich übertreibe nicht: Dieser Satz warf mich damals um. Ich suchte Gott bisher nur in der Kirche, im Tabernakel. Jetzt erfuhr ich: Er ist auch in *mir*. Ja, er *wohnt* in mir. Ich war wie im Rausch. Der Heilige Geist, Christus, Gott – in mir! Ich bin ein Tempel Gottes. Wahnsinn! Später ging es mir dann auf: Das Evangelium des Apostels Paulus besteht in dem *einen* Satz: »Christus in uns – und wir in Christus.« Dominierend war ab jetzt nicht mehr die Gegenwart Gottes mit dem kontrollierenden Auge – »ein Auge ist, das alles sieht, auch was in finsterer Nacht geschieht.« Dieses »Auge« fehlt kaum in einer Barockkirche. Ab jetzt wurde zur Grundlage meine künftige Beziehung zum dreifaltigen Gott. Sein liebendes Wohnen in meiner Person. Eine Bestätigung fand ich dann zu meiner großen Freude bei Ignatius von Loyola und geradezu in mystischer Form bei Teilhard de Chardin: Gott, Christus in *allem*!

Ich war noch so fasziniert von meinem Schlüsselerlebnis »Gott in uns«, dass ich darüber meine erste Gruppenstunde halten wollte. Zum Ritus gehörte: Zuvor dem Kaplan kurz über das Thema berichten, der in meinem Fall mit Entsetzen reagierte: »Theo, du bist verrückt, ein viel zu schwieriges Thema!« Er machte mir klar, wie größte Theologen wie Thomas von Aquin und viele andere sich den Kopf zerbrochen hätten, wie die Einwohnung Gottes in uns zu verstehen sei. Aber das reiche in den Bereich der Mystik hinein. Ich antwortete ganz naiv: »Ich sehe aber in dem Wort von Paulus kein Problem und möchte unbedingt darüber reden.« Darauf der Kaplan: »Dann knie dich jetzt hin. Ich gebe dir einen *großen* Segen.« Dieser Segen zeigte eindeutig Wirkung. 35 Jahre später traf ich in Augsburg einen Jungen aus der damaligen neuen Gruppe. Ich glaube, er hieß Hubert und war Rektor an einer Schule. Wir freuten uns über das Wiedersehen nach so langer Zeit. Trotzdem bat ich um eine Verschiebung unseres Gesprächs, weil ich eben nach langer schwerer Krankheit aus der Klinik entlassen worden war und jetzt dringend heim müsste. Darauf Hubert: »Aber eine Frage habe ich noch. Erinnerst du dich an unsere erste Gruppenstunde in St. Anton?« Er *lebe* bis heute von dieser wunderbaren Glaubensgewissheit: Gott in uns, Gott in mir. Er habe versucht, auch seine Kinder für diesen Gott zu gewinnen. Die Begegnung geschah so, wie ich sie beschreibe. Ich habe nichts hinzugedichtet. Wir sollten einfach dem Jesus von Nazaret mehr vertrauen und seinen Zeugen, wie Paulus, mehr Glauben schenken. Übrigens sagt auch Jesus beim Abschied von seinen Jüngern: »Ihr seid in mir und ich bin in euch« (Joh 14,20). »Und niemand wird euch diese Freude nehmen können« (Joh 16,22).

Kirche und Glaube, Politik und Unglaube bestimmten die entscheidenden Momente der nächsten fünf Jahre meines Lebens. Natürlich lernten wir in der Schule Latein und Griechisch, Mathematik und Biologie; aber das interessanteste Fach war und blieb für mich die »Geschichte«.

Wir spielten in der Freizeit oft Fußball, auch Straßenfußball nach Schulschluss mit Tennisbällen an der alten Stadtmauer. Vergitterte Kellerfenster waren unsere Tore. Wir hatten noch Fantasie. Was Robert Lembke im Fernsehen mit hoch bezahlten Gästen mit seinem Ratespiel »Wer bin ich?« der ganzen Nation vorführte, hatten wir längst als beliebtes Spiel in unserem Hof erfunden. Echte Freundschaften waren in dieser Zeit lebensnotwendig. In der Schule waren meine besten Freunde: Hans Stiefenhofer, Richard Sauer, Richard Wagner, nach dem Krieg Bürgermeister von

Schwabmünchen. Unter den Ministranten waren es Toni Funk, die Zwillinge Theo und Toni Grotz, Max Rauch und Otto Blauhorn. Toni Funk begeisterte uns sogar für anspruchsvolle Konzerte. Wir organisierten Fahrten in Klöster, schliefen im Heu und auf Strohsäcken. Wir hatten noch keine Schlafsäcke. Es war Leben in der Bude. Wir fühlten uns in unserer Kirche daheim. Aber die stärkste Wirkung hatte auf mich die damalige Zeitgeschichte.

Mein Vater wies uns oft darauf hin, wie raffiniert Hitler agiere. Er verschaffte Millionen Arbeitslosen Vollbeschäftigung. Mit seinem sozialen Werk »KdF« (Kraft durch Freude) konnten die Arbeiter und Angestellten billig Urlaub machen, im Norden am Meer oder im Süden in den Bergen. Sein »Müttergenesungswerk« verhalf schwangeren Müttern und Müttern nach der Geburt ihres Kindes zu einer bezahlbaren Erholung. Mit seiner raschen Wiederbewaffnung und Aufrüstung wurde Deutschland die stärkste Militärmacht zu Boden und in der Luft. Viele im Volk freuten sich – die Welt hatte wieder Respekt vor uns.

In diesen Monaten und Jahren war einer der häufigsten Sätze meines Vaters: »Kinder, schon in der Bergpredigt steht: Hütet euch vor den falschen Propheten! Sie kommen zu euch wie (harmlose) Schafe. In Wirklichkeit aber sind sie reißende Wölfe. An ihren Früchten werdet ihr sie erkennen« (Mt 7,15–16).

Unser Papa gehörte zwar als Zollsekretär zu den niedrigsten Beamten des Staates. Für mich war er in dieser Zeit *der* Orientierungspunkt. Jeder in unserem Wohnblock kannte seine Einstellung zu den Nazis. Auch nach wiederholten Androhungen, seinen Arbeitsplatz und seinen Beamtenstatus zu verlieren, trat er nicht in die Partei ein. Die ganze Familie zitterte, wenn ihn die Gestapo wieder zum Verhör abholte. Wird er hoffentlich zurückkommen, fragten wir etwa achtmal in den Jahren 1941–44.

An solchen Tagen konnte er am Abend lächelnd sagen: »Keine Angst! Wir werden sicher nicht verhungern. Ich hab ja schließlich auch noch Schreinerei und Schusterei gelernt.« Das war Glaube und Gottvertrauen pur!

Gewiss, ich hatte ein stabiles Glaubensfundament, und das hieß:

»Christus in mir und ich in ihm. Niemand kann mich seiner Hand entreißen.« Aber ich war deswegen noch lange nicht fromm, wie die folgende Geschichte beweist.

Mein fünf Jahre älterer Bruder Leo vermachte mir so etwas wie eine kirchliche Pfründe in einem Lazarett für verwundete Soldaten. Ich sollte täglich um sechs Uhr früh bei der Messe für die dort arbeitenden Ordensfrauen ministrieren. Ich tat dies liebend gern, weil es nach der Messe ein tolles Frühstück gab, wie wir es zu Hause nicht einmal an Hochfesten erlebten: frische Semmeln mit Butter und Honig und dazu Kakao. Ein Gedicht! Ich merkte jedoch schnell, dass mein Altardienst mehr vom Frühstück motiviert war als von der Begegnung mit Christus. Ich hatte jüngst gelernt, die Minuten unmittelbar nach der Kommunion für ein intimes Gespräch mit Jesus zu nützen. Dabei gestand ich meine lumpige, schuldhafte Einstellung: Das Frühstück war mir wichtiger als die heilige Messe. Da geschah für mich ein kleines Wunder. Ich spürte deutlich, wie Jesus *lächelte* und mir freundlich signalisierte, er habe großes Verständnis und meine Empfindungen seien völlig normal. Ich war mir sicher, dass das Lächeln Jesu keine Einbildung und kein bloßes Wunschdenken war. Ich freute mich, wie ich dann in meinem Bibelstudium entdecken durfte, dass auch Jesus kein Kostverächter war. Sein Lächeln aber war das schönste Geschenk in dieser Stunde. Es begleitet uns hoffentlich bis zu unserem letzten Heimgang. In der Theologie hörte ich nichts von einem Lächeln Gottes. Ich fand es aber immer häufiger auf Kreuzigungsdarstellungen in den südlichen Ländern Europas. Vielleicht sind diese Menschen weniger verkopft und leben mehr aus dem Herzen.

Weitere Muttergeschichten

Die nächste Geschichte zeigt, wie meine Mutter Respekt vor Bischöfen hatte, aber gleichzeitig ganz natürlich mit ihnen umgehen konnte. Im Passionsspielort Waal wurde das »Franziskusspiel« uraufgeführt, verfasst von meinem Schauspieler-Bruder Paul. Auf der Empore saß in der ersten Reihe der Ehrengast Bischof Josef Stimpfle. Meine Mutter und ich saßen rechts und links von ihm. Mein Bruder Paul mischte sich unerkannt unter das Volk. So beginnt das Stück: Auf einem Thron mit Krone und Zepter eine dominante Frau – DIE WELT. Um sie dreht sich wie in einem Karussell das ganze Spiel. Genüsslich wirft sie Goldstücke und teure Münzen in die Menge und alle erliegen der Faszination dieses verführerischen Angebots: »Geld regiert die Welt.« Der Mammon beherrscht alle ausnahmslos.

Als Mutter dies sah, erschrak sie und sagte aufgeregt zum Bischof neben ihr: »Denken's Ihnen nichts, Herr Bischof, es kommt schon noch was anderes!« Der Bischof schmunzelte über den Verteidigungsversuch meiner Mutter und beruhigte sie mit den Worten: »Regen Sie sich nicht auf, Frau Schmidkonz, das war damals wirklich so, ja noch schlimmer.« Und zwei echte franziskanische Gestalten reichten sich rührend die Hand. Meine Mutter sagte erleichtert: »Danke, Herr Bischof, jetzt bin ich aber richtig froh.« Das Franziskusspiel schließt mit dem Sonnengesang des Heiligen, den meine Mutter täglich bis zu ihrem Tod betete. Eine Strophe lautet:

Gelobt seist du, mein Herr,
für jene, die verzeihen um deiner Liebe willen
und Krankheit ertragen und Not.
Selig, die ausharren im Frieden,
denn du, Höchster, wirst sie einst krönen.

Im hohen Alter durfte ich ihr einen großen stillen Wunsch erfüllen: Eine Wallfahrt nach Lourdes. Schon der Flug dorthin mit einer Aitranger Pilgergruppe war für sie ein himmlisches Erlebnis. Sie hatte einen Fensterplatz und kam aus dem Staunen nicht mehr heraus. Für mich war es eine lebendige Erinnerung an die Versöhnungswallfahrt der katholischen europäischen Jugend mit Deutschland nach dem Zweiten Weltkrieg. Für mich – ein Lourdes-Wunder! Meine Mutter zelebrierte täglich das volle Programm. In der Frühe war sie die erste an der Grotte und bei der dortigen Eucharistiefeier nach dem Frühstück folgte der anstrengende Kreuzweg einen Berg hinauf. Ihr Motiv: »Ich hab doch daheim so vielen versprochen, ihr Kreuz mit nach Lourdes zu tragen und es dort zu lassen beim kreuztragenden Jesus und seiner Mutter Maria.« So verwirklichte sie auf einfache Weise das Wort des Apostels Paulus: »Einer trage des anderen Last, einer trage des anderen Kreuz. So erfüllt ihr den Auftrag des Herrn.« Das tat sie liebend gern trotz ihres Alters. Meist folgte am Vormittag noch ein rituelles Bad in einer Wanne aus Stein, natürlich innerhalb des heiligen Bezirks und mit dem Wasser aus der Heilquelle. Am Nachmittag betete man den Rosenkranz und empfing während der großen Prozession dankbar den eucharistischen Segen. Es war schon eindrucksvoll, mit welcher Inbrunst die vielen Schwerbehinderten auf Tragbahren und in Rollstühlen auf diesen Segen warteten. Ich empfand aber schon damals – heute mit meiner Behinderung noch mehr – die Helfer selbst sind schon ein Segen. So nebenbei erinnerte mich meine Mutter an meine hartnäckige, scheinbar chronische Augenentzündung und meinte: »Wenn wir schon da sind an einer Heilquelle, wasch dir doch jeden Tag ein paar Mal deine entzündeten Augen aus; vielleicht hilft es dir. Sei nicht so kritisch und vertrau einfach!« Schon am nächsten Tag war die Entzündung weg. Heimlich blieb ich doch ein kritischer Beobachter; aber seit über vierzig Jahren hatte ich keine Augenentzündung mehr. Nichts gegen gute Augenärzte! Wir brauchen sie dringend. Und nichts gegen das Wasser von Lourdes. Dem einen hilft es, dem anderen nicht. Es gibt sicher bestimmte Orte und auch Menschen, von denen eine heilende Kraft ausgeht. Ein Höhepunkt aber für sie war ohne Zweifel, als ich frühmorgens an der Grotte zelebrieren durfte.

Ich predigte kurz über das Evangelium des Tages Mt 11,15. Jesus betete spontan: »Ich preise dich, Vater, Herr des Himmels und der Erde, weil du all das den Weisen und Klugen verborgen, Unmündigen aber geoffenbart hast.« Mir war klar: Jesus redete in diesem Gebet jetzt von meiner Mutter, von dieser kleinen bescheidenen Frau, meiner bedeutendsten Theologin. In dieser Stunde war nur Dank, Dank und Lobpreis angesagt. Und dieser Lobpreis wurde nochmals zu einem unvergesslichen Gemeinschaftserlebnis in der täglichen, ergreifenden Lichterprozession. Bei den verschiedenen Gesängen übertönte meine Mutter alle Stimmen um sie herum. Ihre Begeisterung kannte keine Grenzen. »Ich bin die glücklichste Frau der Welt«, sagte sie und gab mir, dem viel Jüngeren, den guten Rat: »Ruh dich morgen früh richtig aus. Ich finde schon allein den Weg zur Grotte. Du hast keine so gute Kondition wie ich.« Für Scherze und Witze war sie immer zu haben – auch in Lourdes.

Meine Mutter war eine große Liebhaberin der heiligsten Dreifaltigkeit. Deshalb musste ich sie eines Tages fragen: »Was gefällt dir denn so am dreifaltigen Gott?« Sie antwortete strahlend: »Mir gefällt am meisten, dass auch unser Herrgott net allein sein kann. Es wäre ja schrecklich, wenn Gott von Ewigkeit nur sich selbst hätte lieben können und von niemand geliebt worden wäre.« Was für ein kühner und doch so einsichtiger Gedanke, der dem unergründlichen Geheimnis Gottes nicht das Geringste wegnimmt. In ihrem Eifer fügte sie hinzu: »In Gott *muss* jemand sein, der liebt und geliebt wird. Sonst wär doch unser Herrgott nicht *die* Liebe.« Großartig fand ich den weiteren Gedanken: »Und wenn wir, wie der Glaube lehrt, ein *Ebenbild* Gottes sind, dann wollen auch *wir* geliebt werden und wie Gott andere lieben.«

Ich war Theologiestudent in Dillingen. In den Ferien half ich meiner Mutter bei der Samstag-Generalreinigung. Ich sah, wie sie nach dem Betten-Richten im elterlichen Schlafzimmer auf beide Kopfkissen das jeweilige Sterbekreuz legte. Ich fragte: »Warum legst du die kleinen Kreuze nicht auf eure Nachtkästchen? Ihr müsst sie doch zum Schlafen wieder weglegen.« Darauf meine Mutter: »Wir legen unsere Kreuze dann nicht *weg*, sondern nehmen sie in unsere *Hand*. Dann beten wir im Bett gemeinsam – mit Blick auf den Gekreuzigten:

Wir danken dir, Herr Jesus Christ,
dass du für uns gestorben bist.
Du nimmst die Angst, vergibst die Schuld,
bewahre uns in deiner Huld.
Lass uns in deiner Liebe ruhn,
mit deiner Gnade Gutes tun.
Und führe uns durch diese Zeit
in deine ewige Herrlichkeit.

Meine Mutter vertraute mir weiter an: »Dann beten wir zum heiligen Dismas, dem reuigen Verbrecher am Kreuz:

Heiliger Dismas, du hast in deiner Todesstunde
von Jesus die Worte hören dürfen:
Heute noch wirst du mit mir sein im Paradies.
Erbitte uns die Gnade,
dass auch wir einmal im Sterben
die gleichen Worte von Jesus hören dürfen:
Heute noch wirst du mit mir sein im Paradies.

Weißt du, diese beiden Kreuze erhielten Papa und ich bei unserer Hochzeit in Steinlohe kurz vor dem Ersten Weltkrieg 1914. Am Portal unserer Gnadenkapelle standen der Pfarrer und unsere beiden Väter mit einem kleinen Kreuz in der Hand. Nachdem der Pfarrer diese gesegnet hatte, übergaben unsere Väter uns dieses Kreuz mit den Worten: »Nimm dieses Kreuz! Es ist für dich zum Leben, zum Sterben und zum ewigen Leben.«

Meine Mutter fuhr fort: »Mit diesem Kreuz zogen wir dann in unser Hochzeitskircherl ein. Das Kreuz selbst aber, die Worte Jesu und des heiligen Dismas haben uns ein Leben lang begleitet und viel geholfen – zwei Weltkriege hindurch bis heute.« So wurde Dismas auch mein Freund und ich verfasste in alter Jesuitentradition ein Novenengebet zu diesem sympathischen Christusfreund. Dabei dachte ich dankbar an meine wunderbaren Eltern Rosina und Alois, die für mich mehr waren als nur Laien-Theologen.

1939/40 – der Weltkrieg warf immer größere Schatten der Trauer und des Unfriedens über bisher intakte Familien, auch über die unsere. Schon nach dem Polenkrieg gab es schwere Auseinandersetzungen zwischen meinem Vater und Bruder Alois. Dieser, inzwischen Leutnant, rühmte sich, dass die Wehrmacht in diesem Krieg »kräftig aufgeräumt habe«, was bei diesem »dreckigen Volk längst überfällig war«. Mein Vater packte meinen Bruder an der Kehle und sagte zornig: »Sag so etwas nie wieder! Sonst brauchst du gar nicht mehr heimkommen!« Ich zitterte am ganzen Leib. Alois tat mir richtig leid, obwohl ich wusste, unser Vater hat Recht. Die Freude des Wiedersehens nach Polen- und Frankreich-Krieg war dahin.

Wir lasen in dieser Zeit mit Kaplan Schönmetzler die Aussendungsrede Jesu bei Mt 10, die ihm sehr am Herzen lag. Da stand der Satz: »Ich bin gekommen, um den Sohn mit dem Vater zu entzweien« (Mt 10,35). Alles in mir sträubte sich gegen diesen Satz und ich fragte unseren »Willi«, wie dieses Jesus-Wort zu verstehen sei. Seine Antwort: »Schau, dein Bruder glänzt jetzt momentan in Gala als Offizier, hat zwei siegreiche Angriffe hinter sich, empfing die Auszeichnungen Eisernes Kreuz 1. und 2. Klasse. Das trübt die Sinne. Dein Vater aber als gläubiger Mann hat den Durchblick. Und wer an Jesus und an seine Bergpredigt glaubt, der kann auch besser *unterscheiden*.« Ein Lieblingswort unseres Kaplans, ein Zentralwort bei Ignatius von Loyola. Der Hinweis auf die »kritische Unterscheidung in allem« hat mir im Leben viel geholfen.

Mein Vater hat seine Bemerkung – dann »brauchst du gar nicht mehr heimkommen« – tief bereut und bis zu seinem Tod schwer darunter gelitten. Beim letzten Abschied aber versöhnten sich Vater und Sohn. Mein Vater fragte Alois: »Ist alles wieder gut?« Alois sagte: »Ja, alles«, und er bat meine Eltern um ihren Segen. Es war auch seine Braut anwesend. Solche Abschiede kann man eigentlich nicht beschreiben. Das erlebten damals Millionen Familien.

Am 22.6.1941 überfiel Hitler überraschend Russland. Mein Bruder kam nicht mehr heim. Er geriet schon in den ersten Wochen als Oberleutnant in einen russischen Hinterhalt. Wie sich viel später herausstellte, wurde er schrecklich gefoltert und dann umgebracht. Er wurde uns zunächst als »Vermisst« gemeldet, was so viel bedeutete wie »Gefallen«. Es war undenkbar: Unser lieber Geiger-Bruder sollte uns nie mehr unsere Lieblingsstücke vorspielen. Erst mein jüngerer Bruder Paul lernte wieder das Geigenspiel, natürlich – und das freute uns alle – mit der Geige unseres geliebten Bruders.

Einen großen Eindruck machten auf mich in diesem Jahr meine ersten Exerzitien mit einem sehr aufgeschlossenen Jesuiten auf der Wies bei Steingaden. Zur Messe mussten wir unsere Hocker aus der Jugendherberge mitbringen und uns im Halbkreis rund um einen Tisch im Altarraum gruppieren. Die Folge: Wir schauten nicht mehr nur auf Rücken, sondern wir schauten uns auch in die Augen, was uns einander näher brachte. Wir erlebten auch das Geschehen dieser heiligen Feier viel unmittelbarer, wie neu. Weil der Pater die gesamte Eucharistie in Deutsch feierte und sie mit eigenen Gebetstexten gestaltete, die sehr konkret unser junges Leben berührten, waren wir alle positiv betroffen, wir waren »weg«!

Die Wies-Kirche als einzigartiges Christus-Erlebnis hatte mein Herz erobert. Die zwei Jahrzehnte später regelmäßigen Studenten-Fahrten in die Wies mit Übernachtung und meine jährlichen Brautpaar-Exerzitien waren jeweils Höhepunkte in meiner Studentenpfarrer-Zeit. Den meisten Studenten und Studentinnen ging es auf der Wies wie mir in meiner Jugendzeit. Treffend fasste eine Studentin ihr Verweilen auf der Wies in den knappen Satz: »Die Wies – das sind wahre Taborstunden.« So ähnlich sagten viele. Man fühlt sich wie verwandelt und bricht mit großer Zuversicht auf in den Alltag.

Kaplan Hermann Josef Wehrle

Im April 1942 wurde im Augsburger Vincentinum, einer Privat-
klinik der Barmherzigen Schwestern, mein Leistenbruch operiert.
Diese Woche gehört zu den entscheidendsten meiner Jugendzeit.
Die zuständige Nachtschwester setzte mir hartnäckig zu, ich sollte
doch unbedingt an der Frühmesse der Schwestern teilnehmen.
Das müsse man einfach erleben. Ich wehrte mich heftig, zumal ich
auffallend im Krankenbett in die Kapelle geschoben werden
musste. Aber der sichere Glaubensinstinkt einer selbstbewussten
Klosterfrau setzte sich durch. Gott sei Dank! Mich überzeugte die
Ruhe und Gelassenheit, die dieser Priester am Altar ausstrahlte;
wie er zu Beginn mit wenigen Worten hilfreich in die Texte der
Messe einführte – zur damaligen Zeit ungewöhnlich. Am meisten
beeindruckte mich, wie er am Schluss für die Menschen im KZ
betete. Ich war 15 Jahre alt und suchte einen kompetenten, geistlich erfahrenen Begleiter. Etwas in mir sagte: Der ist es! Warum
wurde er erst mit 42 Jahren zum Priester geweiht? Nach Beendi-
gung des Ersten Weltkrieges geht er in das Priesterseminar zu
Fulda. Er nannte dort diesen Krieg »wahnsinnig, sinnlos, krimi-
nell«. Nach Zeugenaussagen wurde er deswegen für den Priesterberuf als ungeeignet erklärt. Nachweislich kam die Seminarleitung
samt ihrem Bischof mit dieser Kriegsgeneration nicht klar. Er studierte Theologie zu Ende und wurde freier Publizist. Weil er aber
nicht bereit war, 1933 der Reichsschrifttumskammer beizutreten,
durfte er sich nicht mehr publizistisch betätigen. Wehrle glaubte
an seine Berufung. Diese entdeckte erst Anfang der 40er-Jahre der
spätere Abt von St. Bonifaz in München P. Hugo Lang OSB. Er
empfahl Wehrle nach gründlicher Prüfung dem Münchner Kardinal Michael Faulhaber. Und dieser weihte ihn am 6.April 1942 im
Dom zu Freising zum Priester. Schon 14 Tage später wurde er im
Vinzentinum mein spiritueller Begleiter. Wir trafen uns ab jetzt
regelmäßig bei Dr. Fritz Reisert in Augsburg, der als Herzspezialist
Wehrles schwere Herzprobleme ambulant behandelte.

Wehrle war genau der richtige Mann zur rechten Zeit für mich.

Er lieh mir Bücher von Romano Guardini und Peter Lippert SJ, die mir sehr zusagten. Wehrle merkte schon bald, wie es in mir kochte und brodelte, wie ich zu forsch meine Ziele erreichen wollte. Auf meine innere Unruhe antwortete er in einem seiner ersten Briefe, in denen er mir gleichzeitig die Augen öffnete für eine in unserer Pastoral zu wenig beachtete Seite, nämlich die Spiritualität. Er schrieb: »Wir müssen mehr die Ruhe und Gelassenheit der deutschen Mystik kultivieren. Einen Bezirk der Seele haben, wohin die Welt mit ihrer Aufdringlichkeit nicht kommt! Wenn der Herr, wie es mir scheint, dich nach dieser Richtung hin erziehen will, dann halte deine Seele offen ihm hin. Er wird aus dir einen Mitarbeiter Christi machen mit *seinen* Wegen, nach *seiner* Methode und nach *seinem* Bild. Wenn ich dir dabei Werkzeug sein darf, so bin ich es von Herzen gern. Du hast auch zwei Schichten in deiner Seele: Mag auch die obere toben und aufgeregt sein, die tiefere ist auf *Gott* gerichtet – und er sieht bis in den letzten Winkel.«

Über Wehrle war ich plötzlich mit der ganzen Familie Reisert bekannt geworden. Die Mutter war Jüdin. Hätte er sich von ihr getrennt, wäre sie sofort ins KZ gekommen. Trotz ehelicher Differenzen hielt Fritz Reisert bis zum Kriegsschluss zu seiner Frau und rettete so ihr Leben. Frau Reisert, eine sehr gebildete Frau, redete mit mir wie mit einem Erwachsenen offen über ihre Probleme, als wäre ich ein Therapeut. Ich schätzte ihr Vertrauen und auch ihr Wissen. Sie war eine große Freundin der klassischen und modernen Literatur. Meine Mutter war nie eifersüchtig auf diese Frau. Sie freute sich immer, wenn wir »in guten Händen« waren.

Wehrle bat mich dringend, mich um die Reisert-Kinder zu kümmern, um Elisabeth und Fritz, 16 und 14 Jahre alt. Als »Halbjuden« flogen sie aus der Schule und bald auch aus dem Beruf. Sie waren plötzlich vom normalen Leben isoliert und das tat weh! Ihr älterer Bruder Hans wurde aus Sicherheitsgründen bereits in die USA verschickt; jetzt war dies nicht mehr möglich. Die ganze Familie lebte in periodischer Todesangst.

Ich war bei den Reiserts bald wie zu Hause. Mit Elisabeth entwickelte sich immer mehr eine tiefe Freundschaft. Wir liebten uns, sogar sehr, ohne darüber zu reden und intim zu werden. Wir hatten großen Respekt voreinander. Das Jude-Sein störte mich überhaupt nicht, im Gegenteil: Die wachsende Judenhetze im Land festigte die Freundschaft umso mehr. Unsere Eltern unterstützten uns, wo sie nur konnten. Wir durften ins Theater gehen, in Konzerte, Radtouren machen. Wir waren die glücklichsten Menschen trotz ständig drohender Gefahren. Das lag auch daran, dass der Glaube uns innerlich stark miteinander verband.

Mit Max Rauch auf Österreich-Rundfahrt

Das größte Abenteuer 1942 erwartete mich und Max im August. Max Rauch und ich waren zusammen Ministranten. Er war ein Jahr jünger und eine Klasse hinter mir. Seinem älteren Bruder Hubert half ich bei Hausaufgaben in Latein und Griechisch. Befreundet aber war ich mit Max. Er war pragmatisch, hatte klare Grundsätze, dazu Humor. Keiner konnte so lachen wie er. Kaffee und Kuchen seiner Mutter, überraschend oft auch am Werktag, schmeckten fabelhaft. Sein Vater war ein kleiner Beamter im Gefängnis Kaisheim.

Wir planten für die Sommerferien 1942 eine Radtour um Österreich: von Augsburg nach Regensburg, Passau, Linz, Wien, Graz, Klagenfurt, Innsbruck, Füssen mit Endstation Pfronten. Von da ging es dann mit der Bahn nach Hause. Unsere Fahrräder waren erschöpft wie wir. Unerschöpflich war die Freude an den neuen Erfahrungen.

Alles begann mit einer Notlüge. Ohne sie wäre unsere Fahrt nicht zustande gekommen. Unsere Eltern durften von unseren wahren Plänen nichts erfahren. Sie hätten diese nie genehmigt. Wir erklärten, unser Ziel sei Mittenwald. Wohnen könnten wir bei

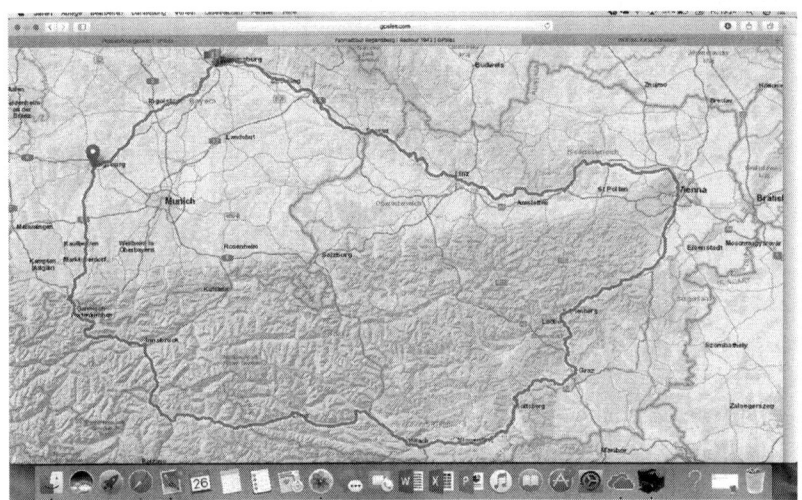

Mein Freund Max und ich

Tante Theres, der Schwester meiner Mutter, und bei Onkel Josef Rieger, einem berühmten Geigenbauer. Papa sagte: »Für diese kleine Tour reicht ja das alte Fahrrad von Alfons.« Mit dem einzigen neuen Fahrrad fuhr er selbst täglich ins Büro. Das war fatal; denn ich fuhr einen »Platten« nach dem anderen. Mein Vorderrad war dreimal »überlegt«, zum Bremsen nicht mehr zu gebrauchen. Für uns jedoch war es für den Start kein Hindernis. Und es ging über 1000 Kilometer! Logisch war unsere Fahrt sicher nicht durchdacht, aber theologisch: Wir hatten ein unerschütterliches Vertrauen auf Gott, vielleicht noch mehr auf unsere drei äußerst wertvollen Empfehlungsschreiben.

Für das Anklopfen an Pfarrhäusern, mit der Bitte um ein Mittagessen oder ein Nachtquartier, war das Schreiben von unserem Jugendkaplan Willi Schönmetzler hilfreich. Noch intensiver empfahl uns der liebe Domkapitular Hörmann, der sogar im Auftrag unseres Bischofs schrieb. Die Tür in die Männer- und Frauenklöster öffnete uns das herzliche Gutachten vom Benediktinerabt Johannes Ruland, der auch Lehrer an unserem Gymnasium war. Nur zweimal bekamen wir von kirchlicher Seite einen Korb. Aber man stelle sich vor: Es war mitten im Krieg. Alle Lebensmittelmarken für den Monatseinkauf waren am dritten Tag verbraucht. Wie sollten wir die nächsten vier Wochen durchhalten? Die Hilfsbereitschaft von Pfarreien und Klöstern war einzigartig. Dankbar stellten wir Tag für Tag fest: Es ist wie in der Urkirche. »Sie hatten alles gemeinsam. Es gab keinen, der Not leiden musste« (Apg 4,32–35).

Wir waren damals in der katholischen Jugendarbeit gut vernetzt, obwohl dies verboten war. Gerade das »Verbotene« hatte für uns einen eigenen Reiz. So stand ich mit einem Johannes aus Regensburg, der auch Domspatz war, in einem interessanten Briefaustausch. Die meisten von uns hatten noch kein Telefon. Jetzt bei unserer Übernachtung erfuhren wir, dass Johannes zu einer kleinen Widerstandsgruppe gehörte, die auch Flugblätter herstellte und heimlich verbreitete. Er zeigte uns so ein Flugblatt mit dem Text: »Bekennt euren Glauben zu Christus! Widersetzt euch den rassistischen Lügenparolen Hitlers! Bleibt auf keinen Fall stumm!« Wir fanden diese Aktion ungeheuer mutig und beglückwünschten unseren Freund zu seinem gewagten Zeugnis – bis sein Vater uns zu denken gab: »Wisst ihr, dass ihr damit auch andere mit in den Tod reißt? Es wird sich durch eure Tat nichts zum Guten verändern; die Lage würde höchstens noch schlimmer.« Diesen brisanten Abend nahmen wir nicht nur mit auf unserer weiteren *Fahrt*, sondern für unser ganzes *Leben*.

Max fragte nochmals am Ende unserer Fahrt: »Und wer hatte wohl Recht – der Sohn oder der Vater?« Meine Meinung war: »Ich vermute, *beide* hatten Recht!«

Im Grunde Erfahrungen, die man nur auf solchen Fahrten machen kann: Das Leben ist komplizierter und erfordert kritisches Nachdenken. Auf eine wichtige Frage gibt es nur selten eine einzige Antwort. Der Auftakt unserer Fahrt war jedenfalls verheißungsvoll.

Ich weiß nicht mehr, der wievielte Tag es war. Wir führten kein Tagebuch. Ziemlich k. o. steuerten wir mit letzter Kraft das berühmte Kloster Melk an. Max hatte an diesem Tag dreimal mein Fahrrad repariert – wie immer mit bewundernswerter Geduld. Wir hatten das Gefühl, dass wir als Benediktinerschüler wie Ordensbrüder aufgenommen wurden. Nebenbei hatten wir auch noch großes Glück; denn im Angebot für die Gäste am nächsten Morgen nach dem Frühstück stand ein halbstündiger Vortrag mit dem Thema: »Was wollte Benedikt im 6. Jahrhundert mit seinem neuen Orden?« Das wollten wir uns natürlich nicht entgehen lassen. Von unseren Augsburger Benediktinern hatten wir über das Werk Benedikts bisher nur wenig erfahren.

Wir bekamen ein Blatt mit vier Ordensregeln, die ein junger Mönch hinreißend als die Summe des gesamten Evangeliums beschrieb. Ein Glanzstück, wenn man bedenkt, dass die Ordensregel des Heiligen aus 73 Kapiteln besteht, wobei die vierte Regel allein 74 Anweisungen umfasst, was mir natürlich erst später bewusst wurde. Wir empfanden damals diese vier Regeln wie ein Programm auch für *unser* Leben. Max kommentierte diese spannende halbe Stunde mit der vielsagenden Bemerkung: »In diesen Orden würde ich sofort eintreten, wenn man heiraten dürfte.«

Die folgenden vier Regeln – für uns ein großes Geschenk Gottes auf unserer Fahrt – sollten nicht nur *gelesen*, sondern auch im 21. Jahrhundert gründlich meditiert werden.

Erste Weisung (steht im Vorwort): »Höre, mein Sohn, auf die Lehren des Meisters. Neig her das Ohr deines Herzens.« Diesen Gedanken Benedikts ergänzte der Mönch mit der Regel sechs: »Reden und Lehren kommt dem Meister zu, Schweigen und Hören ist Sache des Jüngers.« Das Gebet, so der Mönch, stand bei Benedikt an erster Stelle. Weil aber Gebet als »Gespräch mit Gott« definiert wird, müsse doch Gott viel mehr zu Wort kommen als wir. Der Pater sagte, der Theologe Romano Guardini klage, dass wir in einem »Zeitalter der Wortinflation« lebten. Hunderte nichtssagender Worte überfluten uns täglich. Und Jean Paul Sartre schrieb über sein Lebenswerk: »Wörter, Wörter, Wörter!«, aber *das* Wort habe er leider nicht gefunden. Und der Pater verwies schlicht auf die Bibel und auf die Not der Menschen – dort spreche Gott *deutlich*!

Max flüsterte mir dauernd zu: »Schreib mit, schreib mit!« Jedoch mit dem Tempo des charismatischen Mönches konnte selbst mein gutes »Steno« nicht mehr mithalten. Und wir waren ja inzwischen auch gute *Hörer* geworden.

Und auch die Vierte Weisung (Regel 4) schien uns mitten im blutigsten aller Kriege von höchster Aktualität: »Für die Feinde beten«, sie auf keinen Fall hassen; »noch vor Sonnenuntergang wieder Frieden schließen«, also die Bemühungen um Versöhnung über alles stellen. »An Gottes Barmherzigkeit nie verzweifeln«. Diese Gottesvorstellung tat richtig gut. Uns predigte man noch häufig einen strengen, strafenden Gott, der einem Angst machte. Welch ein Segen ging von solchen Benediktinerklöstern aus über alle Kontinente der Welt.

Was der Höhepunkt unserer Fahrt werden sollte – Wien –, wurde für uns zunächst zu einem Schockerlebnis. Wir wollten bei Tante Anne, Schwester meiner Mutter, und Onkel Raimund unser Hauptquartier beziehen und uns von ihnen die Schätze Wiens zeigen lassen. Doch von den Nachbarn erfuhren wir, sie seien gestern für drei Wochen verreist. Max machte den richtigen Vorschlag, es mit einem Frauenkloster zu versuchen. Und so landeten wir bei den Vinzentinerinnen in Wien. Sie waren hauptsächlich tätig im Kaiserin-Elisabeth-Spital. Dort gab es noch Säle mit 20–30 Betten, so auch in der Kinder- und Jugendabteilung. Die Schwestern baten uns – als kleine Gegenleistung für eine kostenfreie Vollverpflegung –, uns ein bis zwei Stunden mit den Kindern zu beschäftigen. Viele unter ihnen waren unheilbar krank. Das war für uns Neuland. Schwerkranke Buben und Mädchen, die aber mit großen Erwartungen lebten. Wir fanden rasch eine Arbeitsteilung: Max »organisierte« bei den Schwestern Obst, schöne Bildkarten, sogar Schokolade. Ich war für die Programmgestaltung zuständig. Buben und Mädchen waren ganz wild auf Lieder wie »Auf der Mauer, auf der Lauer sitzt a große Wanzen«. Nach jeder Strophe wurde von den beiden Worten

»Wanze« und »tanzen« je ein Buchstabe weggelassen. Das klang komisch, war aber sehr lustig. Ein anderer Schlager waren die »Zwanzig Japanesen mit dem Kontrabass, saßen auf der Straße und erzählten sich was«. Hier wurden nach jeder Strophe alle Vokale (a, e, i, o, u) ersetzt mit nur einem immer gleichen Vokal: »Zwinzig Jipinisin mit dim Kontribiss…« Alle lachten Tränen; die Schwestern aber hatten große Mühe, vor dem »Licht aus. Jetzt wird geschlafen« noch ein passendes Abendgebet unterzubringen. Doch auch dafür lernte ich ihnen Lieblingslieder wie »Über unendliche Weg, über unendliche Stege … heut in der Nacht unter Sternen träumen wir in die Fernen, träumen wir wären daheim.«

Ich war Jahre später als Studentenpfarrer und Priesterseelsorger noch öfter in Wien – bei Tagungen, Vorträgen, Exerzitien. Aber alle berühmten Schätze in Ehren – wie der geschichtsträchtige Stephansdom, das Schloss Schönbrunn oder das Riesenrad – die Stunden mit den schwerkranken Kindern und Jugendlichen im Krankenhaus waren für mich das zwar verborgene, aber doch wahre Wiener Herz! Die zwei Tage bei den Barmherzigen Schwestern waren ein Segen für uns. Diese Vinzentinerinnen waren wirklich barmherzig mit ihren Patienten und auch mit uns. Pädagogisch verdienen sie das Prädikat »super«.

Wien 1942 – das waren für uns vor allem erwartungsvolle, lachende Kinderaugen, denen wir letztlich hilflos gegenüberstanden. Und doch spürten wir »den guten Geist«, der über dem ganzen Haus lag, und diesen Geist nahmen wir mit in die Heimat. Das häufigste Wort beim Abschied lautete: »Auf Wiedersehn!« Ja, wir werden uns wiedersehen. Jesus fügt hinzu: »Und niemand kann euch diese Freude nehmen« (Joh 16,22).

Nachdem wir den östlichsten Punkt unserer Radtour erreicht hatten, radelten wir relativ gemütlich bei schönstem Wetter durch die Steiermark. Beim Militär hätte man gesagt: »Ohne besondere Vorkommnisse.«

Damit unsere Fahrt, die waghalsig genug war, nicht übertrieben bewundert wird, gestehe ich offen: Wir hingen uns gerne an kleinere Lastwagen, links und rechts hinten. Immer vorausgesetzt, die

Fahrer erlaubten dies. Es waren meist ältere Männer, die uns einluden, im Gepäckteil unterzuschlupfen. Alle jüngeren waren ja Soldaten im Krieg. Die erfahrenen Väter aber hatten ein Herz für uns. So ein Laster fuhr damals kaum schneller als im 50/60-Kilometer-Tempo. Nur ein einziges Mal wurden wir auf unserer langen Fahrt von der Polizei gestoppt. Sie teilten uns augenzwinkernd mit, dass sie nichts gesehen hätten. Wir sollten aber gut auf uns aufpassen. O felix Austria. O glückliches Österreich! Noch in Anwesenheit der Polizisten erzählte ich diesen Witz: Der Lehrer fragte in der Schule, wozu Gott den Menschen zwei Augen gegeben hätte. Der kluge Seppi antwortete: »Damit der Mensch ein Auge zudrücken kann.« Biblisch korrekt! Die Polizisten bewiesen uns, wie auch Humor und Menschlichkeit manche Probleme lösen können. Wir dankten ihnen aufrichtig.

Wir übernachteten wieder einmal im Gästezimmer eines Pfarrhauses. Wir bekamen zwar sogenannte »Reste des Tages« zum Essen, hatten aber hinterher immer noch großen Hunger. Es gehörte zu unserem Ritus, dass ich auf Wunsch von Max abends im Bett zum Abschluss ein Lied sang, natürlich eines seiner Lieblingslieder. Dazu gehörte z. B.: »Hast du dort oben vergessen auch mich ...« Und entsprechend andere Lieder. Ich machte Max klar: Heute kann ich nicht singen. Max entdeckte im Zimmer den Lautsprecher eines Grammophons und daneben eine Schachtel, in der wir Schallplatten vermuteten. Unsere Freude war groß – die Schachtel war voll mit frisch gebackenen Plätzchen. Während ich genüsslich zu knappern begann, sagte Max, das sei Diebstahl. Ich erzählte ihm die Geschichte vom Mundraub im Alten Testament, der bei Hunger erlaubt war. Das brachte unsere moralischen Skrupel zum Verstummen und wir aßen aus der Schachtel, bis wir satt waren. Erst am Morgen meldete sich unser schlechtes Gewissen, sodass wir uns mit dem Frühstück sehr beeilten und mit Sack und Pack schnellstens verschwanden. Max bemerkte im Laufe der Fahrt: »Aber geschmeckt hat's uns doch, oder nicht?« Wir haben beide unsere Plätzchen-Geschichte sicherheitshalber noch auf der Fahrt gebeichtet. Ich fragte Max: »Wie hat der Pater reagiert?«

Max: »Er wollte wissen, ob es mir geschmeckt hat.« Max fragte zurück: »Und was sagte dein Pater?« Ich musste gestehen: »Er sagte gar nichts. Er hat sich nur mehrmals stark geräuspert.« Zwei Beichtväter, zwei verschiedene Reaktionen. Wir waren uns sicher und Jesus – *lächelte*!

Die Fahrt nach Klagenfurt endete zunächst mit Horror. Es regnete in Strömen. Wir waren nass bis auf die Haut. In einem katholischen Pfarrhaus sind wir richtig abgeblitzt. Wir zeigten zwar unsere drei kirchlichen Empfehlungen. Es nützte alles nichts. Es war die Haushälterin des Pfarrers, die uns im Flur zur Schnecke machte: »So etwas macht man nicht im Krieg. Das sind dumme Bubenstreiche.« Sie redete ohne Punkt und Komma. Der herbeieilende Pfarrer bestätigte seine Hausfrau mit Nachdruck.

»Was machen wir jetzt?«, fragte Max. Ich sagte: »Du hast doch einen HJ-Ausweis. Versuchen wir es beim Ortsgruppenleiter.« Wir erlebten wieder eines unserer Wunder. Er selbst öffnete die Tür, hörte uns ruhig zu und sagte strahlend: »Euch schickt der Himmel. Ich habe zwei Söhne in Russland und ihr Zimmer ist frei. Aber jetzt zieht euch schleunigst frische Klamotten an.« Das war ein Empfang erster Klasse! Wir kamen aus dem Staunen nicht mehr heraus. Seine Frau brachte uns mit gleicher Herzlichkeit Hemd und Hosen und Socken von ihren Kindern. Wir mussten alle schallend lachen; denn wir sahen aus wie Harlekine: Nichts passte; aber wir fühlten uns pudelwohl. Die Situation war irgendwie narrisch, verrückt. Im katholischen Pfarrhaus war kein Platz für uns; der Nazi-Boss des Ortes dagegen nahm uns mit offenen Armen auf. Seine Begrüßungsworte »Euch schickt der Himmel« haben sich ebenso tief in mich eingegraben wie seine Abschiedsworte: »Vielleicht hat Gott Erbarmen mit uns und lässt unsere Söhne wieder heil aus dem Krieg heimkommen.« Wir tauschten unsere Adressen und erfuhren Jahre danach, dass beide den schrecklichen Krieg und die Kriegsgefangenschaft überlebten. Die kleine Geschichte war für mich ein Beweis, dass bei Gott nichts unmöglich ist, also auch Unmögliches möglich werden kann! Wir sollten die Hoffnung nie aufgeben.

Für unsere jeweiligen Unterkünfte hatten wir im Voraus keinen konkreten Plan, ausgenommen für Regensburg und Pfronten. Über mögliche Klosterübernachtungen holten wir uns ziemlich kurzfristig Informationen. Bei den Pfarrern versuchten wir unser Glück mehr spontan mit einer Anfrage und Bitte an der Haustüre. Das Servitenkloster Maria Luggau war ein besonders heißer Tipp. Wir beschlossen, dort eine Ganztagspause einzulegen. Wenn ich unsere Fahrt mit einer Bergtour vergleiche, dann waren die »Pausen« unsere absoluten Gipfelerlebnisse. Eine schwere Bergtour muss man wie eine anstrengende Radtour erst einmal *über*-leben, um dann das Ausruhen am Ziel voll zu *er*-leben. Das galt und das gilt für Seele und Leib.

Zur leiblichen Seite: Die klösterliche Gastfreundschaft war überwältigend. Im Gegensatz zu den übrigen Gästen durften wir zwei mittags und abends am Tisch der Ordensmänner sitzen und mit ihnen speisen. Es ist nicht zu glauben, an einem normalen Werktag gab es mittags Kartoffelknödel mit fabelhaftem Gulasch und am Abend einen saftigen Apfelstrudel, von dem wir essen durften, so viel wir wollten. Seit Wochen hatten wir keine Lebensmittelkarten mehr, kein Geld. Aber hier fühlten wir uns wie im Paradies: Wir besaßen eigentlich nichts und wurden so überreich beschenkt! Offensichtlich sahen die Ordensbrüder, wie ausgehungert wir waren.

Ein kurzes Wort zu dem nicht so bekannten »Orden der Diener Marias, Ordo Servorum Mariae« (OSM). Ein Seelsorge-Orden, der sich im Besonderen an Maria orientiert, an Maria als Vorbild und Urbild der Kirche. Der 1233 gegründete Orden übernahm 1635 den Dienst in der Wallfahrtskirche »Maria Schnee« und baute daran ein Gäste- und Bildungshaus.

Wie im Kloster Melk taten die Patres auch hier wieder etwas für unseren geistig-spirituellen »Haushalt«. Allen Gästen wurde nach dem Abendessen ein Vortrag angeboten mit dem Thema »Maria im Licht der Bibel«. Und wieder begeisterte uns ein junger Mönch; denn er offenbarte uns ein Marienbild so lebensnah, menschlich, im Glauben schwer geprüft, mit den Nöten der Menschen vertraut, wie wir es bis dahin noch nie gehört hatten. Mein Marienbuch, das ich 30 Jahre später schrieb, ist eindeutig von diesem Vortrag inspiriert.

Aber das Schönste geschah 40 Jahre später. Ich wurde von der Ordensleitung der Serviten eingeladen, ihr viertägiges Generalkapitel in Maria Luggau mit Marien-Exerzitien zu begleiten. Sie wählten in diesen Tagen auch ihren neuen »Chef«. Ich freute mich natürlich riesig, dass ich den großzügigen Brüdern von 1942 ein bisschen etwas zurückgeben konnte. Aber die Überraschung war perfekt, wie mich bei meiner zweiten Klosterankunft als erster der junge begeisternde Pater von damals begrüßte. Wir umarmten uns herzlich. Er war inzwischen 75 Jahre alt, ich fast 55.

Noch am Abend unserer Ankunft sagte mir der Provinzial der Serviten vertraulich: Auf Wunsch von Papst Paul VI. habe »unser Pater« ein sehr bedeutsames »Apostolisches Rundschreiben« über Maria verfasst und den Text komplett dem Papst zur Verfügung gestellt. Dieser habe den Vorschlag des Paters unverkürzt und ohne Ergänzung unter dem Titel »Marialis cultus« der Kirche als ein Dokument des Glaubens vorgelegt. Ich musste versprechen, den Namen des Paters für mich zu behalten. Sein Beitrag ist meines Erachtens das Beste, was je ein Papst über die Mutter Jesu verkündet hat.

Hier nur einige Zitate: »Man stellt fest, dass es wirklich schwierig ist, das Bild von der Jungfrau, wie es in einer bestimmten Andachtsliturgie zu finden ist, in die Lebensbedingungen der heutigen Gesellschaft und insbesondere die der Frau einzuordnen.« Zur Aussage Marias im Magnifikat: »Er stürzt die Mächtigen vom Thron und erhöht die Niedrigen«, bemerkt der Papst: »Maria von Nazaret war alles andere als eine passiv unterwürfige Frau. Sie war eine Frau, die nicht zögerte zu verkünden, dass Gott selbst der Anwalt der Kleinen und Unterdrückten ist, dass er die Mächtigen dieser Welt von ihren Thronen stürzt. Eine starke Frau, die die befreienden Kräfte des Menschen und der Gesellschaft im Geist des Evangeliums unterstützen möchte. In diesem Sinn enttäuscht die Gestalt der Jungfrau keine der tiefen Erwartungen der Menschen unserer Zeit.« Ferner betonte Papst Paul (und unser junger Mönch schon 1942!), dass man Maria viel mehr auch im Licht der modernen Humanwissenschaften betrachten müsse.

Jetzt beim Nachdenken dieser Zusammenhänge fiel mir der Arbeitstitel zu meiner Vita ein: »Geschichten und Geschichte«. Nur zweimal begegnete ich diesem Pater; aber in diesen zwei *Alltagsgeschichten* erlebte ich einen Hauch von *Kirchengeschichte*. Weil ein Papst demütig auf das Wort eines kleinen Mönches hörte, weil das Hohe Amt einen Charismatiker ernst nahm – und nur weil ein Mönch seine tiefe Glaubenseinsicht demütig durch den Papst verkünden ließ, selbst aber im Hintergrund blieb –, gibt es heute dieses kirchlich offizielle, äußerst kostbare Dokument über Maria.

Maria Luggau, ich möchte rückblickend kräftig bestätigen, was Kenner schon immer über dich sagen und schreiben: »Maria Luggau – ein Kraftort seit fünf Jahrhunderten.«

Der Weg zu unserem vorletzten Ziel führte uns über das Pustertal – mit den herrlichen Dolomiten zu unserer Linken – über Innichen, Toblach, Bruneck, Brennerpass nach Innsbruck. Dort wurde uns das Stift Wilten empfohlen, ein Kloster der Prämonstratenser. Der Orden wurde um 1120 vom hl. Norbert gegründet. Schon 1128 übernahm diese neue Gemeinschaft das Kloster und Gotteshaus zur Betreuung.

Uns ausgepumpte Radler erwartete aber in Innsbruck eine herbe Enttäuschung: Weit und breit keine Ordensleute! Man sagte uns: Schon bei Ausbruch des Krieges im September 1939 sei das Kloster samt seinem Besitz von den Nazis beschlagnahmt worden. Die Ordensleute betätigten sich jetzt als Aushilfen in den verschiedenen Pfarreien. Ein Ehepaar, bisher fest Angestellte im Kloster – die Frau sogar als Chefköchin –, führte uns zu einem solchen Pater. Sie beschlossen: Heute Übernachtung in dieser Familie, deren zwei Kinder in unserem Alter waren.

Es wurde ein hochpolitischer Abend, ja eine Nacht, fast wie in Regensburg. Wir staunten, mit welcher Offenheit und Vertraulichkeit diese Menschen mit uns über gefährlichste Themen redeten, obwohl wir doch nur Fremde für sie waren. Oder bewirkten wieder einmal unsere »Empfehlungen« all diese Wunder?

Solches Vertrauen in Krisenzeiten ist unbezahlbar und gibt einem die Gewissheit: Du bist nicht allein. Die Eltern Anna und Stephan boten uns sehr bald das »Du« an. Ihre Kinder hießen Klara und Franz. Wir waren uns einig: Nicht alle Deutsche und Österreicher sind Nazis. Man wusste zu gut: Wer widerspricht, riskiert sein Leben. Aber, so fragten wir uns, wie war es möglich, dass Leute mit relativ geringer Bildung ein klareres Urteil über dieses verbrecherisches System hatten wie sogenannte gebildete Bürger. Als echte Freunde der Prämonstratenser waren unsere Wohltäter schon sehr traurig darüber, dass ihre Bischöfe bei der Schließung von Klöstern nicht ebenso heftig protestierten wie einige reichsdeutsche Bischöfe.

Am nächsten Tag zeigten uns die »Jungen« mit Stolz einiges von der Kultur und Kunst ihrer Stadt. Die »Alten« dagegen ersparten uns nicht einen kurzen Nachhilfeunterricht über das Verhältnis Bayern und Tirol in der Zeit Napoleons. Das war eindeutig noch immer eine offene Wunde, weil die befreundeten Bayern unbegreiflich an der Seite des Gewaltherrschers Napoleon gegen sie Krieg führten. Zum Dank dafür hätten sie obendrein das Stift Wilten samt Tirol als Geschenk bekommen – allerdings nur zehn Jahre lang. Denn im Wiener Kongress 1815 sei alles rechtlich zurückgegeben worden. Wahrscheinlich schauten Max und ich etwas schuldbewusst drein, weil Franz zum Schluss sagte, dies sei kein Vorwurf, sondern eine Mahnung an uns und unsere Generation, Kriege mit allen Mitteln zu verhindern suchen. Wir waren Franz ehrlich dankbar. Wussten wir doch: Es geht darum, ob wir nicht schon *jetzt* mehr tun könnten gegen diesen Wahnsinnskrieg – aber was?

Als ich 1980 im Stift Wilten den Mitbrüdern Exerzitien geben durfte, war unsere liebe Familie von 1942 in ihre Heimat Südtirol zurückgekehrt. Ich bin fest überzeugt: Wir werden uns wiedersehen.

Das letzte Ziel unserer Radtour war nicht Augsburg, sondern

Pfronten-Ried bei den Barmherzigen Schwestern, die dort ein Krankenhaus betreuten. Es war nicht nur der Schlusspunkt, sondern auch der Höhepunkt unserer abenteuerlichen Fahrt. Warum Pfronten, warum die Barmherzigen Schwestern? Sie waren mir vertraut wie kein anderer Orden. In unserer Kindheit und Jugendzeit gingen sie in der Familie Schmidkonz fast wöchentlich ein und aus. Der eine war vom Fahrrad gestürzt, der andere hatte sich beim Fußball das Bein verletzt und jeder von uns hatte gelegentlich einen ordentlichen Husten oder eine saftige Grippe. Schwester Domenika und die Oberin gehörten zur Familie! Ihr Gebet für uns gehörte zu unseren sichersten Medikamenten. Ich war außerdem bei den Schwestern täglicher Dauer-Ministrant in ihrem Servatius-Stift, in normalen Zeiten ein Altenheim, momentan ein Lazarett für Soldaten. Nach einer Leistenbruchoperation in ihrer Klinik Vincentinum machte ich erst vor kurzem dort die Bekanntschaft mit Kaplan Hermann Josef Wehrle – für mich eine entscheidende Begegnung, vermittelt durch eine Barmherzige Schwester. Diese war inzwischen versetzt nach Pfronten und organisierte für uns jetzt einige Erholungstage. Ganz im Geist von Benedikt und Vinzenz von Paul wurden wir als Gäste »wie Christus aufgenommen«. Das klingt sehr fromm, trifft aber die Wirklichkeit. Man stelle sich vor: Wir mussten keine Empfehlungen vorzeigen, hatten schon längst keine Lebensmittel-Zuweisungen anzubieten und schon gar kein Geld! Ringsum – Krieg, Elend, Tod – und wir erleben christliche Urgemeinde!

Zurück zu unserer Ankunft: Die Schwestern lachten sich kaputt, steckten uns in ein Bad, besorgten uns frische Unterwäsche und Hosen. Unsere Lederhosen hätten – nach Aussage einer Schwester – ausgesehen wie zwei starre Ofenrohre, von einem Leder nichts mehr zu spüren. Natürlich halfen wir in den kommenden Tagen gerne der dortigen Gärtnerin-Schwester beim Beeren brocken, Bohnen zupfen, Unkraut jäten. So freundlich uns auch der Breitenberg mit Aggenstein zulächelte, zu einer kleinen Besteigung reichten unsere Kräfte nun doch nicht mehr aus. Die kurze Zeit in Pfronten war himmlisch – wir hatten ein Teil-Ziel unseres Lebens

Ich mit 15 Jahren

erreicht. Das verdanken wir auch euch, liebe Barmherzige Schwestern von Pfronten. Gott vergelte euch all eure Mühen um uns und um unzählige Menschen. Ihr wart großartig, menschlich – für uns unvergesslich. Danke!

Am Ende unserer Rundfahrt ist es mir ein großes Bedürfnis, dich, lieber Max, in deiner ewigen Heimat zu grüßen.

Max, du warst und du bist einer meiner besten Freunde. Aber warum haben wir uns nach dem Krieg aus den Augen verloren, obwohl wir Jahre in derselben Stadt wohnten? Bei unserem einzigen Treffen unterhielten wir uns nur über unseren Beruf und unsere Arbeit. Eine Sünde!

Max, verzeih mir, es tut mir aufrichtig leid. Inzwischen rede ich fast täglich mit dir und du erinnerst mich, was ich noch alles schreiben soll, etwa deine kurzen, aber immer präzisen Beurteilungen einer Person oder Situation. Mit *einem* Satz konntest du vieles, manchmal alles sagen.

Max, ich denke mir, wenn auch nur wenige unsere Geschichten lesen werden, so könnten gerade diese für manche eine Ermutigung sein zu mehr Lebens- und Glaubensfreude. Vieles auf dieser Fahrt war zwar gewagt, aber wir spürten immer neu: Da geht einer mit uns und lässt uns nicht hängen.

Trotzdem, lieber Max, ich brauch dich, mehr denn je als guten Freund. Du hast die letzte Fahrt deines Lebens längst bestanden. Ich dagegen fühle mich wie bei einem Autorennen irgendwie in der letzten Kurve, das Ziel schon vor Augen. Doch diesmal bräuchte ich deine Hilfe nicht für mein *Austria*-Fahrrad, ich bräuchte vielmehr dringend deinen *himmlischen* Beistand für den maroden Zustand meines *körperlichen* Fahrgestells!

Am Schluss unserer gesamten Ferien-Radtour sagtest du beim Abschied: »Theo, es war wunderbar. Ich glaub, es war sogar ein *Wunder*.« Ich konnte dir nur beipflichten. Wenn ich ein gläubiger Jude wär, hätte ich geantwortet – und tue es jetzt verspätet: »Amen, Halleluja!« Amen: So ist es. Es soll geschehen. Halleluja: Lobt den Herrn und dankt ihm.

Ein Tiefschlag traf uns zwei Tage nach unserer glücklichen Rückkehr. Die Eltern machten uns nicht die geringsten Vorwürfe. Sie konnten nicht genug hören von unseren Erlebnissen. Aber alle warteten ja inzwischen gespannt auf die Ankunft meines Bruders Alfons zu seinem Hochzeitsurlaub. In seinem letzten Brief stand der Satz: »Bis ihr meinen Brief erhaltet, bin ich vielleicht längst schon daheim, ich freu mich auf die Heirat!« Seine Braut Luise wohnte in diesen Tagen bei uns, weil sie möglichst rasch heiraten wollten mit zwei anschließenden Flitterwochen. Am Tag der geplanten Hochzeit kam die Hiobsbotschaft: Alfons sei in den Kämpfen um Woronesch in Russland gefallen. Luise brach in den Armen meiner Mutter zusammen.

Luise, die 95-jährig in einem Altenheim lebt, drei Kinder und mehrere Enkel hat, sagte mir später: Sie werde die Worte meiner Mutter, die sie am Abend dieses »schwarzen Tages« zu ihr sagte, immer in ihrem Herzen bewahren: »Luise, auch wenn wir das nie verstehen werden, glaub mir, unser Herrgott macht alles recht und wir werden uns alle in einer viel schöneren Welt wiedersehen.« Das glaube sie und sie rede auch täglich mit Alfons und sie freue sich auf das große Wiedersehen.

Alfred Delp SJ

Es war im September 1942. Der in Augsburg offenbar sehr angesehene Jesuit Alfred Delp hielt einen Abendvortrag in der Kirche St. Peter am Perlach. Ich weiß nicht, warum unser Kaplan ausgerechnet mich zu diesem Vortrag mitnahm. Das schwierige Thema hieß: »Der Mensch und die Geschichte.« Ich war gespannt. Guten Rednern hörte ich immer schon gerne zu. Und Delp war ein fulminanter Redner. Ich sehe ihn noch vor mir – diese Lebendigkeit im Wort und in den Gesten! Der spürbare Ernst in seinem Vortrag packte mich genauso wie seine ansteckende Glaubensfreude. Trotz seiner Ausstrahlung gestand ich hinterher meinem Kaplan, dass ich vom Vortrag selbst nur sehr wenig verstanden hätte. Er tröstete mich mit den Worten: »Denk dir nichts, Theo, ich verstand vieles auch nicht.« Nebenbei gesagt, unser »Willi« war ein blitzgescheiter Theologe. Aber einen beeindruckenden Satz konnte ich doch gut stenografieren, weil er ihn mit Nachdruck wiederholte. Dieser Satz ist festgehalten in meinem Notizbuch »Worte fürs Leben«. Ich gab ihn seit über 70 Jahren in zahllosen Gesprächen und Vorträgen dankbar weiter an viele Menschen:

»Der Mensch entscheidet sich in der Geschichte
und *tut* etwas –
ohne Angst und mit Gottvertrauen –
oder die Geschichte macht mit ihm, was sie will.«

An diesem Abend war mit mir etwas passiert. Bis dahin fühlte ich mich irgendwie als Ministrant in der Pfarrei, als Schüler des Benediktiner-Gymnasiums St. Stephan, als junges Mitglied des inzwischen illegalen katholischen Jugendbundes Neudeutschland. Aber jetzt nach diesem Delp-Abend sah ich zum ersten Mal mein Leben als einen Teil der Geschichte innerhalb der Kirche, der Schule, der Gesellschaft. Und ich spürte so etwas wie einen Hauch von Geschichts-Verantwortung, dass auch ich etwas tun und wagen muss.

Wahrscheinlich beeinflusst von diesem Appell Alfred Delps, nicht nur zuzuschauen, sondern Zeichen zu setzen, beschlossen fünf katholische Augsburger Jugendführer – ich war der jüngste unter ihnen –, um ein Gespräch mit unserem Bischof Joseph Kumpfmüller zu bitten. Wir hatten nur *ein* einziges, jedoch sehr aufregendes Anliegen. Wir bekamen tatsächlich vom Sekretär des Bischofs, Josef Kunstmann, sehr rasch einen Gesprächstermin. Dieser dauerte aber kaum fünf Minuten. Es ging um den Judenstern, den alle Juden öffentlich tragen mussten. Wir meinten, dies sei doch ein unerträglicher Skandal. Darum baten wir den Bischof, mit unserem Gauleiter Wahl über dieses Unrecht zu reden. Es war bekannt, dass sich unser Bischof und Weihbischof an sich gut mit dem Gauleiter verstehen. Nach wenigen Sätzen unterbrach uns der Bischof mit den Worten: Wir hätten keine Ahnung von der komplizierten Politik, wir sollten heimgehen, uns ruhig verhalten und dazu bekamen wir seinen bischöflichen Segen.

Uns war natürlich auch klar, dass die Bischöfe bei Hitler, Himmler und Konsorten kaum etwas bewegen können. Aber so eine öffentliche Solidaritätserklärung mit unseren jüdischen Schwestern und Brüdern hätte diesen und auch uns nur gut getan. Es wäre zwar nur ein kleines, aber doch menschliches und christliches Zeichen gewesen! So aber blieb es bei reiner Diplomatie, Strategie; jedoch auf der Strecke blieb der Mensch, blieb Gott, blieb das von Jesus geforderte Zeugnis. Der begnadete Jugendseelsorger Johannes Dischinger brachte es am Abend auf den Punkt: »Ihr seid jetzt zwar enttäuscht. Trotzdem – versucht auch, zu verstehen!« Wieder so ein versöhnendes Wort fürs Leben!

Wie so ein kleines Zeichen von Mitmenschlichkeit aussehen könnte, erfuhr ich wenige Tage später. Es sollte mein schönstes Geburtstagsgeschenk werden. Es war am 5. November 1942 in der Augsburger Hindenburgstraße, heute Gögginger Straße. Meine Mutter kam mit mir 16-Jährigen aus einem Bäckerladen – mit einem großen Laib Brot – eben mit Hilfe von monatlichen Brotmarken eingekauft. Auf der Straße sah ich eine lange Kolonne gefangener Russen, völlig abgemagert, traurig und ohne Wintermäntel. Meine

Mutter gab ihnen spontan den frischen Laib Brot und schon herrschte riesige Freude unter vielen ausgehungerten Männern.

Ein Wehrmachtssoldat schlug mit seinem Gewehrkolben einem der Gefangenen das Brot aus der Hand, sodass es in der Gosse landete. Meine Mutter hob das Brot auf, protestierte heftig – ohne Angst vor den deutschen Wach-Soldaten mit aufgepflanzten Gewehren. Sie sagte energisch:

>>Lassen Sie das! Ich hatte vier Kinder in Russland.
Zwei sind schon gefallen und ich hoffe, dass die
anderen beiden auch hilfreichen Müttern begegnen,
wenn sie in Gefangenschaft geraten sollten.<<

Sie gab den Gefangenen das Brot zurück – und ich durfte in unbeschreiblich leuchtende, dankbare Gesichter schauen.

Nur ein Laib Brot – aber die unvergessliche Erinnerung an eine für die Russen namenlose Samariterin im Winter 1942. Jesus sagt: >>Werdet barmherzig, wie euer Vater barmherzig ist! Liebt einander!<<

Liebe ist wesentlich auch Diakonie, ist konkreter Dienst für Menschen in Not – unmittelbar *neben* mir – manchmal sogar wie damals auf einer belebten Straße. Meine Mutter tat einfach, was sie täglich in der Bibel las, was Jesus verkündet; nur – man muss es eben *tun*! Und zwar so, wie es Delp in St. Peter sagte: >>Ohne Angst, mit Gottvertrauen!<<

Gegen Ende ihres Lebens erzählte sie mir ihre vertrauteste Geschichte. Ich gebe sie weiter, um anderen in schwierigen Situationen Mut zu machen. Es war nach der Geburt ihres achten Kindes. Ihre physischen und psychischen Kräfte waren aufgebraucht. Nach ihren eigenen Worten lag sie am Boden. Völlig verzweifelt glaubte sie, den berechtigten Wünschen ihres Mannes nicht mehr genügen zu können und sie versage in der Erziehung ihrer nicht unkomplizierten Kinder. Das Schlimmste aber sei gewesen: Sie fühlte sich plötzlich sogar von Gott verlassen und sah keinen Sinn mehr in ihrem Leben.

Und wieder stellt sich die Frage: Zufall oder Fügung? Eine befreundete Frau aus der Pfarrei bat meine Mutter, sie zur abendlichen Fastenpredigt in der Nachbarpfarrei St. Canisius zu begleiten. Ein junger Kaplan sagte zu Beginn seiner Predigt: »Ich lade Sie ein, jetzt mit mir über drei wichtige biblische Glaubensaussagen nachzudenken: Gott *sieht* uns. Gott *kennt* uns. Gott *liebt* uns.« Meine Mutter erzählte aufgeregt weiter: »Ich war wie vom Blitz getroffen, verließ spontan die Kirche und wiederholte auf dem ganzen Heimweg die drei Gedanken des Fastenpredigers – Gott, du bist da. Du siehst mich. Du kennst mich. Du magst mich. Und dafür danke ich dir.« Sie sagte: »Ich war überwältigt. Jetzt wusste ich wieder: Ich bin ja gar nicht allein. Du bist da und *bei* mir. Wenn mich niemand beachtet – du, *Gott*, siehst mich, verlierst mich nie aus dem Auge. Und wenn mich auch niemand verstehen sollte – du, mein Gott, kennst mich bis auf den Grund meiner Seele. Und wenn ich nichts mehr wert sein sollte in den Augen der Welt – du nimmst mich an, so wie ich bin, weil du mich magst.« Und sie fügte den drei Gedanken des Kaplans in ihrer typischen Art hinzu: »Und dafür danke ich dir.« Sie nannte ihr kurzes Gebet bescheiden: »Mein *kleines* Magnifikat.« Dieses betete sie natürlich öfter unter Tags. Sie bemerkte: »Wir nannten solche kurzen Gebete früher Stoßgebete – nicht weil wir damit *Gott* einen Stoß versetzen wollten, sondern im Gegenteil *uns* – und zwar im Sinne: Wach auf! Vergiss nicht den Herrn, deinen Gott!«

Meine Mutter konnte auch energisch mit Gott reden. Es war 1958. Mein Vater lag mit schwerem Herzinfarkt im Krankenhaus. Da erlebte meine Mutter, wie die dreijährige Enkelin im Haus – unbeeinflusst von den Erwachsenen – rührend, aber in großer Angst für den Opa betete: »Lieber Gott, lass den Opa bitte wieder gesund werden, bitte!« So betete das Kind mehrmals am Tag. Aber der Opa starb.

Meine Mutter gestand mir, sie habe danach ein sehr ernstes Gespräch mit Gott geführt und ihm gesagt: »Ich verstehe, wenn du *meine* Bitten nicht alle erhörst. Wer bin ich denn? Mir genügt, dass du meine Bitte überhaupt *hörst*. Ich weiß so meine Sorgen bei dir aufgehoben. Aber über ein unschuldiges *Kindergebet* kannst du doch nicht einfach wortlos hinwegtrampeln!«

Sie fragte mich: »Bin ich da zu weit gegangen?« Ich antwortete: »Ich glaube nicht. Denn mir scheint: Ein *ehrlicher* Beter ist Gott lieber als ein frommer *Schwätzer*.«

Am 1. 11. 1958 starb mein Vater im Krankenhaus Obergünzburg. Seine letzten Worte an mich am Vorabend bei meiner Verabschiedung: »Legst halt bitte alles auf deine Patene, ob ich weiterleben darf oder sterben muss. Legst halt alles auf deine Patene und in deinen Kelch.« Er glaubte an die Verwandlung alles Vergänglichen in ein neues Leben. Meine Mutter und ich wollten ihn nach der Frühmesse besuchen. Doch fünf Minuten vor Beginn der Messe rief das Krankenhaus an: »Ihr Vater ist eben gestorben.« Ich legte meinen Vater und alle unsere Verstorbenen zum ersten Mal bewusst auf die Patene.

Von unseren Eltern lernten wir das freie, spontane und besonders aufrichtige Beten. Wir wurden immer wieder nach einem gemeinschaftlichen Gebet aufgefordert, auch unsere *persönlichen* Anliegen offen auszusprechen. Dies hatte nicht selten eine reinigende, befreiende Wirkung. So, wenn mein Bruder Herbert betete: »Jesus, gib meinem Bruder Leo mehr Humor, damit er nicht alles so ernst nimmt.« Und Leo zurückbetete: »Und gib Herbert die Gnade, dass er endlich einmal überhaupt etwas ernst nimmt!« Wir alle mussten lachen und mein Vater sagte mit seiner herrlichen Tenorstimme: »Amen.« Zu Deutsch: Ja, so ist es! Es geschehe!

Meine Mutter war 66 Jahre alt, als mein Vater 1958 starb. Jetzt hatte sie Zeit für neue Ziele. Sie besuchte wöchentlich in Aitrang und Umgebung zu Fuß alte und behinderte Menschen. Anfangs waren es meist Leute, die sie von ihrer täglichen Messe her kannte. Inzwischen aber baten auch andere um ihren Besuch. Der Pfarrer wusste lange Zeit von ihrem originellen Plan. Sie hatte immer drei Dinge bei sich: Einmal die wöchentliche Kirchenzeitung. Sie las den Leuten die Überschriften vor und je nach Wunsch auch den entsprechenden Artikel. Darüber wurde mitunter auch diskutiert. Dann bot sie ihren »Kunden« ein oder zwei Gesätzlein vom Rosenkranz an, meist verbunden mit Sätzen aus der Bergpredigt oder mit anderen passenden Worten Jesu. Wobei man bei den Bitten immer an die Anliegen der eigenen Familie, aber auch aller Notleidenden gedachte. Und als Höhepunkt gab es drittens einige Kostproben aus immer neuen Witzbüchlein. Im Laufe von 22 Jahren besorgte ich ihr über zwanzig solcher Witz-Sammlungen. Kommentar meiner Mutter: »Ich wollte Menschen, die vielleicht im Leben nicht viel zu lachen hatten, ein bisschen wenigstens zum Lächeln bringen.« Eine fantasievolle Rentnerin, ausgerüstet mit Kirchenzeitung, Rosenkranz und Witzbüchlein, machte mit ihrer Eigeninitiative für eine Weile Menschen glücklich.

Nach ihrem Heimgang besuchte ich einige aus ihrem Kreis und fragte sie neugierig über meine Mutter aus. Ein alter uriger Allgäuer erzählte mir: »Wissen Sie, Ihre Mutter strahlte so viel Güte, Lächeln und Freude aus, dass man hinterher meinte – der Jesus selbst war jetzt auf Besuch.«

Und ich sagte ihm: »Der *war* auch immer verborgen mit *dabei*. Und meine Mutter verstand sich immer nur als sein bescheidenes Werkzeug.« Worauf der Mann überraschend antwortete: »Darum sagte sie beim Abschied immer, wenn ich mich bei ihr bedanken wollte: Danken's net mir, sondern dem, der mich geschickt hat. Sie wissen schon, wen ich meine – und verließ lächelnd das Zimmer.«

Ihr Frauen, auch über 60, 70, ja über 80, noch im besten Alter – habt Fantasie, Mut und Humor! Jesus sagt: »Alles kann, wer mir glaubt!« Also traut euch! Viele *warten* auf euch!

Höhepunkte im Dezember 1942 und dann 1943 waren für mich die monatlichen Besuche im Pfarrhaus Heilig Blut, Bogenhausen/ München an jedem ersten Montag. Wehrle war inzwischen dort Kaplan. Es begann regelmäßig mit meiner Beichte auf dessen Zimmer und dann erzählte ich eifrig meine neuesten Erlebnisse. Wie er einem dabei zuhörte, wie er auf einen einging, wie er einem half, die eigenen Schwächen und Stärken zu erkennen und darauf aufzubauen, war für mich sehr hilfreich. Er drängte einem nie eine Meinung auf. An seiner vornehmen, zurückhaltenden Art ging mir auf: Wehrle war nicht nur ein guter Seelsorger, sondern ebenso ein ausgezeichneter Psychologe. In meiner Hochpubertät genau die richtige Person.

So wie er redete, schrieb er auch. Hier einige Kostproben: »Jeder, den der Herr in seinen Dienst nimmt, wird manchmal stöhnen. Aber gerade in solchen Stunden werden wir reif; da lernen wir, was menschliche Kraft kann und nicht kann.« Und dann folgen Lieblingsworte, die in mehreren Briefen auftauchen: »Bis plötzlich Gott uns spüren lässt: Hab keine Angst! Du bist in meiner Hand. Also Mut und nicht erschütterbares Gottvertrauen, auch wenn der Dreck bis zum Hals steht!« Wehrle verschweigt nie die Botschaft vom »Kreuz«. Aber er verkündet den Gekreuzigten immer im Blick auf Ostern: »Du wirst manchmal noch vor dem Kreuz erschrecken. Das schadet aber nichts. Es aufheben und dem Herrn nachtragen – darin liegt die Freundschaft mit Jesus, unserem Glück. Und denk daran: Alle unsere Kreuzwege münden einmal ein in den Osterweg unseres Herrn Jesus Christus, unseres besten Freundes und Bruders.« Solche Worte, die in mir präsent blieben, halfen mir, wenn ein Kreuz mich zu sehr niederdrückte.

An diesen Montag-Besuchstagen in Bogenhausen durfte ich immer zusammen mit Pfarrer Blumschein, Kaplan Wehrle und P. Delp um 18 Uhr Abendessen. Die hochkarätigen Diskussionen, besonders zwischen Wehrle und Delp, dauerten immer etwa zwei Stunden, mitunter auch länger. Es ging ständig um die Menschen, die Seelsorge, die Kirche, die Politik, den sinnlosen Krieg – immer wieder gespickt mit scharfen frechen Witzen, bei denen man befreiend lachen konnte.

Es war schon damals nicht zu übersehen: Wehrle und Delp – zwei grundverschiedene Persönlichkeiten. Wehrle ein großer Beter, wenn nicht ein Mystiker, ein Mann, der schon bittere Gotteserfahrungen durchlitten hatte. Und da Alfred Delp, ein Mann voller Dynamik, Energie, der wie ein Feuerwehrmann auf seinen Einsatz wartete und dann kräftig zupackte wie nach den verheerenden Bombenangriffen auf die Stadt. Mit einem Wort: Delp war in gutem Sinn der größere Aktivist, der die Leute spontan begeistern und mitreißen konnte. Wehrle dagegen war mehr der stillere, einfühlsame Seelsorger, der jeden »Betrübniskatholizismus« strikt ablehnte.

Ich »profitierte« enorm von beiden. Jeder von ihnen gab meinem jungen Leben Tiefgang, schärfte mein Unterscheidungsvermögen, richtete meinen Blick auf Christus und die Not der Mitmenschen. Im höchsten Maß glaubwürdig wurden Wehrle und Delp für mich endgültig mit ihrem Glaubenszeugnis vor Gericht, mit ihren schriftlichen Bekenntnissen, mit ihrem Martyrium.

St. Stephan und St. Anna

Ich komme nochmals auf St. Stephan, Augsburg. Die Benediktiner waren für mich seit meiner Kindheit ein Begriff. Denn mein Bruder Alois, der zuvor in St. Ottilien studierte, erhielt wieder einen Freiplatz im Ludwigs-Institut. Eine Stiftung von König Ludwig I. für ärmere Studenten und ein Vertrauensgeschenk an die Mönche. Mein Bruder war also ein Voll-Stephaner und ein anderes Gymnasium kam für mich gar nicht in Frage. Der Schulunterricht dort war für mich normal und ich muss ehrlich gestehen: St. Stephan war für mich vor allem – P. Gregor Lang OSB (1884–1962). P. Lang nicht als Oberstudiendirektor der Schule, viel mehr als einer der beliebtesten Referenten im Raum Augsburg. Ich versäumte keinen seiner wertvollen Vorträge.

Ich beschreibe ihn mit den Worten eines Juden, Friedrich Georg Friedmann (1912–2008), Abiturient 1931. Als Hitler in Deutschland mit seinem Rassenwahn bereits Furore machte, fragte der junge Friedmann kühn: »Wo kann ein Jude am besten in Augsburg studieren? Ich bekam zur Antwort: Bei Pater Gregor Lang!« Friedmann beschrieb diesen Benediktiner so: »P. Gregor war eine überragende Persönlichkeit mit großer Ausstrahlung. Ein Geistesmann, offen für die modernen Probleme wie Ökumene, Aufklärung, Toleranz und Humanismus.« Gregor Lang konnte über seinen Freund Goethe sagen: »Er ist mit seinen Dramen und Gedichten der beste Interpret der Heiligen Schrift.« In seinem »Faust« stünde alles, was ein Christ wissen müsste. Ich suchte P. Gregor auch mit meinen privaten Anliegen auf, zuletzt als ich vom Rektor Grosch und meinem Klassenlehrer Kappelmayer unter Druck gesetzt wurde, die Schule zu verlassen. Man würde mich sonst feuern. Ich »kappelte« mich öfters mit meinem Nazi-Lehrer; aber mit *einem* Satz in meinem Aufsatz brachte ich ihn total aus der Fassung. Das Thema lautete: »Strittige Zeitfragen«.

Ich schrieb nicht viel, aber provozierend die Worte: »Eine der strittigsten Fragen der Gegenwart ist wohl die Judenfrage. Aber Juden sind auch Menschen wie du und ich.« Ich schrieb nicht mehr wie eine Heftseite. Wutentbrannt eilte er mit mir am Schluss des Unterrichts zum Rektor und beide stellten fest, ich sei für diese Schule untragbar.

Wie immer suchte ich auch jetzt in meinem Anliegen Pater Gregor auf. Seine erste Reaktion: »Da rufen wir gleich den Rektor von St. Anna an«, lächelte und sagte ins Telefon: »Bitte nehmen Sie einen lieben Schüler von mir auf. Er ist hier nicht mehr erwünscht.« Noch in derselben Stunde erschien ich beim Rektor von St. Anna. Doktor Heim vermerkte nur noch schmunzelnd: Ich müsste aber schon noch das Einverständnis meines Vaters einholen. Da war ich mir aber meiner Sache sicher. Zwei überzeugt christliche Männer brauchten nicht viel Zeit, um ein Problem zu lösen, auch wenn der eine evangelisch und der andere katholisch war. Sie handelten spontan nach ihrem Gewissen. Und das spürte ich und bin ihnen dafür dankbar.

Seit dieser Zeit freilich fühle ich mich schon ein wenig wie ein verlorener Sohn von St. Stephan. Gehöre ich noch dazu oder nicht? Zwei Mitschüler von St. Anna gehören zu meinen engsten Freunden, auch wenn sie beide schon heimgegangen sind: Eduard Spanagel und Franz Simm. Mit den Stephanern habe ich noch mehr Kontakt, obwohl die meisten wahrscheinlich nie recht erfuhren, warum ich plötzlich verschwunden war.

Eines meiner nachhaltigsten Erlebnisse in St. Stephan – wir gehörten damals zu den unteren Klassen – war zum Schulbeginn der Fahnengruß im Schulhof. Die Mönche hatten die Nazis ja bereits fristlos entlassen. Als der Rektor die Nationalhymne und das Hitlerlied anstimmen wollte, hielten die Oberklassen mit ihren Stimmen und Instrumenten heftig dagegen und sangen lautstark das Stephanerlied mit allen vier Strophen. Und das ganze Gymnasium sang mit in wirklicher Inbrunst, besonders die letzten Verse:

»St. Stephan, dir gehören wir
in Schwabentreue für und für.«

Mit Worten nicht zu beschreiben. Der Schulhof bebte. Wir alle bebten. Das war mein gewaltigster und glücklichster Augenblick in St. Stephan. »Gott fügt!« Diese höhere Macht hielt uns alle unzertrennlich zusammen. Wer dabei war, bleibt ein Stephaner.

Im Frühjahr 1943 hatte Hitler eine weitere absurde Idee: die Jugendlichen von höheren und mittleren Schulen, die Jahrgänge 1926–1928, regelrecht wie Soldaten zum Kriegsdienst »einzuberufen«. Sie sollten die Luftwaffe unterstützen bei der Abwehr von Fliegerangriffen, die immer stärker wurden. Wirklich verrückt: Ausgerechnet unreife Jugendliche sollten mit Abwehrkanonen die feindlichen Bomber vom Himmel herunterholen! Der letzte lächerliche Versuch eines (Ver-)Führers, mit so einer Truppe von Knaben Deutschland retten zu wollen.

Wir von St. Anna wurden klassenweise am nördlichen Stadtrand von Augsburg-Oberhausen, auf freiem Feld in mehreren Baracken untergebracht. Von jetzt an waren wir also vom Morgenappell an bis zu den nächtlichen Fliegeralarmen immer im Einsatz.

Etwas Mitleid hatten wir mit unseren Lehrern. Sie mussten täglich, außer Sonntag, vormittags drei bis vier Stunden zum Unterricht in unsere Baracken kommen. Es war nicht leicht, uns dort Latein und Griechisch beizubringen, schon eher Deutsch und Geschichte. Manche machten einen ziemlich hilflosen Eindruck. Einer unserer besten Lehrer aber, Dr. Endrös, vertraute mir an, er sei höchst traurig, mitunter auch sehr empört, was mit uns geschehen würde. Mit verblüffender Offenheit gestand er, dass er auf ein baldiges Kriegsende hoffe und dass wir dann endlich wieder frei atmen können. Er starb leider viel zu früh. Solche Lehrer hätten wir nach dem Krieg dringend gebraucht.

Ich hatte in unserer Truppe allerdings einen Sonderstatus. Ich musste in unserer Batterie das E-Messgerät bedienen, mit dem man die Entfernung des feindlichen Flugzeuges ermessen sollte. Räumlich sehen konnten in so einem Gerät aber nur wenige, ich schon gar nicht. Bei der Prüfung für dieses E-Messen habe ich einfach geraten und lag fast immer richtig, worüber selbst Fachleute staunten. So bekam ich diesen seltsamen Posten, der mir die täglichen lästigen Übungen an unserer Abwehrkanone ersparte. Dafür durfte ich pro Woche dreimal nachmittags zum Augsburger Flug-platz-Gelände fahren, um dort mit den echten E-Messern der Luftwaffe zu üben.

Diese vernünftigen Männer drückten jedes Mal zwei Augen zu, wenn ich frühzeitig verduftete, um angeblich meine Eltern zu besuchen. Tatsächlich traf ich mich natürlich mit meiner Jugend-gruppe und meinen Antoner Freunden.

Nur einmal machte mich ein älterer sympathischer Luftwaffen-Soldat aufmerksam: »Du weißt schon, dass das unerlaubte Sich-Entfernen von der Truppe mit dem Tode bestraft wird.« Er klopfte mir beruhigend auf die Schulter und ergänzte: »Mach ruhig, was du tun musst. Ich wünsch dir alles Gute, mein junger Freund.« Solche Begegnungen waren einzigartige Glücks- und Hoffnungs-momente in einer so schwierigen Zeit unmittelbar zwischen Leben und Tod.

Durch die Gespräche mit Kaplan Hermann Josef Wehrle wurde für mich der gelebte Glaube, die persönliche Verbindung mit Gott, mit Christus immer wichtiger.

Auch die Familie Reisert besuchte ich jetzt wieder häufiger an den Nachmittagen, wo ich als E-Messer unterwegs war. Zweimal war ich dort überraschend Gast in einem beeindruckenden Kreis von Männern. Ich hatte keine Ahnung, wer diese Männer waren und worum es ihnen ging. Darüber informierte mich vertraulich noch am selben Tag Kaplan Wehrle, der nicht zu diesem Kreis gehörte, ihn aber von den Bogenhausener Treffen her gut kannte. Ich erfuhr: Diese Männer würden nur nachdenken, wie es nach einem wohl bald verlorenen Krieg mit Deutschland und Europa weitergehen soll. Ich dürfe keine Namen notieren, weil das für die Betreffenden gefährlich werden könnte. Tatsächlich wurden die meisten Mitglieder dieses Kreises vom Volksgerichtshof hinge-richtet, obwohl sie an keinem Putsch oder Attentat beteiligt waren. Sie mussten einzig deswegen sterben, weil sie *dachten*! Ein typi-sches Kennzeichen für jede Diktatur, dass Denken, erst recht das offene und laute Denken, hart bestraft wird.

Nach dem Krieg sagte man mir, dass dieser Kreis einer der intelligentesten Widerstandsgruppen war. Ich weiß, es ist gewagt – dennoch versuche ich, das Ziel dieser Gruppe kurz zu umschreiben.

Delps Vorschlag: Nachdem Kapitalismus und Marxismus versagt hätten, ebenso der extreme Individualismus und Kollektivismus (Vermassung), müsse man eine neue Lösung finden. Fernziel sei die Sicherung des Existenzminimums aller. Man brauche allerdings Mut, »die Grenzen des Eigentums beim Namen zu nennen und die rechtlichen Folgen aus dieser Begrenzung unerbittlich zu ziehen«. Sonst würde die Schere zwischen Arm und Reich immer größer und die Konflikte immer blutiger. Dazu brauche es eine »soziale, moralische Revolution«. Man sprach auch von einem »Sozialismus mit menschlichem Antlitz«.

Delps Manuskript ging leider verloren. Zeitzeugen versuchten den Text zu rekonstruieren. Dieser Entwurf hatte den Titel: »Der Dritte Weg als Idee«. Delps Ideen ließen mich in meinem Studium und späteren Beruf nicht mehr los. Papst Franziskus vertritt meines Erachtens die gleichen Ansichten, nur noch stärker verbunden mit der Person und Botschaft Jesu.

Zurück in die Kaffeerunde bei Familie Reisert. Ich saß zwischen Delp und Wehrle. Da fragte mich Graf Moltke aus heiterem Himmel: »Na, junger Mann, wie fühlen Sie sich zwischen zwei solchen Kalibern?« Ich erwiderte: »Mir scheint, ich bin hier von *lauter* schweren Kalibern umgeben«, worüber alle zustimmend lachten.

Und weiter ging es mit massiven Äußerungen über die Nazis. Doch am meisten erschütterten mich die grausamen Berichte aus Konzentrationslagern. Dass ich dabei leidenschaftlicher Zuhörer sein durfte, verdanke ich sicher Wehrle und Delp.

Einige Namen aus diesem Kreis behielt ich dennoch in meinem Gedächtnis: Graf Helmut James von Moltke, Eugen Gerstenmaier (nach dem Krieg erster Bundestagspräsident), Franz Reisert und Fürst Fugger von Glött. Namen, die in unsere Geschichtsbücher gehören, weil diese Zeugen alles, selbst ihr Leben riskierten für ein besseres Deutschland.

Wieder einmal hörte ich mit Elisabeth Reisert im Stadttheater ein Konzert, diesmal die Matthäus-Passion von Johann Sebastian Bach. Bei der aufregenden Stelle »Sein Blut komme über uns«, fragte mich Elisabeth: »Meinst du, dass dieser Fluch der Juden jetzt mit voller Wucht über uns kommt?« Ich sagte: »Das glaube ich nicht« und versprach, bei meinem nächsten Besuch in Bogenhausen mit Delp darüber zu reden. Schon eine Woche später traf ich Delp und erzählte ihm von Elisabeths bedrängender Frage: »Seine Antwort war auch für mich von grundsätzlicher Bedeutung: »Um Gottes willen, nein! Solche Flüche seien menschliche Erfindungen und hätten für Gott keinerlei Bedeutung. Immerhin hat man in der Kirche lange Zeit an die Wirkung eines solchen Fluches geglaubt und damit die ewigen Judenverfolgungen irgendwie erklären wollen. Aber dann sagte Delp noch einige Sätze, die sich wie ein Auftrag von ihm anhörten: »Die Juden sind vom Herrgott geliebt wie jeder andere Mensch auch. Sag das deiner Elisabeth. Und pass gut auf sie auf. Sie ist ein feiner Kerl und braucht dich dringender als je zuvor.« Ich hätte Delp umarmen können. Ich empfand seine Worte wie einen Segen über unsere Freundschaft.

Gestapohaft, französische Gefangenschaft, Stacheldrahtseminar Chartres

Es war inzwischen mehr als Freundschaft. Ich nahm mir am 19. November, am Namenstag von Elisabeth, abends frei, um ihr endlich zu sagen: Ich liebe dich! Wenn, ja wenn da nicht auch Gott ein Wörtchen mitzureden hätte. Am Morgen des 19. November, früh um acht Uhr, kamen drei Gestapoleute in unsere Flakstellung und teilten unserem Feldwebel mit, ich sei bis auf weiteres verhaftet. Das schlug in unsere Baracke ein wie eine Bombe. Die Gestapo brachte mich zuerst zu Oberst Stiller, dem Chef der Luftwaffe und Luftwaffenhelfer im Raum Augsburg. Dieser beschimpfte mich, ich sei eine Schande für die Luftwaffe und er hoffe auf eine handfeste Bestrafung. Dieselben drei Gestapomänner verhörten mich eine Woche lang acht Stunden täglich. Mit einem Revolver auf ihrem Tisch versuchten sie mich einzuschüchtern. Angeklagt wurde ich wegen Zugehörigkeit zu einer illegalen Vereinigung, gemeint war der Bund Neudeutschland (ND). Weiterhin wurde mir vorgeworfen, ich stünde in Verbindung mit einer Widerstandsgruppe aus Regensburg. Hier handelte es sich um unseren Domspatzen-Freund, den wir ein Jahr zuvor auf unserer Radtour besucht hatten. Viel schlimmer in ihren Augen war der Inhalt meiner zwei Tagebücher, die sie bei der Hausdurchsuchung beschlagnahmten. Beide Tagebücher strotzen von massiver Kritik am Nazi-Regime. Genüsslich besprachen sie mit mir Stück für Stück aus meinen Bänden. Eine Sekretärin im Hintergrund tippte alle Fragen und Antworten auf einer Maschine mit.

Ein Soldat der Wehrmacht brachte mich jeden Abend in das gleiche Kellerloch mit Tisch und Stuhl, mit einer Matratze am Boden und einer Wolldecke. In diesem Raum war eine Art Waschbecken mit Handtuch, Seife und Zahnbürste. Die Abendverpflegung war immer gleich: Brot, ein Stück Käse und Tee. Frühstück und eine Mittagssuppe bekam ich bei der Gestapo.

Als ich am ersten Abend im Dunkel dasaß, war mir klar: Aus diesem Loch kommst du nicht mehr lebend heraus. Ich werde meine Liebsten in dieser Welt nicht mehr sehen. Es schien alles vorbei. Ich weinte trostlos und verzweifelt.

Da erlebte ich etwas, das mir später nie mehr in dieser Intensität geschenkt wurde. Ich erinnerte mich plötzlich an ein Wort Gottes, das uns unser Jugendkaplan Schönmetzler zum Auswendiglernen aufschrieb (damals neben vier weiteren zentralen Texten aus dem Alten Testament). Aber diesen Spruch Gottes an Jakob hörte ich jetzt in meinem Kellerloch – wirklich und eindringlich – als Verheißung Gottes mir ganz persönlich zugesagt und versprochen: »Ich bin da und bei dir. Ich behüte dich, wohin du auch gehst. Ja, ich verlasse dich niemals« (Gen 28).

Meine Niedergeschlagenheit verwandelte sich in einem einzigen Augenblick in unbeschreibliche Freude, in die Gewissheit – ich bin nicht allein. Du bist immer bei mir, du mein Gott und mein alles. Ich weinte immer noch – aber jetzt vor Freude und Dankbarkeit. Ich werde niemand schildern können, was in dieser Nacht in einer Gefängniszelle irgendwo in Augsburg mit mir geschah. Es hatte Ähnlichkeit mit der Taborstunde der drei Apostel mit Jesus, vielleicht auch mit der Stunde der Emmausjünger, als ihnen die Augen aufgingen. An diesem 19. November hatte ich zuletzt doch noch eine Frage an Gott: »Was hast du mit mir und Elisabeth in Zukunft vor?« Auf diese Frage sollte ich noch zweimal eine Antwort bekommen.

Meine Lage wurde von Tag zu Tag schlechter. Sie hatten ja gegen mich alles in der Hand, was sie brauchten. Eine Woche war bereits vorüber – ein Ausweg weit und breit nicht in Sicht. Die Gestapo saß wieder einmal nebenan in einem Zimmer beim Mittagessen. Ich war mit der Sekretärin allein. Da flüsterte sie mir überraschend und aufgeregt zu, ich sollte alles widerrufen und als dummen, jugendlichen Irrtum bezeichnen. Ich müsste unbedingt um Nachsicht bitten und versprechen, dies käme bestimmt nicht mehr vor. Sie war entsetzt, als ich sagte, dies sei aber alles meine feste Überzeugung und ich könnte nichts zurücknehmen. Jetzt wurde sie noch leiser: »Dann verlangen Sie den Chef des Hauses. Er ist der einzige, der Ihnen noch helfen kann; aber sagen Sie niemand, dass dieser Tipp von mir kam.«

Kurz darauf sagte ich den drei Herren: »Ich möchte bitte unbedingt den Chef des Hauses sprechen«, was sie mit höhnischem Gelächter quittierten: »Was glauben Sie, wer Sie eigentlich sind? Eine Null! Und *Sie,* ein Nichts, wollen von unserem Chef höchstpersönlich empfangen werden. Das kommt nicht in Frage.« Weil ich ihnen keine weiteren Antworten mehr gab, führten sie mich schließlich ziemlich sauer zu ihrem Vorgesetzten, der dann mit mir allein reden wollte.

Vom ersten Moment an verspürte ich eine gegenseitige Sympathie, obwohl vor ihm aufgeschlagen eines meiner Tagebücher lag. Ich hatte großes Vertrauen zu ihm und bekannte mich von Beginn an uneingeschränkt zum Inhalt meiner beiden Schriften. Er sagte freundlich: »Keine Angst! Ich habe Ihre zwei Tagebücher gelesen. Ich beneide Sie um Ihre Freiheit, Ihr Gewissen, Ihren Glauben, Ihren Mut. Sie liegen richtig. Bleiben Sie auf diesem Weg. Danken Sie Gott für die Menschen, die Sie bisher begleiteten mit Rat und Tat. Was ich für Sie tun kann, werde ich tun. Wenn Ihre Papiere nach München geraten, sind Sie mit Sicherheit verloren. Ich lasse Sie auf schnellstem Weg verschwinden, nicht nach Russland, sondern nach Südfrankreich. Dann sind Sie vorläufig aus der Schusslinie. Ihr Vater soll jeden Tag in den Briefkasten schauen und die Anweisungen lesen und verbrennen. Reden Sie darüber nur mit Ihren Eltern und Ihren aller-allerbesten Freunden. Ihr bisheriges Leben verfolgen zu dürfen, war mir eine große Freude. Ich danke Ihnen.«

Ich wurde am nächsten Tag entlassen. Ich glaubte, ich sei bereits in einem neuen Leben gelandet. Auf jeden Fall fühlte ich mich wie einer, der vom sicheren Tod errettet wurde. Diese letzte Nacht wurde für mich zu einer Nacht des nie endenden Dankes.

Noch eine kleine Luftwaffenhelfer-Geschichte. Irgendwie berührt sie auch die *große* Geschichte, ich meine im Folgenden – die Geschichte *Gottes* mit uns. Sonntag für Sonntag meldete ich mich bei unserem Feldwebel und bat um die Erlaubnis, in die Kirche gehen zu dürfen nach St. Martin. Er erlaubte es immer, fügte jedoch jedes Mal hinzu: »Dann beten Sie auch für mich bei Ihrem

Herrgott, dass ich aus diesem Loch bald herauskomme.« Mit »Loch«
umschrieb er wohl den Krieg, das Massensterben, die Unfreiheit.
Ich fragte ihn einmal, warum er immer sage: »Dann beten Sie auch
für mich bei *Ihrem* Herrgott.« Dieser sei doch auch *sein* Herrgott!
Darauf seine Antwort: »Ich glaube an keinen Herrgott. Warum soll
ich zu dem beten, den es gar nicht gibt?« Ich erlaubte mir die Antwort, die er schweigend, aber wohlwollend zur Kenntnis nahm:
»Vielleicht gibt es ihn doch!« Es war wöchentlich der gleiche Ritus.
Nur sagte ich ab jetzt: »Herr Feldwebel, ich bete zu *unserem* Herrgott, dass wir alle aus diesem Schlamassel heil herauskommen.«

Nach meiner Entlassung aus der Gestapohaft fuhr man mich
direkt zu meiner LWA-Truppe. Ich meldete mich vorschriftsmäßig
bei meinem Chef zurück mit dem Gruß: »Luftwaffenhelfer
Schmidkonz wieder bereit zum Dienst.« Er fragte mich: »War's
schlimm?« Ich antwortete: »Es ging.« Er schaute mich sichtlich
gerührt an und sagte: »Ich habe für Sie gebetet!« Wir umarmten
uns wie Vater und Sohn. Ich gestehe: Ich weinte – vor Freude. Ich
musste ab jetzt nicht mehr um den Sonntags-Kirchgang bitten,
sondern mich nur noch abmelden. Ich konnte meinen väterlichen
Freund nach dem Krieg nicht mehr ausfindig machen. Wir hatten
uns ja inzwischen auf andere Weise gefunden – für immer.

Ich konnte seit meiner Heimkehr aus der Kriegsgefangenschaft
bis heute nichts Genaues über das Schicksal dieses einmaligen
Menschen in Erfahrung bringen. Man sagte mir drei Jahre später
bei den Amerikanern: Das ganze Gestapo-Material sei von den
Siegermächten sehr schnell verpackt und zu historischen Untersu-
chungszwecken in die USA versandt worden. Auch dort blieben
meine Nachforschungen erfolglos. Ich freue mich jedenfalls heute
schon auf ein Wiedersehen mit meinem Retter.

Nach meiner Haftentlassung herrschte große Erleichterung bei
meinen Eltern, bei den Angehörigen meiner St. Michaels-Gruppe
in St. Anton, natürlich bei Wehrle und Delp in Bogenhausen. Es
wurde niemand negativ von meinem Fall betroffen. So paradox es
klingt – dies alles verdanken wir dem Chef der Gestapo von Augsburg, letztlich selbstverständlich Gott.

Eine bittere Pille war dann doch eine kleine Geschichte meines Vaters. An meinem dritten Verhaftungstag ging er voll Hoffnung zu unserem Bischof Kumpfmüller. Er bat ihn inständig, bei den maßgebenden Behörden nachzufragen, weshalb ich verhaftet wurde, wo ich mich aufhalte und wie es mir geht. Die Antwort des Bischofs war für meinen kirchentreuen Vater mehr als enttäuschend: Ich sei an allem selber schuld. Wer sich ruhig verhalte, dem passiere auch nichts. Er könne für mich nicht das Geringste tun.

Die Reaktion meines Vaters: »Ein bisschen mehr Mitgefühl hätte ich schon erwartet. Gott weiß. Danken wir unserem Herrgott, dass der Chef der Gestapo so gnädig war. Schau, es gibt auch *gute* Leute unter den Nazis.« Mein Vater stand jedenfalls hundertprozentig hinter mir und mit ihm alle unsere Freunde.

Delp und Wehrle sah ich zum letzten Mal im Dezember. Bei dieser Begegnung versprach Delp: »Ihr bekommt alle da draußen von mir täglich den Segen Gottes; der kennt bekanntlich keine Grenzen.« Dann legte er mir die Hände auf und segnete mich kräftig. Der Segen war für ihn immer ein starkes Zeichen der Nähe Gottes. Ich bedankte mich für die wunderbaren monatlichen Montagabende; *er* entließ mich mit seinem berühmten zuversichtlichen Lächeln.

Hermann Josef Wehrle erzählte ich, dass mir bei der Verhaftung die Gestapo alle seine Briefe wegnahm. Ich hätte aber vorher die wichtigsten Sätze in ein Büchlein übertragen. Wehrle unterbrach mich: »Viel wichtiger ist, dass du *IHN* mitnimmst an die Front und in dein weiteres Leben.« Er schrieb mir noch einen kurzen, sehr bewegenden Brief zum neuen Jahr 1944, aus dem ich hier zitiere: »Es wird gut sein, wir gehen mit gebundenen Händen und gläubigen Augen hinüber in das neue Jahr, ganz ohne persönliche Wünsche, ganz hingegeben an den Willen Gottes, ganz vertrauend auf seine Gnade und Güte. Dann wird es uns ein Jahr des Heiles, mag es uns Leben oder Tod, Frieden oder Krieg bringen.« Das Jahr 1944 brachte ihm den Tod am Galgen. Er nahm diesen bewusst an im Geist seines gekreuzigten und auferstandenen Herrn und Bruders.

Einmalig verlief der Abschied von der St. Antoner Mädchen-Gruppenführerin Mathilde Schäfer, einer exzellenten Orgelspielerin. Wir fühlten uns seit Jahren wie Geschwister. Hinter den verschlossenen Türen unserer Pfarrkirche – ohne Licht wegen der Verdunkelungsvorschrift im Krieg – genehmigten wir uns mit Erlaubnis von Kaplan und Mesner eine wunderbare Meditationsstunde, übrigens nicht zum ersten Mal. Es war echt Balsam für die Seele, egal ob sie bekannte Melodien spielte oder ob sie frei improvisierte. Immer hörte man zwischen Pianissimo und Fortissimo etwas heraus von Sorgen und Sehnsüchten; aber mehr noch wurde man berührt von Freude und Dankbarkeit. Sie schloss immer mit dem Halleluja von Händel, mit dem Lobpreis auf die Größe Gottes. Leider starb sie viel zu früh an Krebs. Ich denke mir oft: Wenn schon irdische Musik so himmlisch sein kann, wie himmlisch wird dann erst die Musik in der *Ewigkeit* sein?

Ich stand kurz vor meiner Einberufung als Soldat. Am Freitag 25. Februar 1943 wollte ich mich locker von meinem Jugendkaplan Willi im Pfarrhaus verabschieden. Da erlebte ich mit meiner Heimatstadt wahrscheinlich die furchtbarste Nacht ihrer Geschichte. Augsburg ging unter im Hagel von Brand- und Sprengbomben der allerschlimmsten, gemeinsten Sorte. In zwei gezielten Bombenangriffen der Alliierten auf die Innenstadt wurde zwischen 22 Uhr und Nach-Mitternacht der schönste Teil von Augsburg fast ausgelöscht.

Nach dem ersten Angriff – niemand wusste, dass ein zweiter folgen würde – rannte ich durch die zerstörte Innenstadt zur Wohnung der Reiserts in der Bürgermeister-Fischer-Straße. Ich war geschockt: Alle Häuser ausgebrannt, von Wohnungen keine Spur mehr. Es war kurz vor dem zweiten Angriff, als ich erfuhr: Die Reiserts seien vor einer halben Stunde mit Sack und Pack im Auto aus Augsburg weggefahren, wohin wusste niemand. Nur noch wenige intakte Sirenen kündeten den nächsten Angriff und Todesstoß an. Ich lief hinter Leuten her, die sich hier auskannten, und landete in einem noch relativ sicheren Kellerraum mit etwa vierzig Personen. Ich staunte, wie Frauen anfingen zu beten: »Vater unser ... Mutter Gottes, bitte für uns Sünder jetzt und in der Stunde unseres Todes.« Viele beteten wie erlöst mit. Mit meinen von Rauch und Ruß entzündeten Augen konnte ich wie viele andere kaum noch richtig sehen. Und dennoch – jeder half dem anderen, so gut er konnte.

Elisabeth und ihre Familie sollte ich nur noch einmal treffen, in knapp zwei Jahren. Diesmal gab es nicht einmal einen Abschied. So nahe liegen sie eben nebeneinander – gestern der Abschied mit Halleluja von Händel, heute ein Abschied, ohne überhaupt Abschied nehmen zu können.

Die Trennung von den Eltern war schlicht. Sie nahmen mich gleichzeitig in den Arm; dann segneten sie mich mit Weihwasser. Mein Vater sagte: »Unser Herrgott segne und begleite dich.« Meine Mutter ergänzte: »Wir beten für dich und euch alle jeden Tag; ihr seid nicht allein.« Ihre beiden Sätze wiederholte ich in den nächsten zwei schweren Jahren in meinem Nachtgebet. Das gab mir unbändig viel Kraft.

In einem Schnellkurs von drei Wochen wurden wir 17–18-Jährige in Bad Reichenhall zu Gebirgsjägern ausgebildet. Unser Einsatzgebiet sollten die Berge in Südfrankreich sein. Dort konnten die Partisanen am besten ihre Stärke zeigen. Ein großer Trost war für mich, dass ein lieber Schulkamerad von St. Anna in den nächsten zwei Jahren mein bester Begleiter werden sollte – Eduard Spannagl aus Friedberg. Auf ihn konnte man sich total verlassen. Er beeindruckte, weil er ein bekennender Christ war, äußerst hilfsbereit, mit großem Humor. Einen Unterschied gab es: Er war ein gewissenhafter, gehorsamer Soldat. Ich dagegen war sehr kritisch und hatte immer wieder schwere Gewissenskonflikte. Unserer Freundschaft hat dies nie geschadet. Am Schluss unserer Ausbildung sollten wir in der katholischen Reichenhaller Pfarrkirche gemeinsam den Eid auf den Führer ablegen. Man muss diese Eidesformel auf einen der größten Verbrecher der Weltgeschichte, langsam, Wort für Wort auf sich wirken lassen – dann spürt man etwas von der Ungeheuerlichkeit dieses feierlichen Aktes. Ich konnte den Eid nicht leisten. Das verbot mir strikt mein Gewissen.

Hier der Wortlaut: »Ich schwöre bei Gott diesen heiligen Eid, dass ich dem Führer des Deutschen Reiches und Volkes, Adolf Hitler, dem Obersten Befehlshaber der Wehrmacht unbedingten Gehorsam leisten und als tapferer Soldat bereit sein will, jederzeit für diesen Eid mein Leben einzusetzen.«

Ich war entsetzt, dass diese Eidesformel im »Katholischen Feldgesangbuch« auf den vorderen Seiten abgedruckt war. Ich riss diese Seite aus meinem Gebetbüchlein heraus, was ein Oberjäger ängstlich beobachtete. Er nahm mich beiseite und sagte: »Spinnst du? Wenn dich einer sieht und anzeigt, ist deine Rübe (Kopf) ab.« Ich fragte mich damals und nach dem Krieg: Wie konnten so intelligente Kirchen-Männer diesen Führereid in ein Gebetbuch aufnehmen?

Für meine Gewissensentscheidung genügte mir die vor zwei Jahren auswendig gelernte Bergpredigt mit der Weisung Jesu (Mt 5,34): »Schwört überhaupt nicht!« Der Exeget Joachim Gnilka erklärt dazu: »Jesus verbietet jegliches Schwören. Einschränkungen … sind nicht zulässig.« Er beruft sich auf den Kirchenlehrer Chrysostomos, »der Eid sei vom Bösen, und wenn man gezwungen wird, zu schwören, solle man stärker sein als der Zwang«. Und wieder und wieder werden wir erkennen: So harmlos uns auch die eigenen kleinen Geschichten erscheinen mögen, so berühren doch nicht wenige die große Geschichte *Gottes*. Niemand wird verurteilt, wenn er schwört oder gelobt. Doch zum Nachdenken sind *alle* eingeladen! Zum Beispiel: Stimmt unsere Eidpraxis oder unsere Gelübde-Feierlichkeit noch mit der Bergpredigt überein?

Unser Gebirgsjäger-Ziel war in Südfrankreich das unauffällige Städtchen Bourg-Saint-Maurice am Fuß des Kleinen St. Bernhard. Sehr rasch lernten wir ahnungslosen jungen Kerle, was Partisaneneinsatz im Hochgebirge heißt: Keine offenen Panzerschlachten wie in Nordafrika und Russland, sondern Nahkampf nach überraschenden Überfällen. Die Partisanen (Maquis) kämpften natürlich in Zivil.

Mit einem Fahrrad, mit einem Gewehr auf dem Rücken sollten wir eine 30 km lange Strecke bis zur nächsten Gebirgsjäger-Station kontrollieren. Die Partisanen waren uns dabei haushoch überlegen: Sie kannten unsere Fahrzeiten, waren mit Maschinengewehren ausgestattet und konnten aus voller Deckung heraus das Feuer eröffnen. Auf jeder fünften Kontrolle, so sagte man, gab es Tote oder Verletzte, weshalb man diese Tour auch »Himmelfahrtskommando« nannte.

Eine solche Todesfahrt erlebte ich bei meinem dritten Nachteinsatz. Auf halber Strecke wurden wir von einer Maschinengewehrsalve glatt niedergemäht, während die Widerständler sich schnellstens in Sicherheit brachten. Meine zwei Kameraden wurden buchstäblich von den Schüssen durchlöchert und waren auf der Stelle tot. Ich selbst blieb wie durch ein Wunder unverletzt. Sie hätten mich mit Leichtigkeit erschießen können, ich hätte mich sicher nicht gewehrt. Die Fahrräder waren unbrauchbar. So verständigte ich mit dem Funkgerät meines Oberjägers unsere Kompanie, die mich heil zurückbrachte.

Für mich 17-Jährigen wurde die Lage immer gespenstischer. Sämtliche Partisanen, aber auch Geißeln wurden ohne Prozess erschossen. Wer den entscheidenden Befehl dazu gab – ob der Hauptmann, ein Oberst, oder ein General – blieb für uns undurchsichtig. Zu einem solchen Erschießungskommando wurde zu meinem Schrecken eines Tages auch ich ausgewählt. Ich erklärte meinem Hauptmann, dass ich aus Gewissensgründen niemanden erschießen könnte. Mein Chef, zuhause ein solider Volksschullehrer und Organist beim Sonntagsgottesdienst, erinnerte mich an den Führerbefehl: »Befehlsverweigerung im Krieg wird mit dem Tod bestraft.« Aber das hatte bei mir keine Wirkung. Da nahm mich der verzweifelte Mann beiseite mit den Worten: »Dann schaufelst du dir eben eine Grube!«, was ich an diesem heißen Julitag 1944 auch tat.

Er sagte mir nach dem Krieg, er habe sich wahnsinnig über meinen Ungehorsam geärgert und wollte jetzt wissen, wie weit ich mit meinem Trotz noch ginge. Ich glaubte seinem Geständnis; denn er ließ mich ja auch tatsächlich nicht erschießen.

Nur für mich war es blutiger Ernst. Ich gebe zu, dass ich trotzdem innerlich völlig ruhig blieb, was nicht mein Verdienst war, sondern höhere Macht. Der Hauptmann schloss die makabre Szene mit dem Satz: »Jäger Schmidkonz, Sie sind so ein Vollidiot, dass jede Kugel für Sie zu schade ist. Ab – in den Bunker!« Es waren doch einige Neugierige mit dabei, die mich jetzt prompt im Strafbunker der Kaserne einsperrten. Dort sollte ich eine zweiwöchige Strafe absitzen. O Bourg-St.-Maurice! Was für eine herrliche Landschaft! Was für ein sinnloser Krieg!

Das missglückte Attentat auf Hitler am 20. Juli 1944 ging spurlos an uns vorüber. Unser Hauptmann verlas lediglich einen wütenden Bericht Hitlers an die kämpfenden Truppen. Darin erklärte er, dass der übliche Soldatengruß abgeschafft sei, es gelte nur noch der deutsche Gruß »Heil Hitler«. Eine lächerliche Rache an seiner Wehrmacht, von der er sich ab jetzt verlassen fühlte. Zur Freude aller konnte der Hauptmann die Bemerkung nicht unterlassen: »Wir aber bleiben beim alten Wehrmachtsgruß.« Dafür bekam er Applaus. Es waren eben nicht alle Deutsche überzeugte Nazis.

Bald darauf wurde unsere Einheit von den Aufständischen in eine tödliche Falle gelockt. Im engen Isèretal waren unsere Leute plötzlich von allen Seiten eingeschlossen und wurden von einer unerwarteten Übermacht regelrecht »aufgerieben«. Es gab viele Tote und Schwerverletzte, kaum einer blieb unverletzt. Diese verheerende Niederlage war der Anfang vom Ende.

Als dann auch noch die Amerikaner in der Normandie landeten, warf Hitler den Rest des Heeres an die Westfront. Für uns gab es keine Unterstützung mehr durch Panzer, Autos oder gar Flugzeuge.

Der Hauptmann entschied sich deshalb mit Recht für die sofortige Flucht auf den Kleinen St. Bernhard. Dort hausten wir zwei Wochen lang in einer alten Hospiz-Ruine aus der Zeit der Zisterzienser-Mönche. Der Gründer ihres Ordens war der heilige Bernhard von Clairvaux. Mit gerade noch 30 Gebirgsjägern wollte unser nicht beneidenswerter Chef das Hospiz und die Passhöhe um jeden Preis verteidigen.

Wir waren auf zwei Seiten eingeschlossen: auf der einen Seite von den italienischen Partisanen, auf der anderen Seite von den französischen Widerständlern. Wir aber waren von jeder Zufuhr an Nahrung und Munition abgeschnitten. Die Drohung lautete: Es gäbe keine Überlebenden, wenn wir uns nicht freiwillig ergeben würden. Wir wussten natürlich: Wir werden umgebracht, wenn wir kapitulieren. Und wir haben noch eine kleine Chance des Überlebens, wenn wir durchhalten.

Ich meldete mich ausgesprochen gern für die unbeliebte Nachtwache allein auf dem Dach des Hospizes. Der Hauptmann fragte mich, ob ich etwas bräuchte – eine Taschenlampe, eine Lektüre. Er bot mir aus seinem Front-Gepäck »Das Stunden-Buch« von Rainer Maria Rilke in drei Bänden: Vom mönchischen Leben, Von der Pilgerschaft, Von der Armut und vom Tode. Das Buch faszinierte mich von Tag zu Tag mehr. Ich lernte große Teile mit Genuss auswendig. Einige Strophen gehören heute noch, wie damals, zu meinen wichtigsten Stamm-Gebeten. Es sind Gebete des Suchens, aber auch des Entdeckens: Wer bin *ich*? Und wer ist dieses große Geheimnis *Gott*?

>»Ich lebe mein Leben in wachsenden Ringen,
>die sich über die Dinge zieh'n.
>Ich werde den letzten vielleicht nicht vollbringen,
>aber versuchen will ich ihn.

>Ich kreise um Gott, um den uralten Turm,
>und ich kreise jahrtausendelang;
>und ich weiß noch nicht:
>bin ich ein Falke, ein Sturm
>oder ein großer Gesang.«

War dies alles nur Traum, Spinnerei, verzweifeltes Wunschdenken, der Versuch, die Wirklichkeit, den Tod, zu verdrängen? Ich glaube, so nahe am Tod – besonders an einem gewaltsamen Tod – hören alle Tricksereien auf. Da öffnen sich die innersten Augen. Da kann es geschehen, dass einem in solchen Nächten der geheimnisvolle Gott näher kommt als am helllichten Tag. Warum nicht mit Hilfe eines Rainer Maria Rilke?

Überraschend kam dann doch der Tag der Befreiung aus unserer hoffnungslosen Umzingelung. Eine deutsche Panzergruppe kam wie ein verlorener Haufen auf ihrem Rückzug von der Westfront zufällig in unsere Gegend und vertrieb die Partisanen vorübergehend in ihre Bergnester. Weil wir uns in den vergangenen Wochen nur von Käse ernähren konnten, hatten die meisten von uns, ich auch, eine ausgewachsene Hepatitis. Unsere »Panzerfreunde« brachten uns deshalb ohne zu zögern in die Lazarettstadt Aix-les-Bains. Dieser wunderbare Ort war vor dem deutschen Überfall mit seinen erstklassigen Hotels einer der beliebtesten Erholungsorte für Prominente aus ganz Europa, so auch für Vincent Churchill. Nach dem Einmarsch wurden die Hotels umfunktioniert in Lazarette für verwundete und kranke deutsche Soldaten.

Das war nach allem Erlebten für uns wie der Himmel auf Erden: endlich wieder Betten, reichliche Verpflegung, prima medizinische Versorgung. Die Krönung aber war nach langer Zeit am Sonntag eine festliche Messe mit Instrumentenbegleitung. Und wen traf ich im Vorbereitungsraum unseres Militärpfarrers Luttermann? Meinen Freund Eduard Spannagl! Unsere Freude war unbeschreiblich. Wir durften beide ministrieren, weil sich sonst niemand für diesen Dienst meldete. Noch ahnten wir nicht, was uns in wenigen Tagen erwarten sollte.

Zwei Wochen später eroberten die Franzosen die Stadt Aix. Schon in den ersten Tagen bekamen wir die volle Wucht ihrer Wut auf uns Deutsche bitter zu spüren. Auch in diesem Raum gab es zahlreiche unrechtmäßige Erschießungen. Die Reaktionen darauf waren für mich verständlich. Die jetzigen Sieger drohten: »Wir werden täglich einen aus eurem Krankenzimmer im Hof erschießen, bis kein Schwein mehr von euch übrig ist.« Das verstand jeder. Und das führten sie tatsächlich auch ein einziges Mal durch, was unter uns große Todesangst auslöste.

Nicht weniger schlimm war am Wochenende das stundenlange Spießrutenlaufen durch fast alle Straßen der Stadt. In Sechserreihen mussten ausnahmslos *alle* sich dem tobenden Volk präsentieren – zur »Besichtigung«, genauer zu hässlichen Beschimpfungen. Vor Gewaltaktionen in Wort und Tat blieben auch unsere Schwerstkranken und Schwerstverwundeten nicht verschont.

Wir wurden schon bald außerhalb von Ortschaften in 50- bzw. 100-Mann-Baracken untergebracht. Die Unterkunft bestand aus doppelstöckigen Schlaflagern mit Strohmatratze und einer Wolldecke, kein Tisch, kein Stuhl, für die Toilette stand eine große Tonne zur Verfügung; zu bedauern, wer daneben seine Schlafstelle hatte.

Die tägliche Verpflegung beschränkte sich auf zwei Scheiben Brot, einen kleinen Dreieckskäse; mittags und abends gab es reichlich Suppe, im Glücksfall auch etwas Gemüse; dazu pro Mann zwei Zigaretten, die von Rauchern häufig gegen Brot getauscht wurden. Abgekochtes Wasser und fade Teesorten waren unser Normalgetränk. Die Folge waren natürlich Hunger, Hunger und die daraus entstehenden Hungerödeme.

Gefürchtet war das Einsatzkommando in einem nahegelegenen Kohlebergwerk. Ich wurde gleich zu Beginn für diese schwere ungewohnte Arbeit als brauchbar ausgewählt. Man konnte in den niedrigen Stollen nur kniend arbeiten, was eine ungeheure körperliche Belastung bedeutete. Man musste gehörig schuften, um die vorgeschriebene Tagesrate zu schaffen; denn nur dann gab es als Belohnung eine begehrte zusätzliche Essensration. Leider überlebten zu viele diese außerordentlichen Strapazen am Ende nicht, was wiederum im Lager die Stimmung erheblich niederdrückte. Ich weiß nicht mehr, wie viele Leichen wir damals aus unseren Baracken hinaustragen mussten.

Ein Münchner Theologiestudent bat mich, ihn bei der Begleitung der sterbenden Kameraden zu unterstützen. Die Wache war nicht bereit, solche Leute noch in ein Lazarett zu schicken. Und französische Priester kamen nicht in unser Lager. So hatte ich urplötzlich nach der Tagesarbeit für den Abend einen Auftrag, den ich gerne als ein Geschenk von »oben« annahm. Unsere Lage glich wirklich der vorösterlichen Situation der Frauen am Grab Jesu, die stöhnten: »Wer wird uns den Stein vom Grab wegwälzen«, damit wir für Jesus etwas *tun* können? Wir hatten kein Gebet- oder Gesangbuch, keine Sakramente; Gott aber fand Wege, diesen einsamen sterbenden Menschen im Gefangenenlager zu helfen. Er fand uns zwei absolute Anfänger auf diesem Gebiet.

Wir beteten mit diesen Männern zu Gott um Vergebung für alles, was falsch war in unserem Leben. Wir baten Gott aber auch um Vergebung für die, die uns in diesen Krieg zwangen, und für die, die uns im Moment wie Feinde behandelten. Und wir dankten miteinander Gott dafür, dass es ein Wiedersehen geben wird in seiner neuen ewigen Welt. Wir segneten unsere Kameraden und versprachen – vorausgesetzt wir überleben –, dass wir den Angehörigen ihre letzten Grüße übermitteln würden, brieflich oder persönlich.

Ich schrieb dutzende Adressen in ein kleines Heft und erfüllte mein Versprechen in den ersten Wochen nach meiner Heimkehr. Die betroffenen Familien empfanden diese letzte Nachricht von ihrem Mann, ihrem Vater, ihrem Bruder, ihrem Freund, wie ein kleines Wunder. Eine Witwe schrieb mir nach meinem Besuch: »Jetzt weiß ich ganz sicher, dass unser Hans lebt! Seine letzten Worte werden uns begleiten, bis auch wir dort sind, wo er ist.«

Stark in Erinnerung ist mir ein Barackenabend, zu dem mein Theologie-Freund einlud unter dem Motto: »Was tut mir besonders weh?« Alle machten mit. Wir saßen am Bettenrand auf den Strohsäcken, am Boden. Viele sagten nur in Stichworten, was sie schmerzt: »Schlaflose Nächte, der Hunger, die aussichtslose Sinnlosigkeit.« Als häufigster Schmerz wurde genannt: »Das Heimweh.« Darunter litten am meisten Männer, die eine eigene Familie hatten, Frau und Kinder. Es wurde aber auch gefragt: »Und wo ist Gott in dieser Hölle? Wo ist Gott in diesem verfluchten Bergwerk?« Große Stille, Schweigen. Bis ein schon Älterer sagte: »Gott sei Dank ist Gott auch hier und im Stollen. Ich glaube daran und das gibt mir Halt.« Und wieder herrschte hörbare Stille. Ich lernte an diesem Abend mehr als schon bald in hundert theologischen Vorlesungen.

Unter fast krankhaftem Heimweh litt mein gleichaltriger Bett-nachbar. Er teilte mir mit, er halte es nicht mehr aus, würde mor-gen Abend die Flucht ergreifen und mich gerne mitnehmen. Ich sagte ihm, ich fühlte mich zu schwach, wäre aber mit seiner Flucht einverstanden. Theoretisch gab es die Anweisung: Wenn einer flieht und sein Nachbar es nicht sofort meldet, steht darauf die Todesstrafe. Es gab bisher keinen solchen Fall im Lager. Beim Mor-genappell fehlte mein Freund und wie erwartet wurde ich abge-führt und mit Fragen durchbohrt. Ich musste alles abgeben, was ich bei mir trug: meinen kleinen Kalender, einen Bleistift, den Rosenkranz meines Vaters. Mit dem Rosenkranz in der Hand fragten sie mich: »Du, Christ, Katholik?« Ich bemerkte, wie sie anschließend abseits heftig diskutierten. Dann aber gaben sie alle meine Habseligkeiten zurück und brachten mich ohne Kommen-tar ins Lager. Der Rosenkranz hatte mir das Leben gerettet. Es muss jeder selbst überlegen, von wie vielen scheinbaren Kleinig-keiten mitunter dann doch sehr Bedeutsames abhängen kann.

Die schwierige Zeit im Lager ging für mich am 20. März 1945 zu Ende. Die Hungerödeme griffen bereits die Knochen an meinen Beinen an und so kam ich in ein Gefangenenlazarett bei Lyon.

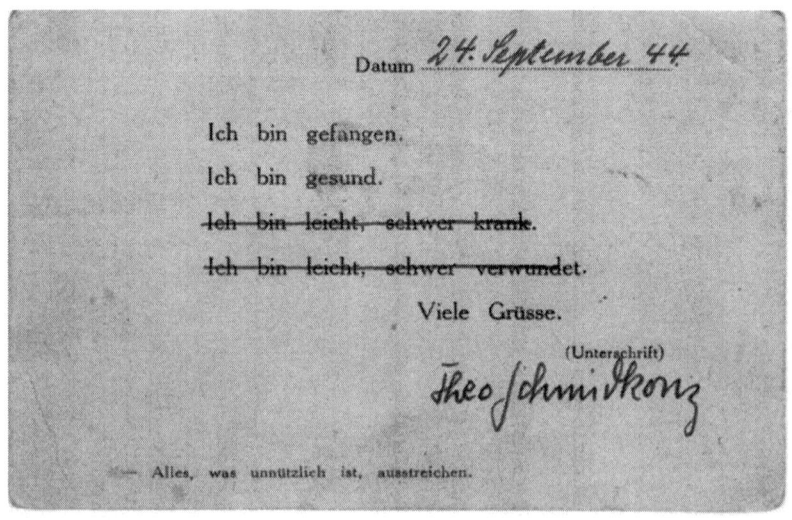

Man wollte mir dort ein Bein amputieren; doch ein gefangener deutscher Oberarzt sagte mir, ich sollte dies auf jeden Fall ablehnen, das sei nicht nötig. Und mit dieser Wunde käme ich sicher früher nach Hause. Er hatte Recht. Ihm verdanke ich, dass ich jetzt nach 72 Jahren noch immer auf zwei Beinen stehen darf.

Und wieder war ein Priester maßgeblich beteiligt an meiner künftigen Berufsfindung. In unserem Gefangenenlazarett begegnete ich dem Pallottinerpater Josef Schneider. Er sagte mir auf den Kopf zu: »Auch wenn du dich noch so sehr sträubst, du wirst einmal Priester werden.« Er bedrängte mich in keiner Weise, als ich ihm erwiderte, ich sei wohl mehr für eine Familie geschaffen. Er erzählte mir von einem ungewöhnlichen Priesterseminar für gefangene katholische Theologen bei Chartres. Und im Blick auf meine ziemlich angeschlagene Gesundheit meinte er: Ich hätte dort auch die entschieden besseren Überlebenschancen als hier. Ich hatte einen weiteren schweren Einwand, den man gegen mich vorbringen könnte: »Du bist ja gar kein richtiger Theologiestudent!« Darauf prompt mein neuer Priesterfreund: »Dann antworte ihnen – aber der Pater Jupp Schneider aus Westdeutschland schickt mich, weil er meint, das kann ja alles noch werden!« Auf diesen Zuspruch hin wagte ich die Fahrt nach Chartres, in das Abenteuer »Stacheldrahtseminar«; denn wir blieben ja weiterhin normale Kriegsgefangene – eben hinter Stacheldraht.

Bei unserer Ankunft im Bahnhof Chartres machte mein französischer Begleiter und Aufpasser in Uniform den genialen Vorschlag, ob wir nicht kurz die berühmte Kathedrale dieser Stadt besuchen sollten. Ich wäre ihm am liebsten um den Hals gefallen; denn während meiner ganzen Jugend stand der hl. Theodor von Chartres, mein Namenspatron, in Form einer Bildkarte auf meinem kleinen Arbeitstischchen. Ich liebte ihn, weil er als treuer Soldat des Kaisers dennoch konsequent nach seinem Gewissen handelte und für Christus sein Leben hingab. Aber er war mir besonders ein Vorbild als Märtyrer, als treuer Zeuge für Jesus. Man sagte uns, er stehe im Südportal, im sogenannten Weltgerichtsportal. Ich glaube, mein Gefangenenwärter freute sich

Hl. Theodor am Portal von Chartres

genauso wie ich. Dabei standen wir doch nur vor einem *Stein*. Aber der sich dahinter verbarg, *lebte*! Ich war in Chartres angekommen. Erst durch spätere Studien und meine wiederholten Besuche dieser Stadt erfuhr ich, dass mit diesem Theodor hier die Bildhauerkunst des Mittelalters ihren Höhepunkt erreicht hatte. Die Kunst, ihre Botschaft überwand wieder einmal alle politischen Gegensätze. Chartres wurde ab dieser Stunde eine meiner Leidenschaften, allerdings noch mehr durch das folgende Erlebnis.

Man zeigte uns eine Besonderheit, die vermutlich nur in wenigen Kathedralen zu finden ist – fast zentral im Kirchenraum ein über zwölf Meter breites, rundes Bodenlabyrinth. Eine Einladung an den Besucher, ab und zu die errechneten 294 Meter lange Strecke allein, in stiller Meditation zu durchwandern. Diesmal stellte ich mich gleich in die Mitte des Labyrinths und versuchte wenigstens kurz mich an die Wirrungen und Verirrungen der letzten Zeit zu erinnern. Das war nicht schwierig. Für alle Leute sichtbar stand ich ja da in den Klamotten eines verlorenen deutschen Kriegsgefangenen.

Aber wie von einer unsichtbaren Hand inszeniert, kam unerwartet, mit schnellen Schritten vom Altar her ein junger Abbé im Talar auf mich zu und fragte: »Sind Sie ein deutscher Kriegsgefangener?« Ich antwortete: »Ja, das bin ich.« Er umarmte mich aufs herzlichste und sagte dreimal: »Schalom! Schalom! Schalom! Friede, Friede, Friede!« Ich stand mitten im Labyrinth, mitten im Sumpf von Krieg, Hass und Gewalt und erfuhr gleichzeitig das tiefe Glück des Schalom: Verzeihung, Versöhnung, Geschwisterlichkeit, innerster Friede. Das war für mich die Aussöhnung von bisherigen Todfeinden. Das war der Beginn eines neuen Europas – alles zur Ehre Gottes, alles zum Heil der Menschen, Schluss mit allem Größenwahn, Rassismus und übertriebenem Nationalismus.

Wir erfuhren dann noch, dass Chartres die erste Rose aus Stein und aus Glas besitzt, auch Rosette und Ewigkeits-Rose genannt. Die größte Überraschung für uns war: Die überragende »Westrose« ist völlig deckungsgleich mit dem Labyrinth am Boden der Kathedrale! Ein Zeichen dafür: Mögen auch alle Labyrinthe noch so zugedeckt sein von Irrtum und Schuld, all das wird täglich »über-deckt« von der unendlich größeren Liebe Gottes.

Übrigens eines der tiefsinnigsten Bilder des Malerpfarrers Sieger Köder trägt den Titel »Labyrinth und Rose«. So nebenbei sagte er vertraut: »Mein Dreifaltigkeitsbild.« Es zeigt unten das Labyrinth, oben das deckungsgleiche Rosenfenster und in der Mitte einen blühenden Rosenstrauß – gläubige Erinnerung an Gott Vater, Heiligen Geist und Sohn Gottes. Unter diesem Bild betete der Maler jeden Tag das kirchliche Gotteslob, in dem jeder Psalm schließt mit einem Lobpreis auf den Dreifaltigen Gott – »Ehre sei dem Vater…«

Gäste, die mich besuchen, haben das Bild staunend vor Augen – die Kathedrale von Chartres. Sie hat mir die Augen geöffnet für einen verborgenen Schatz. Ich will versuchen, ihn zu bewahren.

Natürlich tauchte jetzt in mir die bange Frage auf: Nehmen die mich als Nicht-Priesterkandidaten in ihr Seminar auf oder nicht? Das sollte sich schon bei meiner Ankunft klären durch eine zufällige Begegnung mit dem Seminarleiter Franz Stock. Ich gestand ihm unter vier Augen, dass ich nicht wüsste, ob ich zum Priestertum berufen sei. Ein Militärpfarrer habe mir den Rat gegeben, mich in dieser Frage zu prüfen und prüfen zu lassen. Chartres sei der richtige Ort. Der Regens lächelte und gab zur Antwort: »Das ist auch meine Meinung. Sie sind herzlich willkommen. Der Senior unserer Theologen wird Ihnen alles zeigen; aber bedenken Sie, wir sind hier erst im Aufbau.« Und er segnete mich.

Und wen traf ich anschließend als ersten in diesem weiten Gelände – nicht den Senior, sondern meinen alten Freund Eduard Spannagl. Wir konnten es nicht fassen. Ab sofort war ich kein Fremder mehr, alle begrüßten mich aufs Herzlichste. Eduard zeigte mir gleich den wichtigsten Ort – das war eine riesige Lagerhalle aus kaltem Beton. Sie umfasste die drei lebenswichtigen Hauptbezirke unseres Seminars: einen Speiseraum, eine Hauskapelle und einen Schlafbereich mit drei- bis vierstöckigen Betten. Der Rest sah aus wie eine einzige große Baustelle – alles schön säuberlich umgeben mit dem berühmten Stacheldraht. Sieger Köder, der um dieselbe Zeit in amerikanischer Kriegsgefangenschaft lebte, machte in vielen seiner Altar- und Kreuzwegbildern, auch in seinem Hungertuch, den Stacheldraht zum Zeichen von Krieg, Unterdrückung, Gewalt und Terror, zum Zeichen der Sieger über die Besiegten. Doch nie vergaß er die *Rose* im Stacheldraht als Symbol der Verheißung und Hoffnung, dass Versöhnung und Liebe immer stärker sein werden als alle bedrohlichen Mächte um uns herum. Im Alltag lebten wir fast wie Mönche: Wir beteten gemeinsam am Morgen die Laudes und am Abend die Vesper. Wir feierten täglich die Eucharistie, hörten Vorlesungen in Philosophie und Theologie. Meine Bilanz nach fünf Monaten war: Der Ruf Jesu »Folge mir nach« wurde deutlicher, nicht zuletzt durch die soliden Predigten und gehaltvollen Vorträge unsere Regens Stock. Mir imponierte die Ruhe und Klarheit, die von diesem Mann ausging.

Ich hatte leider keinerlei Ahnung vom Charisma dieses begnadeten Seelsorgers. Ich horchte erst richtig auf, als unser Regens, 43 Jahre alt, überraschend am 24. Februar 1948 starb. Jemand sandte mir wertvolle Ausschnitte aus den besten Trauerreden. Und ab

Sieger Köder, Labyrinth und Rose

jetzt interessierte mich erstmals auch das Vorleben dieses Menschen.

Zwei Sätze aus zwei Nachrufen prägten sich mir besonders ein. Der eine stammt vom damaligen Nuntius in Paris, Erzbischof Roncalli, ein echter Freund unseres Regens. Der Nuntius sagte: »Abbé Franz Stock – das ist kein Name – das ist ein Programm!« Da stellt sich die Frage: Und *warum* ein Programm?

Das kommt klarer zum Ausdruck in einer kurzen Aussage des damals wohl bekanntesten katholischen Journalisten Frankreichs Josèph Folliet. Dazu muss man voraus wissen: Abbé Stock war in der Zeit der deutschen Besatzung in Frankreich 1940–45 in Paris Seelsorger auch für die zum Tod verurteilten Mitglieder und Sympathisanten der Résistance, des aktiven Widerstandes. Er soll über 3000 Todeskandidaten begleitet haben auf ihrem letzten Weg zur Erschießung. Im Blick auf diese Zeit nennt J. Folliet Franz Stock einen »Erzengel in der Hölle«. Besser hat es keiner formuliert. Gleichzeitig nannte er Stock einen »Wegbereiter der Versöhnung zwischen zwei Todfeinden, Frankreich und Deutschland«.

Diese Anmerkungen zu Abbé Stock war ich meinem Regens schuldig, denn in Chartres selbst kannte ich ihn zu wenig. Das neueste Werk, erschienen 2017, »Franz Stock« sollte für uns alle eine Einladung und eine Mahnung sein. Im Vorwort steht zu Recht: »Fast siebzig Jahre nach seinem Tod ist Franz Stock noch immer vielen unbekannt, und das ist in Deutschland noch stärker der Fall als in Frankreich.«

Ein Höhepunkt in der Seminargeschichte von Chartres war der 18. September 1945. Dass der höchste kirchliche Vertreter in Frankreich, der Apostolische Nuntius Giovanni Roncalli, uns gefangene deutsche Soldaten besucht, weckte natürlich große Hoffnungen. Wir durften erleben, was ein einziger Mensch, nur an einem Tag, in fünfhundert Herzen hinter Stacheldraht bewegen kann, wenn er nur glaubwürdig ist, überzeugend als Mensch und als Christ. Nach seiner Ankunft schaute er sich als erstes unsere dürftigen, kalten Betonräume an. Er sei sehr betroffen gewesen über unsere armseligen, heruntergekommenen Barrasklamotten.

Trotzdem sangen wir begeistert »Ecce sacerdos magnus« – Seht, ein großer Priester kommt zu uns. Dabei war er äußerlich gar nicht so groß, dafür umso mehr in seiner Ausstrahlungskraft. Bei seinem ersten Besuch eines deutschen Gefangenenlagers hat er seine Offiziersbegleiter vor den Kopf gestoßen. Als man ihm beim gemeinsamen Mittagessen einen Teller mit guter Suppe reichte, schob er den Teller einem Gefangenen zu und bat um dessen Kochgeschirr, aus dem normal wir unsere dünne Suppe löffelten. Das sprach sich in ganz Frankreich herum, was ihm dennoch viele im Lande verübelten. Uns alle beeindruckten seine Begrüßungs- und Schlussworte. Er empfing uns mit den väterlichen Worten »Meine lieben Kinder!« Mensch, tat das gut – mehr noch seine Abschiedsworte: »Mon cœur est ouvert pour vous!« Mein Herz ist offen für euch! So schrieb ich in mein Kalender-Notizbüchlein: »Ein Bischof ganz anders als unsere Bischöfe.« Das war nicht korrekt. Ich kannte ja nur unsere zwei – Joseph Kumpfmüller und Weihbischof Eberle. Ich war einfach so bewegt, fast aufgewühlt. Das waren hoffnungsvolle *Zeichen*! Wir alle spürten: Da weht ein neuer »Wind« in der Kirche – vielleicht sogar der Heilige Geist?

Der Abschied von Chartres war undramatisch. Die Wunde an meinem Bein wurde immer gefährlicher. So wurde ich zusammen mit anderen Verwundeten am 24. Januar 1946 nach Hause geschickt.

Mit Eduard Spannagl und seiner bewegten Lebensgeschichte blieb ich aufs engste verbunden bis zu seinem Tod. Aber seither reden wir viel öfter miteinander. Denn – »Ich glaube an die Gemeinschaft der Heiligen und an das ewige Leben.« Glaube und Liebe sind das engste Band, das uns in Zeit und Ewigkeit verbinden kann.

Endlich frei in der Heimat

Nach zweitägiger Bahnfahrt wurden wir am 26. Januar 1946 um 11 Uhr Vormittag in Tuttlingen durch ein Stück Papier für frei erklärt. Was so ein Fetzen Papier mit unleserlicher Unterschrift in Kriegszeiten nicht alles bewirken kann: Gefangenschaft oder Freiheit, Leben oder Tod! Und im Moment ermöglichte dieser Zettel für uns eine kostenlose Fahrt bis zum jeweiligen endgültigen Ziel.

Als ich am Nachmittag endlich ankam, war meine Mutter allein in der Wohnung. Niemand wusste ja von unserer Heimkehr. Wir umarmten uns lange – unter vielen Tränen –, bis meine Mutter den ersten Satz sagen konnte: »Mei Bua, is des sche (schön), dass du wieder do bist!« Und die treue Franziskus-Schülerin, die täglich seinen Sonnengesang betete, konnte dann gar nicht anders, als zu sagen: »Und jetzt danken wir unserem Herrgott!« Und wir sangen eine Strophe von dem Lied »Großer Gott, wir loben dich. Herr, wir preisen deine Stärke. Vor dir neigt die Erde sich und bewundert deine Werke ...«

Abends musste ich vor der ganzen Familie viele Fragen beantworten. Die bohrendste Frage habe ich nicht vergessen. Sie stammte von meinem 13-jährigen Bruder Paul: »Und was ziehst du daraus für eine Konsequenz?« Ich antwortete: »Paul, das wird in nächster Zeit eine meiner wichtigsten Fragen sein, auf die ich eine Antwort finden muss, gerade auch im Gespräch mit anderen.« In unserem Buben-Schlafzimmer lachten wir dann wieder wie in früheren Zeiten.

Trotz dreijähriger Trennung stellte ich fest: Die Neigung, künftig als Priester wirken zu dürfen, war in mir ebenso stark wie der Wunsch, mit Elisabeth Reisert eine Familie zu gründen. Meine Eltern ahnten es und gaben mir schon am nächsten Morgen die neue Adresse dieser ausgebombten Familie. Es war mein erster schwerer Gang in Augsburg – das Ergebnis niederschmetternd. Vor mir standen traurig die Mama Reisert mit ihren Kindern Fritz und Elisabeth – nicht zu übersehen mit gepackten Koffern – fertig zur Auswanderung in die USA, wo bereits der älteste Sohn Hans wohnte. Ich war sprachlos. Nach einer Weile sagte Frau Reisert: »In diesem Deutschland können wir nicht mehr leben. Die letzten Jahre waren die Hölle für uns«, was mir völlig einleuchtete.

Und wieder einmal konnte ich Elisabeth nicht sagen, was ich für sie fühlte. Mir war die Seele wie zugeschnürt. Es blieb nicht mehr viel Zeit zum Abschiednehmen. Ich musste wohl eine große Liebe begraben für immer. Mein späterer Eindruck: Elisabeth wurde eine glückliche Frau und Mutter mit einem Sohn. Beruflich blieb sie Krankenschwester mit Teilzeit-Arbeit. Sie hielt gut besuchte Vorträge über ihre Erfahrungen als Halbjüdin in Nazideutschland und schrieb darüber ein bewegendes Buch. Ein Kapitel trägt die Überschrift »Theo«. Darin beschreibt sie eine seltsame, einmalige Liebe, die niemals ausgesprochen wurde. Mit der Witwe Elisabeth hatte ich Kontakt bis zu ihrem Tod. Sie hatte Krebs und rief mich sterbenskrank noch mehrmals an, nur damit ich nicht die Telefonrechnung zu zahlen hatte. Sie war auch überglücklich, wenn ich mit ihr betete und sie zärtlich segnete. Dann legte sie immer ihr und unser Leben dankbar in die Hand Gottes.

Schon tags darauf bewarb ich mich um eine Audienz bei der amerikanischen Militärregierung in Augsburg, was mir mit Hilfe eines Empfehlungsschreibens von Domkapitular Josef Hörmann auch gelang. Er bestätigte darin meine Verhaftung durch die Gestapo 1943 und bat höflich um eine Anhörung meiner berechtigten Wünsche. Ein jüdischer Offizier hörte sich meine Geschichte interessiert an. Auf meine Frage, ob ich meine zwei Tagebücher und die Briefe von Kaplan Hermann Josef Wehrle aus dem Gestapoarchiv zurückhaben könnte, antwortete er: Der gesamte Gestaponachlass sei in die USA transportiert worden, um dort historisch säuberlich geprüft zu werden. Auch Elisabeth Reisert ließ nicht locker und machte immer wieder Dampf in dieser Sache; aber alle ihre Versuche blieben erfolglos.

Auf meine Frage nach dem Schicksal des Augsburger Gestapo-Leiters bekam ich die unsichere Antwort: Es gäbe nur ein Gerücht, er sei von den Nazis selbst erschossen worden, nachdem man seine »Rettungsversuche« aufgedeckt hätte. So konnte ich einem Mann, der mir unter Lebensgefahr mein Leben rettete, nie nicht richtig danken. Auch hätte ich ihm nur zu gern geholfen, wenn es nötig gewesen wäre.

Schon bald merkte ich, wie die alten Nazis in unserem Wohnblock den Krieg fröhlich überlebten. Als ich mit meiner Mutter von der Frühmesse heimkam, sagte so ein Erznazi zu ihr im Stiegenhaus: »Na, Frau Schmidkonz haben Sie noch immer nicht genug von Ihrem In-die-Mess-Rennen? Schauen's, meine Kinder sind alle vom Krieg unversehrt heimgekommen. Und Ihre Kinder?« Meine Mutter schwieg. So eine Verhöhnung konnte sie nicht in ihrem Glauben erschüttern. Sie war überzeugt: Viele seien noch zu sehr beschäftigt mit dem Wegräumen der äußeren Trümmer im Lande. Aber wann wird das Volk auch die *inneren* Trümmer anpacken, die eine schreckliche Diktatur in den *Herzen* der Menschen hinterlassen hat?

In unserem Haus geschah dies noch am selben Tag, ja am frühen Morgen. Der Altnazi läutete an der Wohnungstür und bat meine Mutter aufrichtig um Verzeihung. Und – ich traute meinen Augen nicht – die beiden lagen sich in den Armen. Beim Frühstück meinte meine Mutter so nebenbei: »Bloß net aufgeben im Leben. Des war doch jetzt schon ein guter Anfang!«

Schon am dritten Tag besuchte ich in München Prälat Blumschein. Man sah ihm an: Die vielen harten Verhöre durch die Gestapo, das Todesurteil über seine zwei Mitarbeiter machten ihm schwer zu schaffen. Dennoch dachte er an mich und schenkte mir zur Erinnerung zwei Kostbarkeiten von Kaplan Wehrle – sein großes lateinisches Messbuch und die Stola, die er bei seinen Krankenbesuchen getragen hatte. Dann erzählte er mir ausführlich von den letzten dramatischen Wochen »meiner zwei besonderen Heiligen«, wie er sagte. »Beide waren so grundverschieden in ihrem Wesen und in ihrer Praxis. Und beide waren gleich groß in ihrem Glauben und ihrem Einsatz für die Menschen.« Der Prälat kannte seine zwei originellen Heiligen offenbar sehr gut.

Beim Mittagessen traf ich die Schwester von Wehrle, Frau Gertrud Bensing-Wehrle, die einige Tage Gast im Pfarrhaus war. Sie

Sieger Köder, Mit meinem Gott überspringe ich Mauern

kam von einer privaten Audienz bei Kardinal Faulhaber. Dieser sei sehr glücklich darüber, dass er ihren »spätberufenen« Bruder noch rechtzeitig zum Priester weihen konnte.

Frau Gertrud, so durfte ich sie inzwischen nennen, reichte mir einen kleinen Zettel mit der Bemerkung, dies sei sein letztes Lebenszeichen. Mir zitterten die Hände, als ich plötzlich diese Nachricht aus seiner Todeszelle in meiner Hand hielt und die Worte las: »Meine liebe Schwester, ich bin eben zum Tod verurteilt und werde heute noch gehängt. Welch herrlicher Tag – Fest Kreuzerhöhung! Immer dein Hermann Josef.«

Am 14. September, vier Jahre später, sollte die wichtigste Entscheidung meines Lebens fallen. Heute wage ich zu sagen: Diese Entscheidung war richtig. Ich glaube wirklich an die Fügung Gottes.

Die nächsten 14 Tage schrieb ich eine Menge Briefe an die Angehörigen von Kameraden, die in der Kriegsgefangenschaft starben. Viele empfanden dies als großen Trost. Nicht wenige konnte ich persönlich besuchen und ihnen eine letzte Botschaft ihres Mannes, ihres Vaters, ihres Kindes oder ihres Bruders überbringen. Alles, jedes Wort des Heimgegangen wurde mit herzlicher Dankbarkeit aufgenommen. So stellte ich mir den Priesterberuf vor: auf die Fragen und Nöte der Menschen eingehen, ihre Trauer und ihre Freude teilen und sie zum Glauben und Gottvertrauen ermutigen.

Immer dringender aber wurde die Behandlung meiner schweren Hungerödeme, besonders der tiefsitzenden eiternden Geschwüre. Für mich kam dafür nur das Krankenhaus in Pfronten-Ried in Betracht. Auf die Frage: »Ja, warum denn Pfronten und nicht Augsburg«, hatte ich keine streng logische Antwort. Es war eine rein gefühlsmäßige Entscheidung und dennoch sagte auch mein Kopf: Das ist die beste Wahl.

War es die Sehnsucht nach den Bergen, den Bergtouren, den Berggipfeln, den Bergaussichten? Meine meisten Urlaube, solange ich gehen konnte, verbrachte ich in den Dolomiten Südtirols. Oder war es einfach der sehr sympathische Chefarzt, den ich am Ende unserer Österreichtour kennenlernen durfte und zu dem ich großes Vertrauen empfand? In meinen Beziehungen zu Ärzten war mir das *Vertrauen* immer am wichtigsten.

Oder waren es doch wieder die Barmherzigen Schwestern? Die ambulanten, die in unserer Kindheit zur Familie gehörten, unsere kleinen und größeren Wunden heilten? Da ging man nicht zum Doktor, sondern zur Schwester Dominika. Waren es die Schwestern vom Servatius-Stift Augsburg, bei denen es nach der Messe so ein verführerisches Frühstück gab? Oder war es die ganz natürliche Hilfsbereitschaft dieser Schwestern, die Max und mich nach unserer strapaziösen Radtour wieder fit machten? Es war vermutlich alles zusammen – die Berge, der Arzt, die Schwestern, die wunderbare Kirche auf dem Berg und die mystische Hauskapelle bei Nacht. Die Verletzungen aus der Gefangenschaft heilten jedenfalls rascher, als von den Fachleuten erwartet wurde.

Bevor ich anschließend ins Priesterseminar Dillingen eintrat, machte ich mit meiner Jugendgruppe, mit meinen »eisernen Zehn«, vierzehn Tage Ferien, natürlich – in Pfronten! Wir wohnten bei den Barmherzigen Schwestern, schliefen fröhlich in einem Heustadel, machten leichtere Bergtouren auf den Breitenberg und Aggenstein. Und bei Regenwetter spielten wir leidenschaftlich Ratespiele, wofür man heute hoch bezahlte Prominente braucht. Spiele wie »Wer bin ich?« oder »Ich trage einen großen Namen« – diese Spiele erfanden wir selbst. Wir waren unglaublich kreativ und der Sieger – der *freute* sich einfach, auch ohne große Belohnung.

Wir sangen, diskutierten und selbstverständlich beteten wir auch zusammen. Eben telefonierte ich mit einem aus unserer Michaels-Gruppe, inzwischen auch schon 86 Jahre alt. Er sagte mir: »Das Herz geht mir auf, wenn ich an diese Zeiten denke.« Und diese Zeiten sind nicht für immer vorbei. Vom Glauben aus betrachtet sind sie – wie alles Gute in unserem Leben – endgültig aufgehoben in dem, was wir »die Herrlichkeit Gottes« nennen.

Geschichten im Priesterseminar

Weil das Priesterseminar von Dillingen nach dem Zweiten Weltkrieg noch von den Amerikanern besetzt war, lebten die Priesterkandidaten vorläufig im kleinen Seminar in großen Studier- und Schlafsälen. Die einen waren Offiziere im Krieg, die anderen sehnten sich endlich wieder nach Freiheit. Der Regens des Hauses hatte es nicht leicht. Ihm zur Seite standen zwei verständige, ausgleichende Persönlichkeiten, als Spiritual der Jesuit Heinrich Bleienstein SJ (1884–1960), als sein Stellvertreter und Subregens Bartholomäus Hebel, später Hermann Lais. Doch schon bald wechselten wir ins große Seminar mit Zweier-Zimmern. Ich hatte großes Glück. Mein Zimmerkollege wurde ein alter Schulkamerad von St. Stephan, Hans Stiefenhofer. Er zählte bis zu seinem Tod zu meinen besten Freunden. Wir diskutierten Nächte lang über alles, was uns bewegte. Mit ihm zusammen sang ich in vielen Krankenhäusern und Altenheimen Advents- und Weihnachtslieder, sogar im Krankenhaus Neukirchen Hl.-Blut in der Oberpfalz. Eingeladen wurden wir von Dillinger Ordensschwestern, die zuvor in unserem Priesterseminar für die Amerikaner tätig waren, die wir eigentlich nur von der Messe her kannten. Aber auch durch kleine Aufmerksamkeiten entstehen bleibende Freundschaften fürs Leben.

Hans Stiefenhofer und ich hatten einen sehr ähnlichen theologischen »Geschmack«. So interessierten wir uns vor allem für zwei Professoren. Jede ihrer Vorlesungen war ein Gedicht! Der eine war der neutestamentliche Exeget Josef Schmid, der in Kürze einen Ruf an die Universität München erhielt. Er animierte uns zur kritisch-historischen Bibelauslegung. Dabei versäumte er nicht, auf den jeweiligen spirituellen und pastoralen Sinn hinzuweisen, wenn auch manchmal zu knapp. Aber dieser Mann *lebte*, was er uns täglich verkündete. Darin war er uns ein großes Vorbild.

Der andere war Professor speziell für religiöse Kunstgeschichte, Friedrich Zoepfl, ebenso wie Schmid ein Meister auf seinem Gebiet. Er steigerte in mir die schon vorhandene *Lust* an der Kunst überhaupt. Seine Auslegung der barocken Kunst verschaffte mir erst richtig den Zugang zu dieser überschwänglichen Kunstform. Man bedenke: Sie entstand nach der schlimmsten Zeitepoche unseres Landes, nach dem Dreißigjährigen Krieg. Welche Freude drücken allein die Putti aus, keine Engelchen, sondern unschuldige, tanzende, spielende – mitunter auch sehr nachdenkliche *Kinder*. In ihrer Glaubensfreude singen sie ihr Gotteslob trotz so vieler Verwüstungen nach einem langen Krieg. Sie jubeln auf Altären, über Beichtstühlen, in den Deckenfresken. Es ist, als würde Jesus in diesen Kindern uns zurufen: »Und diese *meine* Freude – niemand wird sie euch nehmen können!« Professor Zoepfl machte uns diesen Glauben, diese echte Freude nicht nur *hörbar*, sondern in der Kunst auch *schaubar*. Es war für uns klar, dass wir keine seiner Vorlesungen verpassen durften. Dillingen hat mir allein schon durch diese zwei Männer vieles für mein Leben mitgegeben.

In meinem ersten Semester in Dillingen war herausragend ein Vortrag im Priesterseminar von der Vorsitzenden des Augsburger Katholischen Frauenbundes. Ich bewunderte den Mut unseres Regens, diese Frau Scherer zu so einem sensiblen Thema sprechen zu lassen. Sie legte ihrem Vortrag ein Wort des französischen Dichters Paul Claudel zugrunde: »Die Frau ist ein Versprechen, das nicht gehalten werden kann.« Nur vertauschte Frau Scherer das Wort »Frau« mit dem Wort »Priester«. Ihr Vortrag lautete also: »Der Priester ist ein Versprechen, das nicht gehalten werden kann.« Sie wollte mit Nachdruck darauf hinweisen, dass jeder Priester irgendwann an seine Grenzen stoßen wird. Denn auch der Priester ist nur ein *Mensch*! Es werden aber an ihn höchste Erwartungen gestellt, als wäre er ein Held und Heiliger. Ich bedankte mich hinterher bei dieser Frau für ihre ermutigenden Sätze wie: »Ich werde als Priester immer wieder an Grenzen stoßen. Und – ich *darf* Grenzen haben.« Diese rechtzeitig *sehen* und selbst auch *zugeben*, sagte sie, bewahre den Priester vor Selbsttäuschung und möglichen Komplexen. Ein sehr ernster, aber ehrlicher Auftakt für das neue Semester. Meine Notizen bei diesem Vortrag habe ich bis heute noch nicht entsorgt. Im Gegenteil – ich gab sie weiter in vielen Gesprächen und Konferenzen.

Es gab zwei Bauernhöfe, die mich persönlich und meine Jugendgruppe von St. Anton in der Nachkriegszeit regelrecht durchfütterten. Das war einmal die Familie Hornung in Hausen bei Dillingen. Mit Luisl, einem Sohn des Hofes, war ich zusammen in Kriegsgefangenschaft. Er wusste, was Hunger ist. Seine Geschwister freuten sich, wenn wir Unersättlichen kräftig zulangten. Meine Kerle waren ja schließlich nicht in erster Linie wegen mir nach Dillingen gekommen, sondern um bei meinen Freunden wieder einmal voll »aufzutanken«. Mit der Tochter Agnes habe ich bis heute noch Kontakt. Meine Burschen – das sind sie inzwischen geworden – erinnern sich dankbar an die tolle hilfsbereite Familie.

Und da gab es einen zweiten Stammtisch in Salgen bei Mindelheim. Bei meinem sehr guten Freund Anton Schaule waren wir wie zu Hause. Den Hof leitete die Witwe Schaule, Mutter von sechs Kindern. Diese Frau war unerschöpflich im Gutes tun. Aber auch Antons Geschwister waren äußerst zuvorkommend. Wir wurden da nicht nur bestens verpflegt, sondern durften auch jedes Mal übernachten und uns nach Belieben austoben. Was das damals für Großstädter bedeutete, kann nur begreifen, wer die Not der Nachkriegszeit erlebte. Danke euch wohltätige Bauern, die ihr ein Herz hattet für eine hungrige Großstadt-Jugend!

In den Weihnachtsferien konnte ich wieder aktiv am Leben und an den Gottesdiensten meiner Pfarrgemeinde teilnehmen. Ein Kaplan predigte in der Abendmesse sehr realistisch über die Matthäus-Stelle 25: »Was ihr einem meiner Geringsten getan habt, das habt ihr *mir* getan beziehungsweise *nicht* getan.« Er schloss mit dem Satz: »Geben ist eben seliger als nur empfangen.« Und er fügte hinzu: Wir sollten die vielen Flüchtlinge vor der Kirchentüre nicht allein in der Kälte stehen lassen. Ich sah beim Herausgehen aus der Kirche fünf Flüchtlinge mit ängstlichen Blicken, überlegte nicht lange und nahm die Gruppe mit in unsere Wohnung. Es war eine Mutter mit ihrer Schwester und ihren drei kleinen Kindern. Mein Vater, der in der gleichen Messe war, reagierte spontan richtig: »Dann mach mal gleich dein Zimmer frei und schau, wie du bei deinen Brüdern unterkommst.« In diesem Moment erlebte ich drastisch den Unterschied zwischen »schön reden und verantwortlich handeln«. Die Flüchtlingsmutter mit ihren drei kleinen Kindern und ihrer Schwester wurden schnell Freunde der Familie. Der Prediger in der Kirche hatte Recht: »Geben ist seliger als nur empfangen.« Und langsam verstand ich die grausame Geschichte der Vertriebenen immer besser. Ihr Schicksal berührte mich in den kommenden zwei Jahren mehr als mein Studium an der Hochschule.

Was war da am Ende des Krieges und in der Zeit danach los mit unserem Volk? Man wollte diese unschuldig Vertriebenen und Heimatlosen nicht in der eigenen Ortschaft haben. Man ging auf Distanz, als wären sie Aussätzige. Fromme Seelen fragten: Ob die überhaupt etwas *glauben*? Man traute ihnen nicht. Sie mussten sich also am Rande einer Ortschaft ansiedeln, so in Neugablonz bei Kaufbeuren oder in Zusmarshausen. Und was *bauten* diese Fremden als erstes? Mit eigenen Händen und einem bewundernswerten Glauben – eine *Kirche*! In Zusmarshausen gaben sie ihr den sinnvollen Namen »Friedenskirche«.

Es war eine großartige Leistung von Konrad Adenauer, dass er die Flüchtlinge von Anfang an mit Geld unterstützte, als Hilfe zur Selbsthilfe. Diese Neuen haben sich nicht nur rasch integriert, sondern unsere Gemeinden, gerade auch Pfarrgemeinden, mit neuen Impulsen bereichert.

In Dillingen bekam ich Zugang zu den Vertriebenen durch die Dillinger Ordensschwestern, besonders durch unsere Priesterseminar-Oberin. Sie wirkte als Köchin wie eine energiegeladene Wirtschaftsfachfrau, aber gleichzeitig wie die aufmerksame Mutter einer großen Familie. Sie bat mich, ob ich nicht in ihrem Auftrag einigen Flüchtlingsgruppen helfen könnte. Es blieben jedes Mal so viele wertvolle Essensreste übrig, die nach den Vorschriften der Amerikaner alle vernichtet werden müssten. Dies sei doch in solchen Hungerzeiten eine große Sünde. Da war ich ganz ihrer Meinung. So trug ich jeden Mittag, während meine Kollegen zu einer kurzen stillen Anbetung in die Kapelle gingen, in zwei großen Kannen nahrhafte, wertvollste Kost zu verschiedenen Familien mit vielen Kindern. Die Freude und Dankbarkeit war enorm. Ich gab diesen Dank natürlich immer weiter an die eigentlichen »Engel«, unsere mutige Oberin mit ihren Schwestern. Ich selbst war doch nur ein Zubringer. Die Erfahrungen, die ich dabei machen durfte, waren allerdings unbezahlbar – auch die Erfahrung, dass gelebte Nächstenliebe zu schweren Konflikten führen kann.

Den absoluten Höhepunkt meiner Dillinger Zeit erlebte ich nicht etwa in Dillingen, sondern weit weg im Süden Frankreichs, in dem bekanntesten katholischen Wallfahrtsort, in Lourdes. Der dortige Bischof Théas, zuvor Häftling im Konzentrationslager Dachau, wagte es, die katholische europäische Jugend zu einem Versöhnungs-Versuch mit der deutschen Jugend einzuladen. Wahrhaftig ein großes Wagnis nach dem von uns angezettelten schwersten aller Weltkriege mit 60 Millionen Toten, unter ihnen sechs Millionen ermordete unschuldige Juden. Die Verbrechen Hitlers wurden damals allen Deutschen angelastet. Er kam legal an die Macht und die Deutschen »schluckten« über Nacht seine Diktatur, die anschließend schrecklichste Gräueltaten in fast allen Ländern Europas möglich machte. War auf diesem Hintergrund ein Treffen mit zehn- bis zwanzigtausend Jugendlichen sinnvoll?

Unvergesslich war schon der Anfangsgottesdienst in Lourdes. Der ehemalige KZ-Bischof Pierre-Marie Théas (1894–1977) forderte uns auf, gemeinsam mit ihm und inständig um den Heiligen Geist zu bitten, besonders um die Kraft dieses Geistes. Denn nur in diesem Geist Jesu könnten Menschen einander verzeihen, sich versöhnen, sich als Schwestern und Brüder erfahren. Wir sangen alle das gleiche Heilig-Geist-Lied, jeder in seiner Muttersprache.

Und dann *geschah* es: Wir spürten ein *Feuer* in uns, eine Freude, eine unbändige Begeisterung. Der Bischof sagte in seiner Predigt äußerst bewegt:»Was so lange unmöglich schien, ist heute möglich geworden. Die Eiszeit des Hasses in Europa ist gebrochen. Heute wird unter uns ein *neues* Europa geboren – ein Europa im Geist Jesu und seiner demütigen Mutter Maria. Schwestern und Brüder, habt keine Angst! Heute und in dieser Woche geschieht mitten unter uns *Pfingsten*! Und mit diesem Pfingstgeist schaffen wir alles.«

Ich gebe zu: Wir Deutsche jedenfalls waren an diesem ersten Tag wie in einem Trancezustand. Es war unter uns wie an Pfingsten. Da sagten die Außenstehenden auch: Was ist denn mit denen da passiert? »Die sind doch wie betrunken. Was ist denn in diese jungen Menschen gefahren?« Wir diskutierten total offen, beschönigten nichts, gaben unsere Schuld klar zu und baten immer wieder um Vergebung. Dabei gab es von den »anderen« kein Misstrauen, keine Vorurteile, keine Vorwürfe! Umgekehrt gaben wir zu, zu wenig wach, zu wenig kritisch, vielleicht auch zu feige gewesen zu sein. Und immer wieder tauchte die Frage auf: Was tun wir als katholische Jugend *jetzt*, damit sich so etwas Schändliches nie mehr wiederholt?

Neu für uns war: Die Bischöfe und Kardinäle waren ständig unter uns wie Brüder und beste Freunde! Wir machten täglich Lieder-Wettstreite. Einmal gewann sogar unsere kleine Truppe aus Deutschland. Dichter und Musiker hatten passende, wunderbare Texte in zwölf verschiedenen Sprachen für dieses Treffen vorbereitet, die man aber in der gleichen Melodie singen konnte.

Wir tanzten, wir umarmten uns, wir waren wie die Menschen an Pfingsten »ein Herz und eine Seele«. Die Moderation leitete der sehr populäre Journalist Josèph Folliet (1903–1972). Mit seinem Charme, seinem Charisma, seinem Humor ermutigte er uns, mit einem neuen Europa im Geist der Bergpredigt Jesu jetzt und hier in Lourdes zu beginnen.

Es grenzte für uns junge Deutsche schon an ein Wunder, wie wir während dieser Woche immer neu mit Spenden und Erinnerungszeichen beschenkt wurden von der Jugend aus ganz Europa. Wir spürten alle, es war etwas Neues geboren. Für mich persönlich war diese Pfingstwoche eines der wichtigsten Daten in meinem langen Leben.

Unvergesslich waren auch für alle der damalige Schlussgottesdienst und die eindrucksvolle Predigt des Kardinals Emmanuel Suhard. Er kam von der Beerdigung eines Arbeiter-Priesters und erzählte uns davon mit bewegenden Worten. Hunderte von Menschen, darunter viele Kommunisten, seien dem Sarg des beliebten

Priesters gefolgt. Er, der Kardinal, habe am Grab den Menschen zugerufen:

»Dieser Priester hier war nicht begabt.
Aber er leistete mehr als andere.
Ihr beugt euch jetzt vor der Kraft,
die in diesem Menschen lebendig war:
Il a l'esprit de dieu. Er hatte den Geist Gottes.«

Noch ein zweites Ereignis schlug in dieser Pfingstwoche in mein Leben ein wie der Blitz – schon auf der Fahrt nach Lourdes und dann auch am Gnadenort. Ich hatte mich im Zug massiv verliebt in Marianne. Sie stammte aus einer kinderreichen, wohlhabenden Familie in Memmingen und war das einzige Mädchen unter prächtigen Brüdern. Sie hatte einen sozialen Beruf, fuhr einen VW-Käfer, leitete eine katholische Mädchengruppe und spielte gern Gitarre. Mir war sonnenklar: Diese junge Frau schickt mir der Himmel. Es war Liebe auf den ersten Blick. Wir überschritten keine der damaligen geltenden Grenzen, obwohl es in uns beiden lichterloh brannte. Nach der Woche in Lourdes begann ein einjähriges hartes Ringen. In Marianne wuchs die Sorge, sie könne bei mir einer möglichen Priesterberufung im Wege stehen. Ich dagegen hätte um diese Zeit gern eine Familie gegründet.

Ohne mit uns darüber zu reden, spürten dies auch unsere Mütter. Sie waren von der Bildung her total verschieden, in ihrer Glaubenserfahrung aber auf gleicher Wellenlänge. Sie machten unaufdringlich einen urvernünftigen Plan: Sie empfahlen uns eine zweiwöchige Radtour zu den schönsten schwäbischen Barockkirchen und übernahmen dafür auch sämtliche Kosten. Marianne wiederum war durch ihre älteren kunstverständigen Brüder bestens informiert für eine spannende Führung durch diese gewaltigen Gotteshäuser auf unserem Weg. Unsere Mütter waren fest überzeugt: Diese zwei gehören eindeutig zusammen. Alles andere wäre ein großes Risiko.

Doch trotz unserer Traumfahrt war sich Marianne hinterher

sicherer als zuvor: Es sei der Wille Gottes, dass ich Priester werden sollte. Gleichzeitig versicherte sie mir, dass sie mich über alles gern hätte. Es war für uns beide eine Zerreißprobe ohnegleichen. Marianne blieb bei ihrem Entschluss, erlebte noch gesund meine Priesterweihe und Primiz. Doch bald danach fesselte sie eine starke unheilbare MS-Erkrankung immer mehr ans Bett. Es begann für sie eine lange Leidenszeit, in der ich sie natürlich öfter besuchte. Unerschütterlich waren ihr Gottvertrauen und ihr Humor. Ich bin ihr unendlich dankbar, weil sie wesentlich zu meiner Berufung beitrug. Es war fast eine Erlösung, als Gott diese gläubige, tapfere Frau zu sich heimholte in sein Reich. In Lourdes durfte ich zwei Wunder erfahren: Einmal das Wunder einer Versöhnung unter langzeitigen Todfeinden. Dann das Wunder einer echten tiefen Liebe, die Gott auf *seine* Weise vollendete. Mein schönstes Lourdes erlebte ich als Wallfahrt zusammen mit meiner schon älteren Mutter.

Nach meiner Rückkehr aus Lourdes überraschte mich unser Kaplan Willi Schönmetzler mit einem einmaligen Geschenk – mit den Aufzeichnungen Alfred Delps SJ zwischen Verhaftung und Hinrichtung (1944–1945) unter dem Titel »Im Angesicht des Todes«. Diese Briefe hatten für mich von ihrem Inhalt her den Rang von Paulus-Briefen. Schon der Delp *vor* seinem Tod war für mich einer der wichtigsten Zeugen unserer jüngsten Geschichtsepoche. Aber der Delp als Märtyrer hat nochmals ein ganz anderes Gewicht. Da steht auf der ersten Seite bereits ein persönliches Schuldbekenntnis: »Um wie viel Kraft und Tiefgang und Segen habe ich meine Mitmenschen betrogen, weil ich nicht genug fähig war, Gottes Wort vom Vertrauen einfach und herzlich und ehrlich ernst zu nehmen. Der Glaubende, der Vertrauende, der Liebende, das erst ist der Mensch, der die Dimensionen des Menschentums ahnt und die Perspektiven Gottes sieht.« Das war für mich fast ein *neuer* Delp, noch glaubwürdiger, als er schon vorher war.

Um dieses Buch herum – und damit auch um mich herum als einzigen Besitzer dieses Buches – bildete sich rasch eine Sechsergruppe mit Josef Stimpfle, Hans Stiefenhofer, Fritz Setzer, Anton

Schaule und Konrad Scherer. Wir trafen uns zweimal wöchentlich an einem bestimmten Platz in den Donauauen und lasen abwechselnd Sätze und Abschnitte aus Delps Briefen laut vor, dachten eine Weile über seine Worte nach und dann konnte jeder seine Meinung dazu sagen. Das war spannend und für jeden von uns fruchtbar. Ein kleiner Auszug aus seinen Gefangenschaftsbriefen soll uns für seine letzte und wichtigste Botschaft sensibel machen.

Delp schreibt aus der Haft: Es handelt sich »nicht nur um eine interessante Frage der Pastoral und der Psychologie, sondern um eine Schicksalsfrage unseres heutigen Lebens. Darum geht es: Wieder von Gott rufbar und ansprechbar, Gottes wieder fähig zu werden.« Über die Hirten von Betlehem sagt er: »Das war ihr Geheimnis: Die echte Sehnsucht über sich selbst hinaus. Die Welt ist voller Wunder, keiner sieht sie, unsere Augen sind gehalten.« Ebenso wichtig sind ihm die die Weisen aus dem Morgenland: »Der Herrgott verlangt von mir den absoluten Sprung von mir weg in ihn hinein. Da ist auch eine Wüste zu bestehen. Aber die Wüste gehört dazu. Ich weiß dies: Ich bin nicht allein. Wir sind den Dingen gewachsen. Und ich weiß dies: Der Stern wird über der Wüste stehen.«

Ein Wort an die Kirche, also an uns: »Geht hinaus, hat der Meister gesagt, und nicht: Setzt euch hin und wartet, ob einer kommt. Damit meine ich die Sorge um den menschentümlichen Raum und die menschenwürdige Ordnung. Immer noch liegt der ausgeplünderte Mensch am Wege (vgl. Gleichnis vom Barmherzigen Samariter). Sollte der *Fremdling* ihn noch einmal aufheben? Rückkehr in die *Diakonie* habe ich gesagt. Damit meine ich das Nachgehen in die äußersten Verlorenheiten des Menschen, um bei ihm zu sein.« Ähnlich meditiert Delp über die Pfingstsequenz-Bitte »Komm, Licht der Herzen«. Er mahnt: »Die Verwirrung des *Herzens* ist die tiefste Verwirrung, die Menschen überfallen kann. Ein Mensch ist so viel Mensch, als er Herz einzusetzen hat und einsetzt. Das heißt, als er liebt. Wenn unser Herz richtig schlägt, ist alles in Ordnung.«

Vertrauen auf Gott, auf Christus, auf den Heiligen Geist – darauf kommt es Delp wesentlich an in seiner Schlussbetrachtung des Pfingstgebetes: »Wir sind trotz des Geistes, der uns innewohnt, oft so müde und furchtsam, weil wir dem Geist Gottes nicht zutrauen, aus uns etwas zu machen. Wir glauben der eigenen Dürftigkeit mehr als den schöpferischen Impulsen des Herrgotts, der in uns unser Leben lebt. Darauf kommt es an, auf das *Vertrauen*!«

Schlussgedanken von Alfred Delp SJ vor seiner Hinrichtung am 2. Februar 1945: »Ich sitze oft da vor dem Herrn und schaue ihn nur fragend an. Auf jeden Fall muss ich mich innerlich gehörig loslassen und mich hergeben. Es ist die Zeit der Aussaat, nicht der Ernte. Gott sät; einer wird ja auch wieder ernten. Um das eine will ich mich bemühen: wenigstens als fruchtbares Saatkorn in die Erde zu fallen – und in des Herrgotts Hand.«

Von Alfred Delps SJ Schlussgedanken in seinem Abschiedsbericht habe ich wohl am meisten folgenden Satz beherzigt: »Und so will ich zum Schluss tun, was ich so oft tat mit meinen gefesselten Händen und was ich tun werde, immer lieber und mehr, solange ich noch atmen darf: *segnen*.« Leider wurde diese Sammlung von Delps Briefen und Meditationen später nicht neu aufgelegt. Die Beiträge erschienen, thematisch geordnet in verschiedenen großen Bänden. Schade! Unser Sechserkreis von den Donauauen kann bestätigen, was für eine positive Wirkung gerade dieses Zeugnis aus seiner Haft auf uns junge Theologen hatte und sicher auch auf viele Laien.

Im Frühjahr 1948 faszinierte mich ein Theaterstück, das ich mir innerhalb eines Monats gleich zweimal genehmigte. Die Aufführung in München prägte sich am stärksten ein: »Draußen vor der Tür« von Wolfgang Borchert. Der Verfasser starb einen Tag vor der Uraufführung am 21. November 1947. Er schrieb unter den Titel: »Ein Stück, das kein Theater spielen und kein Publikum sehen will.« Da hatte sich der Dramatiker Wolfgang Borchert gewaltig geirrt. Alle Bühnen wollten es spielen, alle Menschen wollten es sehen. Ich habe nie mehr erlebt, dass Menschen am Ende eines guten Theaterstückes nicht applaudierten. Alle waren zuinnerst massiv ergriffen vom Schicksal Beckmanns, eines Spätheimkehrers aus russischer Kriegsgefangenschaft. Die meisten Theaterbesucher weinten und gingen schweigend heim.

Wir aber befinden uns jetzt in der fünften und letzten Szene. Der Heimkehrer Beckmann steht vor seinem Haus, in Wahrheit vor den Trümmern seines Lebens, vor dem Nichts – Haus verloren, Eltern verloren, Kind verloren, seine Frau geht mit einem anderen. Er sucht nur noch eines – den Tod. Doch vorher versucht er, mit dem »alten Mann«, mit Gott, noch irgendwie abzurechnen. (Im Folgenden bedeutet G: Gott und B: Beckmann)

B: »Dieses Leben ist weniger als Nichts. Die Lunge macht nicht mehr mit, das Herz macht nicht mehr mit und die Beine nicht. Der ganze Beckmann macht nicht mehr mit, hörst du? Und da kommt ein alter Mann, der sieht aus wie der liebe Gott. Nur etwas zu theologisch. Guten Tag, alter Mann. Bist du der liebe Gott?«

G: »Ich bin der liebe Gott, mein armer Junge!«

B: »Ach, du bist also der liebe Gott. Wer hat dich eigentlich so genannt, lieber Gott? Die Menschen? Oder du selbst? Seltsam, ja das müssen ganz seltsame Menschen sein, die dich so nennen. Das sind wohl die Zufriedenen, die Satten und die Angst vor dir haben. Ich kenne keinen, der ein lieber Gott ist. Du! Wann bist du eigentlich lieb, lieber Gott? Warst du lieb, als du meinen Jungen, der gerade ein Jahr alt war, von einer brüllenden Bombe zerreißen ließt? Warst du da lieb, als du ihn ermorden ließt, lieber Gott, ja?«

G: »Ich hab ihn nicht ermorden lassen.«

B: »Richtig. Du hast es nur zugelassen. Du hast nicht hingehört, als er schrie und als die Bomben brüllten. Wo warst du da eigentlich, lieber Gott? Du warst nicht da, einfach nicht da, lieber Gott. Warst du in Stalingrad lieb, lieber Gott? Warst du da lieb, wie? Ja? Wann warst du denn eigentlich lieb, Gott, wann? Wann hast du dich jemals um uns gekümmert, Gott?«

G: »Keiner glaubt mehr an mich. Du nicht, keiner, ich bin der Gott, an den keiner mehr glaubt.«

B. »Ach, du bist alt, Gott, du bist unmodern, du kommst mit unseren langen Listen von Toten und Ängsten nicht mehr mit.

Heute brauchen wir einen neuen. Weißt du, einen für unsere Angst und Not. O, wir haben dich gesucht, Gott, in jeder Ruine, in jedem Granattrichter, in jeder Nacht. Wir haben dich gerufen, Gott! Wir haben nach dir gebrüllt, geweint, geflucht! Wo warst du da, lieber Gott? Wo bist du heute Abend? Hast du dich ganz in deine schönen alten Kirchen eingemauert, Gott?«

G: »Meine Kinder haben sich von mir gewandt, nicht ich von ihnen.«

B: »Geh weg, alter Mann. Du verdirbst mir meinen Tod. Du bist tot, Gott. Sei lebendig, sei mit uns lebendig, nachts, wenn es kalt ist, einsam.«

G: »Mein Junge, ich kann es nicht ändern!«

B: »Ja, das ist es, Gott. Du kannst es nicht ändern. Die Theologen haben dich alt werden lassen. Deine Stimme ist leise geworden – zu leise für den Donner unserer Zeit. Wir können dich nicht mehr hören.«

G: »Nein, keiner hört mich, keiner mehr. Ihr seid zu laut!«

B: »Oder bist du zu leise, Gott? Dann schlaf gut, alter Mann.

Du sagst, ich soll leben! Wozu? Für wen? Für was? Wo ist denn der alte Mann, der sich Gott nennt? Warum redet er denn nicht!! Gebt doch Antwort! Warum schweigt ihr denn? Gibt denn keiner eine Antwort? Gibt keiner Antwort??? Gibt denn keiner, keiner Antwort???«

Die Antwort ist in der gesamten Bibel die gleiche. Gott sagt: »Ich bin der, der da ist – immer und überall! Ich war da in Verdun und in Stalingrad. Ich war da in den Naturkatastrophen und wo immer Verbrechen gegen die Menschlichkeit geschahen. Ich ließ eure Freiheit unangetastet, trug aber eure Angst und euer Kreuz immer hautnah mit euch. Ich war und ich bin auf der Seite aller, die mir vertrauen. Ihnen gilt meine Verheißung: »Wer mir glaubt, wird leben, auch wenn er stirbt« (Joh 11,25). Und mein Versprechen gilt ewig!

Diese Theateraufführung hat uns Theologen 1948 die Botschaft Jesu von den Armen tiefer erschlossen als die meisten unserer theologischen Vorlesungen.

Zum Semester 1948/49 wollte ich mit drei Dillinger Freunden ins Priesterseminar Georgianum in München wechseln. Die Theologie war dort wesentlich anspruchsvoller durch Professoren wie Schmaus und Egenter zum Bespiel. Da erschreckte uns eine Mahnung des Münchner Direktors Professor Pascher, er warte dringend auf eine Zustimmung unseres Dillinger Regens. Der wiederum hatte uns versichert, er bejahe unseren Wechsel nach München. So eilte ich zum zuständigen Domkapitular Josef Hörmann, der uns bestätigte, das Kapitel habe schon längst einstimmig sein Votum für uns abgegeben. Das Gespräch mit dem Regens am nächsten Tag war vernichtend. Als ich ihn fragte, wie die Aktien stünden, wiederholte er, er habe *für* uns gestimmt, aber das Kapitel sei einstimmig *gegen* unseren Wechsel gewesen. Mir blieb nichts anderes übrig – ich musste nun sagen, was Domkapitular Hörmann mir am Vortrag mitgeteilt habe. Der sonst so beherrschte, stille Regens Strobl tobte und warf mir plötzlich vor, ich sei als Priester ungeeignet. Ich hätte mich unerlaubt oft mit den Flüchtlingen getroffen, kurz – ich solle das Priesterseminar verlassen. Ich bekam keine Chance, mich zu rechtfertigen, und auch das starke Eintreten von Subregens Hermann Lais für meine Person blieb ergebnislos. Ich wollte kein weiteres Aufsehen; denn ich hatte volles Verständnis für die Notlüge meines Regens, der – so gestand er mir später – Angst hatte vor einer größeren Abwanderung nach München. Eine einfache Entschuldigung von Seiten des Regens hätte alles in Ordnung gebracht. So aber stand ich plötzlich auf der Straße; denn auch mein Besuch bei Bischof Kumpfmüller war umsonst. Ohne Debatte stand er zu seinem Regens und wünschte mir lediglich alles Gute für mein weiteres Leben.

Aber *wie* jetzt weiterleben? Ein guter Freund gab mir den Rat: Theo, jetzt bleibt dir nur ein *Orden*. Also machte ich mich auf die Suche nach einer passenden Ordensgemeinschaft. Dabei war ich mir wenigstens in einem Punkt völlig sicher: Zu den Jesuiten passe ich auf keinen Fall. Ich wollte ja kein Wissenschaftler, sondern ein Seelsorger werden.

Geschichten während meiner Jahre bei den Jesuiten

Über die Benediktiner, Franziskaner, Dominikaner und Pallottiner landete ich schließlich – Zufall oder Fügung – bei dem Redemptoristenpater Eugen Ametsberger in der Münchner Kaulbachstraße. Wir lernten uns kennen im Seminar Chartres. Jetzt war er Sekretär seines Ordensprovinzials. Während ich bereits für seine Gemeinschaft immer stärkere Sympathie empfand, sagte er so nebenbei: »Wenn du dich hier schon auf jesuitischem Gelände befindest, solltest du denen auch einen kurzen Besuch abstatten.« Die Redemptoristen wurden nämlich samt Wohnung und Hauskapelle im Krieg ausgebombt und lebten bis zu ihrem baldigen Einzug in ihren Neubau bei den Jesuiten in Miete. Pater Eugen redete so überzeugend, dass ich noch in derselben Stunde bei den Jesuiten nebenan anklopfte. Ich bat an der Pforte um ein Gespräch mit einem möglichst jungen Pater. Man schickte mir aber ins Sprechzimmer einen ziemlich alten Jesuiten, der zudem bei der Schilderung der hochwissenschaftlichen Ordensausbildung ins Schwärmen geriet. Ich musste dem armen Pater bekennen, dass dies exakt nicht mein Weg sei und wollte schon aufbrechen. Da meinte der Pater: »Besuchen Sie doch in Pullach den Pater Otto Pies, der kann sie besser beraten als ich.«

Dieser Name ließ mich aufhorchen und war in diesem Augenblick eine Fügung. Denn im Dillinger Priesterseminar war ich zuletzt eine Woche lang Lektor beim Mittagstisch. Nach klösterlichem Brauch gab es zu Beginn der Mahlzeit, bevor man miteinander plauderte, eine geistig-geistliche Kost. Die Aufmerksamkeit war nicht sehr groß. Man hatte Hunger und das Geklapper der Suppenlöffel war oft stärker als die Stimme des Lektors. Ich begann jedes Mal mit der Überschrift: »Aus der Zeitschrift ›Stimmen der Zeit‹: Erfahrungen aus dem Priesterblock 26 in Dachau von Pater Otto Pies SJ.« Dieser war selbst mehrere Jahre im KZ und dort gewählter Spiritual für die Mitbrüder. In Steno schrieb ich den größten Teil des Artikels für mich ab. Ein genialer Entwurf für eine spirituell und pastoral zeitgemäße Ausbildung von Priester-kandidaten. Der mutige Artikel begeisterte mich von Tag zu Tag mehr und diesen Mann wollte ich unbedingt kennenlernen.

Der Bruder an der Pforte lieh mir sofort sein Fahrrad. Auf den Straßen Münchens war noch nicht viel los. Und so stand ich schon eine Stunde später vor diesem großen, beeindruckenden Novizen-meister des Jesuitenordens. Schon seine erste Frage ging unter die Haut: »Junger Mann, was *wollen* Sie?« Ich sagte: »In einen Orden eintreten.« Es folgte prompt die Frage: »Warum?« Weil ich verlegen schwieg, sagte er nach einer Weile ruhig, aber sehr bestimmt: »Wenn Sie im Orden sich *selber* suchen wollen, sind Sie bei uns am falschen Platz. Wenn Sie aber *Jesus* nachfolgen wollen, und das heißt immer wieder einmal auch dem kreuztragenden Herrn, dann sind Sie hier richtig.« Nach kurzem Schweigen fragte er ein drittes Mal: »Und – und was wollen Sie jetzt?« Ich konnte aus innerster Überzeugung antworten: »Eintreten!« Sichtlich bewegt fragte ich nach dem nächsten Eintrittstermin. Pater Pies lächelte und sagte: »Nächste Woche! Am 14. September!« Dies war für mich jetzt das deutlichste Zeichen von »oben«; wohin mich *Gott* endgültig führen wollte. Denn an diesem Tag, am Fest Kreuzerhö-hung, gab vor drei Jahren in Plötzensee mein priesterlicher Freund und Beichtvater Pater Hermann Josef Wehrle sein Leben ganz in die Hand Gottes. In seinem letzten Brief schrieb er mir: »Es gibt nichts Schöneres, als zur Gesellschaft Jesu gehören zu dürfen.« Mein künftiger Novizenmeister umarmte mich und sagte zu mei-ner großen Freude: »Sie sind herzlich willkommen.«

Im Ignatiushaus in München wartete schon der Bruder Pförtner und fragte aufgeregt: »Na, hat mein altes Fahrrad auch etwas gebracht?« Ich bedankte mich zunächst für sein »Glücksfahrrad« und sagte: »Ich glaube, wir werden schon bald Brüder. Bruder Spit-zer!« Meine Freude war umso größer, weil er kurz darauf nach Pullach versetzt wurde, wo ich die ersten fünf Ordensjahre ver-bringen sollte. Wenn ich in dieser Zeit Trost brauchte, fand ich immer Verständnis bei meinem kleingewachsenen großen Bruder. Ja, er gehörte bis zuletzt zu meinen besten Freunden.

Die Hausordnung während der ganzen zehnjährigen Ordens-schulung war überaus streng, erinnerte an militärische Disziplin. Freunde, die man bisher duzte, musste man siezen, der Kontakt und auch der Briefverkehr mit Angehörigen und Freunden sollte weit möglichst eingeschränkt werden. Alle Postsachen, die man abschicken wollte und die man empfing, wurden von den Vorge-setzten kontrolliert. Ich verstand nie, was solch unnatürliches Ver-halten mit Christus-Nachfolge zu tun haben könnte. Außerdem war uns Novizen verboten, mit den Philosophen zu reden, obwohl wir doch eine große Ordens-Familie bildeten.

Mit Recht schrieb P. Klaus Schatz SJ vor einigen Jahren: »Es gab schon in den 1950er Jahren das Knistern im Gebälk. Gerade in der jüngeren Generation von Jesuiten wurde vieles bisher Fraglose in Ordensregeln und Gebräuchen nicht mehr akzeptiert und als überlebt empfunden«, während die römische Ordensleitung vor dem Generationenbruch die Augen verschloss. Das Konzil 1962 brachte die endgültige Wende zu einer geläuterten, neuen Ordensauffassung.

Eine außerordentliche und gleichzeitig typische Geschichte aus dem Noviziatsjahr: Unser Magister Otto Pies holte mich auf sein Zimmer. In seiner Hand hielt er drei Bibelkommentare, Mt, Mk, Lk von meinem Dillinger Lehrer Josef Schmid. Vor meinen Augen versenkte er sie nacheinander in seinem Papierkorb und meinte: Für ein richtiges Christusverständnis müsse man beten und mit dem *Herzen* meditieren und nicht bloß kritisch mit dem *Verstand*. Ich kochte vor Wut, weil alle drei Bände eine persönliche Wid-mung enthielten. Fast hätte ich den Orden verlassen, zu brutal und ungerecht erschien mir der ganze Vorgang.

In meiner Verzweiflung suchte ich den stellvertretenden Magis-ter auf, einen Slowenen, P. Truchlar, der mich total verstand. Lächelnd zeigte er auf die drei Bände von Josef Schmid in seinem Bücherregal und sagte, ich könnte sie mir jederzeit ausleihen. Was Pater Pies heute getan hätte, halte er für falsch. Aber er würde es sicher eines Tages wiedergutmachen. So geschah es auch. Pater Pies hielt im Dillinger Priesterseminar die Jahresexerzitien, wollte aber bei dieser Gelegenheit besonders den kritischen Exegeten Josef Schmid kennenlernen. Das wunderbare Ergebnis erlebte ich nach seiner Rückkehr. Er rief mich auf sein Zimmer, das voll von großen Paketen war. Ich musste sie öffnen und zu meinem Erstaunen lagen vor mir über siebzig stattliche Synopsen – Evangelien nebeneinander gedruckt – mit Kommentar von Josef Schmid. Pies sagte: »Dieser Mann hat mich überzeugt. Wir brauchen beides im Blick auf die Bibel: die kritische Sicht und die spirituelle Vertiefung. Josef Schmid verkörpert und lebt beides. Ich habe von ihm in wenigen Stunden viel gelernt.« Respekt, lieber Mitbruder, deine Demut damals ist für mich bis heute echtes Vorbild.

Hervorragend waren im Noviziat zwei sogenannte »Experimente«, die über mehrere Wochen dauerten. So wurde ich mit Alfons Klein in einer Alt-Eisenfabrik mit ziemlicher Schwerstarbeit konfrontiert. Doch wir lernten dabei in Tuchfühlung mit den Fabrikarbeitern die Last und die Gefahr ihres täglichen Berufs näher kennen. Diese wiederum waren höchst erfreut, dass Vertreter der Kirche sich für sie überhaupt interessieren. Wir erlebten, wie die Leiter solcher Betriebe Riesengewinne machten, aber die Mehrzahl der Schwerstarbeitenden mit einem Hungerlohn abgefertigt wurde. Seither gehört ein Teil meines Herzens stark den Arbeitern und Angestellten, die sich einen gerechteren Lohn immer wieder neu erkämpfen müssen. Warum ist das so schwer, reiche Gewinne redlicher zu verteilen?

Das zweite Experiment machte ich zusammen mit Pater Roman Bleistein SJ im Jesuitenhaus St. Michael, München. Wir spielten im Haus so etwas wie »Mädchen für alles«. Auch hier war es spannend, wie die Mitbrüder mit ihren Angestellten umgehen. Wir halfen kräftig mit beim Haus- und Kirchenputz, machten Besorgungen für die Patres und den Koch. So blieb nicht viel Freizeit. Aber das Betriebsklima war so familiär, dass die Zeit dort für uns zu einem »Heimspiel« wurde. Abenteuerlich war unsere einmalige Unterkunft. Wegen Zimmermangel hausten wir im offenen Durchgang zwischen dem *Haus* St. Michael und der *Kirche* St. Michael! In unserem Freiluft-Zimmer standen zwei Betten, Tische,

Stühle und ein kleines Schränkchen für die Wäsche. Mehr brauchten wir nicht.

Es verging kein Tag, an dem nicht der Superior Pater Johannes B. Dold SJ uns eine gute Nacht wünschte, auch wenn es noch so spät war. Er kam nie ohne eine Überraschung – mit einem Glas Wein zum Einschlafen, nicht selten auch mit zwei Karten für ein Konzert oder eine Theateraufführung. Wenn wir wussten, wenn er abends von seiner apostolischen Reise heimkam, standen wir pünktlich wie zwei Gepäckträger am Hauptbahnhof, besser gesagt – wie zwei Söhne. Das war auch die Gesellschaft Jesu, einmal ganz normal. Ich selbst war wieder ein Stück mehr im Orden angekommen. Pater Dold, ein wahrer Vater, Freund und Bruder, hatte wesentlich dazu beigetragen mit kleinen Aufmerksamkeiten und mit großem Einfühlungsvermögen.

Gegen Ende der Noviziatszeit erhielt ich einen unangemeldeten, unerwarteten Besuch. Pater Pies holte mich aus der Meditationsstunde und sagte: »Ihre große Liebe wartet auf Sie im Sprechzimmer.« Er fügte lächelnd hinzu: »Darf ich Sie auch kurz besuchen; ich würde sie gerne kennenlernen.« Marianne und ich waren uns völlig eins. Nur der Novizenmeister machte mich nochmals sehr nachdenklich, weil er nach einem kurzen Treffen mit Marianne zu mir sagte: »Eine bemerkenswerte Frau! Ich würde alles sehr, sehr gründlich überlegen. Ich würde auch jede Entscheidung von Ihnen verstehen.« Ich selbst versuchte, so gut ich konnte, mich der inneren Führung Gottes zu überlassen und wechselte mit großer Ruhe hinüber in das Reich der Philosophie.

Etwas Kostbares konnte ich aus dem Noviziat in die Philosophie mitnehmen. Im Auftrag von Pater Pies sollte ich den Bruder auf der Krankenabteilung unterstützen, indem ich mich um die älteren, kranken und behinderten Mitbrüder etwas kümmerte. Die einen, die nicht mehr schreiben konnten, diktierten mir ihre Briefe; anderen las ich nach Wunsch etwas vor, worüber wir dann diskutierten. Am schönsten aber war, wenn die Älteren einfach aus ihrem Leben erzählten. Da erfuhr ich im überreichen Maß, was der alte Mose seinem Volk Israel zum Abschied sagte: »Frag die Alten, sie werden es euch sagen!« Ein fast blinder, ehemaliger Indienmissionar, der dort als Priesterseelsorger wirkte, berichtete mit Begeisterung über seine Exerzitien, die meist sieben Tage dauerten. Seine Themen waren: Die sieben Worte Jesu am Kreuz, die siebenfache Botschaft Gottes an die Hirten von Betlehem, die sieben Vaterunser-Bitten und die sieben Gaben des Heiligen Geistes. Er schenkte mir seine Ausführungen in Kurzfassung, von denen ich bis zur Stunde zehre. Denn er verband seine Botschaft mit ergreifenden Geschichten aus seinem Leben – ein Schatz ohne Ende.

Warum fragen wir unsere »Alten« so selten nach ihren positiven und negativen Lebenserfahrungen? Schreiben wir – gerade auch die Laien – wenigstens einiges auf, was uns in unserer eigenen Geschichte wichtig erschien. Wenn es später nur *einem* etwas helfen oder ihn gar bereichern würde, es hätte einen Sinn gehabt.

Einer meiner Philosophie-Professoren, Pater Josef de Vries SJ (wir nannten ihn »Jupp«), fragte mich als Studentenpfarrer: »Na, lieber Mitbruder, hat Ihnen in ihrem jetzigen Beruf meine Philosophie etwas gebracht?« Er war überglücklich, als ich ihm sagen konnte: »Ja, Ihre Logik-Lehre war bisher meine größte Hilfe.« Denn Anfang und Fortgang unserer täglichen »Streitgespräche« am Nachmittag empfand ich als sehr umständlich und lästig. Wer eine These verteidigte, musste zunächst klare Begriffe und saubere, schlüssige Argumente vorlegen und zwar in Ruhe, ohne Emotionen und Vorurteile. Der sogenannte Gegner musste dann alle Begriffe und Argumente seines Vorredners genau wiederholen, um zu zeigen, dass er seinen Kontrahenten richtig verstanden hatte. Jetzt konnte über die verschiedenen Meinungen heftig und kontrovers gestritten werden. Und mir ging auf, dass schon das Bemühen um sauberes, logisches Denken ein Zeichen von großem Respekt bedeutet gegenüber meinem Gesprächspartner. Meine Pullacher Lehrer gaben mir mit: Die Logik des Verstandes und die Logik des Herzens sind der sicherste Weg zu Wahrheit und Frieden.

Das bewegendste Ereignis der Pullacher Jahre war die Beerdigung von 16 tödlich verunglückten Mitbrüdern bei einer Wallfahrt nach Andechs am 19. Juni 1951. Fast alle waren aus Ostdeutschland,

noch in der Ausbildung, voll Freude über den jährlichen Ganztags-
ausflug. Der Ordensbus bestand aus einem gewöhnlichen Lastwagen mittlerer Größe mit fest montierten Bankreihen ganz nach Vor-
schrift. Die jungen Mitbrüder sangen an diesem Tag in der Kirche
Lieder zur Ehre Gottes und Marias, auf dem Lastwagen frohe Lieder
zur Gitarre. An einer mit Hand betriebenen Bahnschranke bei
Herrsching am Ammersee raste ein von München herkommender
Zug frontal auf den kleinen Wallfahrerbus. Seit Jahren kritisierten
die Bürgermeister der anliegenden Orte: »Unmöglich, an dieser
Stelle so einen Bahnübergang überhaupt zu genehmigen!«

Aber uns alle quälte in diesen Tagen die einzige Frage: Warum
mussten unsere 16 Mitbrüder so früh sterben? Wurden sie denn
nach dem Kriegschaos nicht dringend gebraucht zum Wiederauf-
bau eines neuen Europa? Warum also?

Wir waren alle in Gemeinschaft mit den Angehörigen schwers-
tens betroffen. Als Tischlektor an diesem Tag las ich gerade »zufällig« aus den Erinnerungen von Dietrich Bonhoeffer. Der folgende
Text stammte aus seiner Predigt zum Tod eines jungen Pastors im
Krieg 1939. Die Worte Bonhoeffers waren für mich damals und
auch bei späteren tragischen Ereignissen Wegweisung und Halt:
»Wo Gott Lücken reißt, da sollen wir sie nicht mit Menschenwor-
ten zu füllen versuchen. Unser einziger Trost ist der Gott der Auferstehung. Bei Ihm wissen wir unsern Bruder. Und in Ihm ist die
bleibende Gemeinschaft derer, die vollendet haben und die noch
ihrer Stunde entgegengehen.«

Gott holte unsere Mitbrüder – völlig unerwartet, mitten beim
fröhlichen Singen – heim in sein Reich. In diesem Augenblick
wurde die Vision des Sehers auf der Insel Patmos ewige Wirklichkeit: »Und sie sagen ein *neues* Lied« (Offb 14,3).

Ein Schock war für mich der überraschende Besuch meines
Vaters in Pullach. Er sagte weinend: »Theo, ich bin ab heute von
der Kirche exkommuniziert.« Das kam so: Der Bruder meines
Vaters, unser Onkel Michel, war Mitbegründer des Schlierseers
Bauerntheaters und dort ein Leben lang Schauspieler. Er war im
Verbrennungsverein, weil er als Kind erlebte, dass ein Schmidkonz

lebendig begraben wurde. Am Friedhof hörten Leute Klopfzeichen an dessen Sarg und tatsächlich lebte mein »verstorbener« Urgroßvater noch. Unser Onkel Michel aber konnte mit diesem Trauma nicht leben. Dieser Zustand behinderte ihn sehr stark. Es half ihm auch keine Therapie. Er suchte Hilfe bei Kardinal Faulhaber, den er persönlich kannte. Jedoch dessen Bitte um eine Ausnahme wegen starker seelischer Behinderung wurde von der zuständigen vatikanischen Stelle schroff abgelehnt, was der Kardinal sehr bedauerte. Und so starb mein Onkel exkommuniziert ohne den Segen der Kirche. Mein Vater, absolut treuer Katholik und Kirchenpfleger, erzählte dies alles seinem Stadtpfarrer, der ihm zu seinem Entsetzen offenbarte: Bei einer aktiven Beteiligung an einer Urnenbeisetzung wäre auch mein Vater exkommuniziert. Dieser antwortete: »Aber das Gebot der Nächstenliebe steht doch über so einem Gesetz, das von Menschen gemacht worden ist.« Viel später stellte sich heraus, dass Augsburg das Wort »aktive Beteiligung« zu eng ausgelegt hatte. Man verstand unter »aktiv« jede Tätigkeit, die mit der Urne und ihrer feierlichen Beisetzung zu tun hatte. Viele bezogen das auch auf das gemeinsame Beten an der Urne.

Mein Vater war also nach römischer Auslegung nicht exkommuniziert, was er aber selbst nicht wusste. So trug er diese vermeintliche Strafe lautlos oder – wie er selbst sagte – nahm sie bewusst als Kreuz auf sich. Das war mein aufrechter Vater, der als Mitglied des franziskanischen Laienordens sich ausschließlich an Jesus orientierte und einzig seinem Gewissen folgte.

1963 wurde das gesamte Verbot aufgehoben. Meine damals irritierte Mutter stellte scheinbar naiv, aber doch berechtigt, an mich die Frage: »Kann das denn ein Papst: heute etwas wie die Verbrennung als schwere Sünde erklären und morgen ist es wieder keine?« Gerade die letzten Päpste bekannten offen, dass durch solche Gesetze viel Unheil geschehen sei. Meine Eltern jedenfalls hielten es mit dem Apostel Paulus: »Die Liebe trägt das Böse nicht nach. Sie hält allem stand. Am größten ist die Liebe.«

In dieser Ausbildungsphase gehörte ich auch zu unserem »Russenchor« unter der Leitung unseres Fraters Joachim Mischke. Wir sangen aus Wohltätigkeitsgründen in den größten Sälen Münchenchens. Wichtiger war für mich, dass ich immer wieder Gast sein durfte in einem kleinen Kreis von Mitbrüdern, die die Messe im russisch-orthodoxen Ritus feierten. Sie wollten bereit sein, wenn sich vielleicht doch bald die Tore Russlands öffnen würden. In dieser lebendigen Runde entdeckte ich die sehr unterschiedliche Bildauffassung von religiösen Themen innerhalb der Ost- und Westkirche. Wir römischen Westler sehen im Bild zunächst mehr die ästhetische Seite. Wir fragen, wie schön und stimmig die Farben, die Formen und die Personen sind. Das Bild gefällt uns oder gefällt uns nicht. Einen ganz anderen Blick hat der orthodoxe Christ. Er betrachtet das religiöse Bild fast wie ein Sakrament. Nicht das *Kunstwerk* steht im Vordergrund, sondern die *Personen*, auf die symbolisch hingewiesen wird – die Dreifaltigkeit, Christus, Heilige und Glaubenszeugen. Von ihnen fühlt man sich angesprochen und angenommen, auch wenn sie selbst unsichtbar sind. Für den Orthodoxen sind diese Personen aktiv unter uns gegenwärtig als unsere Helfer und Vorbilder. Darum verneigt sich der Gläubige beim Vorübergehen oder bekreuzt sich sogar zum Zeichen, dass die Heiligen ein Segen Gottes für uns sind. Mystisch und zugleich realistisch ist diese Sicht religiöser Darstellungen. Sie entspricht unserem Glaubensbekenntnis, in dem wir am Ende beten: »Ich glaube an die *Gemeinschaft* der Heiligen.« Ich will damit sagen: Ich *lebe* mit den Heiligen, ich glaube und vertraue ihnen!

Für Auflockerung und Aufheiterung in der Philosophie sorgten Originale wie unser guter Frater Josef Raseck SJ aus Wien. Für ihn war die ganze Ausbildung zu preußisch, zu streng, fast militärisch. Er musste ab und zu Dampf ablassen, frische Luft schnappen. Zu diesem Zweck traf sich regelmäßig ein kleiner Kreis, um unseren Mitbruder vor schweren Depressionen zu bewahren. Doch einmal wurde es zu viel. Gegen Ende unserer philosophischen Semester wurden ihm von unserem Rektor des Hauses die Niederen Weihen verweigert. Unser Rektor war ein übergewissenhafter, ernster, ängstlicher Typ mit wenig Humor. Josef Raseck selbst war untröstlich, tröstete aber uns mit seinen köstlichen wienerischen Untertönen. Er stöhnte: »Hearst (hörst du), da haun's ewig lang auf di drauf, dann schreist einmal au und schon heißt es, du hättest Gehorsamsschwierigkeiten. Das dürfte ich gar nicht meinen Eltern erzählen. Die würden sagen: Pepperl, kimm hoam (Komm heim) zu uns, des ham'er wirklich net nötig!« Er wurde schließlich doch noch in Wien geweiht und war als Präfekt in einem Jesuiteninternat tätig. Die Schüler tanzten ihm mitunter auf der Nase herum, weil er einfach zu gutmütig war. Aber – sie liebten ihn! Als sie es einmal zu toll trieben, soll er gesagt haben: »Wenn's jetzt nicht gleich ein bisserl ruhiger wird, werd i vielleicht no nervös!« Dies war dann aber schon eine sehr heftige Drohung. Ich finde, es ehrt einen Orden, solche Originale in den eigenen Reihen zu behalten. Mir jedenfalls tat er in dieser Zeit ausgesprochen gut.

Ein Lichtblick zwischen Noviziat, Philosophie und Theologie war St. Blasien im Schwarzwald, ehemaliges Benediktinerkloster. Fast jeder von uns wurde dort zwei Jahre als Präfekt im Internat eingesetzt. Dies war mehr als gewagt. Ohne jede pädagogische Schulung war man plötzlich für 70 Schüler achtzehn Stunden täglich voll verantwortlich. Ich bitte deshalb gleich zu Beginn dieses Berichtes alle aufrichtig um Vergebung, denen ich in diesen zwei Jahren leider nicht gerecht werden konnte. Ich hatte zwar einen ausgezeichneten Mit-Präfekten; aber das reichte bei Weitem nicht aus, alle berechtigten Wünsche zu erfüllen.

Zum Beispiel bat mich eine liebenswürdige Mutter, ihrem Sohn mehr Zuwendung zu schenken, er leide unter großem Heimweh und bräuchte unbedingt Nachhilfe in verschiedenen Fächern. Ich fragte sie: »Wie viele Kinder haben Sie denn?« Sie sagte: »Eben nur diesen einen Jungen.« Ich musste ihr gestehen, ich hätte unter meinen siebzig »Söhnen« noch ein gutes Dutzend ähnlicher Problemfälle. Ich würde aber tun, was ich kann.

Gott sei Dank verteilte sich die Masse auf verschiedene Interessengebiete wie beispielsweise Sport – bevorzugt Fußball und Volleyball, im Winter Skifahren. Andere widmeten sich mehr der Musik oder dem Kartenspiel. Es gab sogar Liebhaber für Waldlauf und kleine Bergtouren. Es war jedenfalls kein Herdenbetrieb. Im

»Studium« herrschte eine gewisse Stille, um Schulaufgaben zu erledigen, Briefe zu schreiben oder spannende Bücher zu lesen. In der letzten Viertelstunde vor dem Schlafengehen erzählte ich spannende Kurzgeschichten aus meinem Leben, vor allem aus der Nazizeit, von meinen Begegnungen mit Pater Alfred Delp SJ, der selbst einmal Präfekt in St. Blasien war, von schrecklichen Kriegsverbrechen und meinen Erlebnissen in Kriegsgefangenschaft. Ich wollte, dass sich junge Menschen Gedanken machen, was zu tun ist, damit so etwas nie mehr geschehen kann.

Über die Verpflichtung, täglich an der Morgenmesse teilzunehmen, gab es heiße Debatten mit der Ordensleitung. Ein verordneter Messzwang war für mich ein Widerspruch. Unsere Eltern haben uns acht Kinder nie zu einer Messfeier genötigt – mit dem Argument: Ein so großes heiliges Geschenk Gottes könne man nur freiwillig und dankbar annehmen. Und mit fünfzehn Jahren lernte ich einen ausgezeichneten, sympathischen Krankenhausarzt kennen, der mir anvertraute, er werde nie mehr im Leben eine Messe mitfeiern. Er habe als Schüler im Kloster Ettal acht Jahre lang täglich an der Messe teilnehmen *müssen*, das reiche für ein ganzes Leben. Er habe genug davon. Ich erklärte mich bereit, für die Messe immer wieder zu werben als einem unerhörten, unbeschreiblichen Angebot Gottes. Trotz oder gerade wegen der Freiwilligkeit feierten auch weiterhin drei Viertel meiner Abteilung die tägliche Messe mit.

Mein größter Fehler war, dass ich einer Mutter den Rat gab, ihren Sohn heimzuholen. Er fühle sich hier im Internat nicht wohl und ein Verbleib könnte ihm auf Dauer schaden. Der Generalpräfekt übernahm mein Urteil, aber dieses war falsch. Den Jungen mochte ich, er war begabt und konstruktiv kritisch und ich meinte es wirklich nur gut. Dennoch verletzte ich einen jungen Menschen schwer und dies war bestimmt nicht mein einziger Fehler.

Aber das gute Verhältnis der meisten Schüler zu »St. Blasien« und der lebhafte Kontakt mit vielen Ehemaligen bis ins hohe Alter scheinen zu beweisen, dass doch nicht alles verkehrt war. Für mich war dieses Abenteuer mit jungen Menschen nicht nur eine wertvolle Erfahrung, sondern auch eine Zeit der inneren und äußeren Befreiung.

Es begann der letzte Abschnitt unserer Ausbildung. An unserer theologischen Hochschule St. Georgen in Frankfurt überzeugte mich unter den Professoren wissenschaftlich der Kirchengeschichtler. Mit verblüffender Offenheit und viel Sympathie sprach er in seinen Vorlesungen über die Reformation ab 1517 und ihre Folgen. Nie zuvor hörte ich aus katholischem Munde eine so positive Darstellung Martin Luthers.

Durch die regelmäßigen hochkarätigen ökumenischen Gespräche in der Stadt, an denen unsere Patres wesentlich beteiligt waren, lernte ich klarer zu unterscheiden, was uns Christen radikal *eint*, aber leider auch *trennt*, beziehungsweise gar nicht mehr trennen müsste. Diese ehrliche theologische Auseinandersetzung half mir später sehr in der Begleitung sogenannter »Mischehen-Paare«. Ich konnte doch etwas beitragen zu einem gerechten und fruchtbaren Umgang miteinander in der Familie und in der Gemeinde. »Einheit in versöhnter Verschiedenheit« hieß damals das befreiende Wort. Und in der Tat *leben* wir doch unseren christlichen Glauben immer schon in deutlich verschiedenen Formen und Prioritäten. Zum Beispiel lieben die einen die tägliche Messfeier, während für andere diese Häufigkeit eine Entwertung dieser höchsten heiligen Feier bedeuten würde. Eindrucksvoll sagte einmal Pater Johannes Hirschmann SJ (1908–1981): »Petrus und Paulus verkörpern geradezu deutlich unterschiedliche christliche Denkweisen und sind dennoch in allen entscheidenden Punkten *eins*:

In der Praxis ist für beide Apostel entscheidend die *Liebe*. Ohne sie nützte alles nichts. Vorrangig in der Gemeinde ist die aufmerksame Sorge für die Armen. Diese ist möglich, weil wir *selbst* von Gott angenommen sind mit einer Liebe, die keine Grenzen kennt.«

In diesem Glauben können katholische und evangelische Christen gemeinsam viel erreichen. An der Einheit freilich, wie Jesus sie von uns wünscht, bleibt dann immer noch eine Menge zu tun!

Sehr gefreut hat mich der Besuch meines jüngsten Bruders Paul gleich zu Beginn meines Theologie-Studiums in Frankfurt. Begeistert erzählte er mir von seinem Schauspieler-Beruf und fragte mich am Schluss: »Hört ihr eigentlich in eurer Theologie auch etwas von Vincent van Gogh, von Marc Chagall und von Käthe Kollwitz?« Ich musste leider verneinen. Darauf Paul: »Schade! Die hätten euch über Gott und die Welt vielleicht mehr zu sagen als so mancher Theologe.« Dieser Stachel saß tief! Der frischgebackene junge Schauspieler erlaubte sich da eine Kritik an einer altehrwürdigen wissenschaftlichen christlichen Institution. Ich hatte das Gefühl: Der hat auch noch Recht! Zum Beweis zeigte er mir Kunstkarten mit Motiven der drei genannten Maler – von Van Gogh »Der Sämann«, von Chagall »Die weiße Kreuzigung« und von Käthe Kollwitz ihren Grabstein. Wie ein Kunstkritiker erklärte er mir die Besonderheiten dieser Darstellungen. Ich kam nicht nur auf den Geschmack, mit Bildern zu arbeiten – ich war von dem, was mein Bruder mir sagte, voll überzeugt. So gehörte der Einsatz von Bild, Bild-Meditation als Lebens-Meditation, verbunden mit Gebet zu meinen besten Hilfsmitteln in meiner künftigen Pastoral.

Eigenartig, mit Theologie und Kunst wurde ich nochmals konfrontiert am Ende meiner gesamten Ausbildungszeit. Es war in der letzten Vorlesung unseres beliebten Mitbruders Franz Josef Schierse SJ, Professor für Neutestamentliche Exegese. Die letzten Sätze in seiner Schlussvorlesung lauteten zu unserer Überraschung: »Vergessen Sie eines nicht – die beste Exegese in unserem Fach NT ist nicht unsere kritisch-historische Methode. Sie ist notwendig. Aber die beste Exegese ist die Kunst und zwar – gute Literatur, gute Musik und gute Bildende Kunst. Sie bringen uns nicht nur *geistig* unseren Glaubensgeheimnissen näher, sondern vor allem auch spirituell und emotional. Sie berühren Seele und Herz.«

Die Frage ist erlaubt: War dies wieder nur purer Zufall? Oder doch wegweisende Fügung? Für mich war es ein klarer Fingerzeig von oben.

Es gab auch andere Vorlesungen, die weniger gehaltvoll waren. Das zeigte sich im Schlussexamen der Theologie. In der mündlichen Prüfung wurden wir zu zweit Vormittag und Nachmittag von drei Professoren geprüft. Einer von ihnen fragte zuerst meinen

Mitbruder: »Was wissen Sie über die Heiligste Dreifaltigkeit?« Die Antwort bestand in dem kurzen Wort: »Nichts.« Alle lachten und glaubten an einen auflockernden Scherz. Der Professor wiederholte seine Frage und bekam dieselbe Antwort: »Er wisse nichts!« Jetzt wurde der Prüfer etwas sauer und sagte: »Ich hab doch ein Jahr lang wöchentlich fünfstündig Vorlesung über die Dreifaltigkeit gehalten. Wissen Sie denn darüber gar nichts mehr? Meines Wissens waren Sie in fast allen meinen Vorlesungen.« Mein Freund antwortete: »Sie haben mich ja nicht gefragt, was *Sie* über Dreifaltigkeit wissen, sondern was *ich* weiß. Ich persönlich weiß tatsächlich nichts. Denn vieles hörte sich an wie Spekulationen. Gott ist für mich einfach zu groß und unbeschreiblich.«

Das war für mich wieder ein Schlüsselerlebnis. Das kommt davon, wenn wir zu *viel* von Gott wissen. Dann passiert allzu leicht, dass wir Christen genauso wie die Theologen mehr über Gott reden, anstatt *mit* ihm zu sprechen!

Die Münsteraner Theologen erzählten uns in München genüsslich vom Wechsel des großen Dogmatikers Michael Schmaus von Münster nach München. Die Heiligste Dreifaltigkeit habe ihm zum Abschied in aller Öffentlichkeit ein Riesentelegramm geschickt, in dem Gott sich für alles bedankt, was der angesehene Theologe über ihn gelehrt habe. Vor allem aber bedankte sich die Heiligste Dreifaltigkeit für alles, was sie selbst über sich noch gar nicht gewusst hätte.

Schmaus habe darüber sehr gelacht und bemerkt: »Da ist schon sehr viel dran!« Zu viel ist eben zu viel. Vielleicht könnten manche theologische Vorlesungen doch etwas anders, lebendiger gestaltet werden. Da wäre sicher von der damaligen »Hochschule« Jesu mit seinen Jüngern einiges für unsere *heutigen* Verhältnisse abzuschauen. Bedenken wir: Die meisten Jünger und Jüngerinnen Jesu hatten kein Abitur, waren Handwerker und Hausfrauen! *Jesus* war ihr Lehrmeister! Die einzige Examensfrage, die er stellte, lautete: »Liebst du mich?«

Diese Frage stellte er allerdings gleich drei Mal!!! (Joh 21). Nicht das *Wissen* zählt bei Jesus, sondern allein die *Liebe*.

Die letzten Semester in Frankfurt wurden unterbrochen von der Priesterweihe. Im Juli 1957, also zehn Jahre nach den heftigen Spannungen in der Frage: Bin ich zum Priestertum berufen oder zur Ehe oder zu beidem, geschah etwas fast Unscheinbares und für mich doch *Fundamentales*. Es sollte – im buchstäblichen Sinn dieses Wortes – ein tragendes *Fundament* sein für alles, was da im Leben noch kommen mochte.

Es war am Vorabend unserer Priesterweihe in München. Im Haus St. Michael, in dem wir uns in Schweige-Exerzitien auf das große Ereignis vorbereiteten, herrschte völlige Stille; denn mit unseren Angehörigen und Freunden durften wir erst nach der Weihe wieder reden. Da stürmte der Superior des Hauses in mein Zimmer und sagte ziemlich ungehalten: »Ihre Mutter ist im Sprechzimmer und möchte unbedingt mit Ihnen reden. Sie wissen, dass dies nicht erlaubt ist. Aber weil sie nicht bereit ist, bis morgen zu warten, gebe ich Ihnen widerwillig fünf Minuten.«

Unsere Begegnung dauerte nicht einmal *eine* Minute. Meine Mutter nahm mich lächelnd in die Arme und sagte: »Bua, wenn du's nicht packst, du darfst immer heimkommen.« Mir fiel eine Zentnerlast von der Seele. Meine Eltern würden mir nach einem Scheitern keine Vorwürfe machen, mich nicht verdammen, sondern – ich darf immer *heimkommen*! Das war in diesen Jahren nicht selbstverständlich. Ich erlebte viele Dramen von Müttern und Vätern, wenn Priester es nicht mehr schafften und auch Rom keine Barmherzigkeit zeigte. Ich empfahl manchen Priestern, die ihr Amt aufgeben mussten, ein Gespräch mit meiner Mutter. Das hat keiner von ihnen bereut. Alle sagten: »Die Frau macht einem Mut. Die hat wirklich ein Herz und einen tiefen Glauben.«

Ein wunderbares Geschenk zu meiner Priesterweihe machte mir auch mein Bruder Paul. Er schrieb mir einen ergreifenden Brief, den ich nicht nur meinen Mitbrüdern empfehle:

»Mein lieber Bruder Theo, ab deiner Priesterweihe haben wir beide fast den gleichen Beruf: Wir sind Schauspieler.« Ich erschrak, wurde aber beim Weiterlesen gründlich aufgeklärt. »Wir stehen beide auf der Bühne der Welt. Wir müssen beide täglich in eine fremde *Rolle* schlüpfen, ich am Abend auf der Theaterbühne, du in der Messe am Altar und mit deiner ganzen priesterlichen Existenz. Wir spielen unsere Rolle schlecht, wenn wir sie benützen und missbrauchen, um uns *selbst* und unser Können darzustellen. Wir spielen unsere Rolle nur dann wirklich gut, wenn wir alle unsere Kräfte so in den Dienst dieser *Rolle* stellen, dass über *sie* nachgedacht und geredet wird und nicht über uns!

Ich gebe zu, du hast künftig den schwereren Part. Ich spiele jeden Abend eine andere Rolle, darf auch den Schurken und Bösewicht spielen. Du aber lebst als Priester immer die gleiche Rolle, nämlich: *Jesus* unter den Menschen hörbar und erfahrbar zu machen. Und ich sage dir: Das ist blutig schwer. Du wirst dieser Rolle nie ganz gewachsen sein. ›Spiele‹ sie trotzdem, so gut du kannst. Ich bete für dich. Bete du auch für mich, weil ich meinen Beruf sehr ernst nehme. Mit dir verbunden dein dich liebender Bruder Paul.«

Meine Mutter überraschte mich immer wieder mit ihren originellen Bibelentdeckungen. Es gäbe einen stattlichen Band, wenn ich alle Bibel-Gesprächs-Erfahrungen meiner Mutter niederschreiben würde. Wie bei allen meinen Besuchen fragte ich sie: »Was hast du denn heute Spannendes in der Bibel gefunden?« Zu meiner Überraschung sagte sie einmal: »Heute kam ich über eine kleine Bemerkung im Johannesevangelium Kapitel 4 nicht hinaus. Da heißt es: Jesus kam um die Mittagszeit an den Brunnen des Jakob. Und müde von der langen Wanderung setzte er sich dort nieder. Ich habe geweint vor Freude, weil auch unser Herrgott müde werden wollte – *mit* uns und *für* uns.« Dann sagte sie weiter: »Wenn selbst unser Herrgott müde wurde, dann muss doch auch *meine* Müdigkeit einen Sinn gehabt haben. Du kannst dir ja denken, dass ich fast jeden Abend bei der Erziehung von acht Kindern todmüde war. Darum habe ich mich so unglaublich g'freut.«

Um diese Zeit wollte ich einen von mir sehr geschätzten Exegeten besuchen, hörte mir aber zuvor seine Morgenvorlesung an vor etwa 300 Theologiestudierenden. Zu meiner Überraschung begann er mit dem gleichen Satz aus dem Johannesevangelium, der meine

Mutter so bewegte. Er sagte wörtlich: »Diesen banalen Satz hätte sich Johannes sparen können. Wer um diese Jahreszeit, bei dieser Hitze, mittags an den einzigen Brunnen kommt weit und breit, setzt sich vermutlich müde am Brunnenrand nieder.« Schallendes Gelächter der Studenten. Der Professor fuhr fort: »Hören wir uns noch an, was ein großer Kirchenlehrer uns dazu sagt – sinngemäß: ›Christ, vergiss das nie: Der, von dem hier geschrieben ist, dass er sich müde niedersetzt am Brunnen des Jakob, ist der gleiche, von dem es im ersten Kapitel bei Johannes heißt: Im Anfang war das Wort und Gott war das Wort. Und durch das Wort ist alles geworden. Es ist also dein Schöpfer und Herr, der hier müde wird. Christ, vergiss das nie: Es ist der starke Gott, der dich und die Welt erschaffen hat und es ist der müde *leidende* Gott, der dich erlöst hat.‹« Dazu der Kommentar des Professors: »Mit solchen erbaulichen Auslegungen können wir in der kritischen Exegese natürlich nicht viel anfangen.« Beifall!

Nach der Vorlesung stellte ich den Professor und fragte ihn: »Besteht theologische Exegese wirklich nur in der kritischen Aufarbeitung biblischer Texte? Oder hat sie nicht die noch größere Aufgabe, den unerschöpflichen, geistigen, ja göttlichen Schatz der Bibel den Menschen zugänglich zu machen?« Und ich erzählte ihm, wie glücklich meine Mutter vor wenigen Tagen den gleichen Satz der Bibel erfahren hätte. Der Professor antwortete kurz: »Sagen Sie Ihrer guten Frau Mutter, Sie hat die Heilige Schrift richtig verstanden« – ließ mich stehen und ging eilig fort. Gewaltig die Reaktion des Exegeten am nächsten Morgen. Er begann seine Vorlesung mit dem gleichen Text wie am Vortag und sagte: Gestern habe ihn der Teufel geritten. Aber es sei ihm hinterher – durch Zufall oder Fügung Gottes – eine ältere Frau begegnet und habe ihm *ihre* Version dieser Geschichte am Jakobsbrunnen erzählt. Und er berichtete den Zuhörern diese Begegnung so genau, als habe diese Frau mit ihm ganz *persönlich* gesprochen. Er fügte sogar hinzu: »Diese Frau hat den müden Jesus besser verstanden als ich!« Das war wahre Größe meines verehrten Lehrers. In diesen Minuten wurden wir Freunde für den Rest des Lebens.

Geschichten als Studentenpfarrer

Über meinen Ersteinsatz in der Seelsorge wurde eine Weile debattiert. Die Frage war, ob ich in Frankfurt mit Pater Johannes Leppich SJ (1915–1992) im »Leppichkreis« zusammenarbeiten sollte oder in München mit Pater Waldmann in der Studentenseelsorge. Die pastoralen und sozialen Ideen von Pater Leppich fand ich ausgezeichnet, während mich Pater Waldmann von früher her als eifrigen Zuhörer seiner Predigten kannte. Die Oberen entschieden für München. Dort war die kommenden zwölf Jahre mein Wirkungskreis.

Das wichtigste Ereignis 1958 war im Oktober: die Papstwahl. Wer sollte nach dem großen Pius XII. der passende Nachfolger werden? Unser Superior im Ignatiushaus Pater Augustin Rösch SJ (1893–1961) erklärte: »Wenn in diesen Tagen im Haus alle Glocken läuten, bedeutet dies: Wir haben wieder einen Papst. Dann versammeln wir uns im Refektor, um unseren neuen Papa zu feiern.« Und so geschah es am 28. Oktober 1958. Als der Kardinal in Rom feierlich verkündete: »Habemus Papam, Giovanni Cardinalem Roncalli«, da stöhnte unser Superior und rief: »Oh je, habemus Opapam!« Ich erlaubte mir den Einwand: »Wenn es aber derselbe ist, der im Stacheldraht-Seminar Chartres mit uns Kriegsgefangenen umging wie mit seinen Brüdern, dann wird es bestimmt ein sehr guter Papst.« Das Volk gab ihm schon zu Lebzeiten den Ehrentitel: »Johannes, der Gute«.

Seine größte Tat war Anfang 1959 die Einberufung eines Ökumenischen Konzils. Als ihn die versammelten Kardinäle in seinem Arbeitszimmer entsetzt fragten: »Aber warum, Heiliger Vater?«, antwortete er: »Darum!« – und öffnete weit ein Fenster. Sieger Köder hat Papst Johannes XXIII. oft dargestellt symbolisch mit diesem offenen Fenster. In seinem bekannten Pfingstbild lehnt sich dieser Papst ziemlich weit aus dem Fenster. Ich fragte in einer Firmgruppe, warum man denn ein Fenster öffnen würde. Die Jungen antworteten: »Damit die miefe Luft aus dem Zimmer rausgeht!« Die Mädchen dagegen sagten: »Damit frische Luft rein-

138

kommt!« Natürlich hatten beide Recht und das Konzil hatte auch eine entsprechende reinigende, erfrischende Wirkung.

Zunächst stand ich da als total unerfahrener Studentenpfarrer. Mein Arbeitsfeld hieß: »Katholische Hochschulgemeinde.« Ich bekam ein kleines Sprechzimmer. Niemand führte mich ein. War dies wirklich eine Gemeinde, eine Gemeinschaft, eine Art Familie? Eine Pfingstgemeinde waren wir sicher nicht. Über diese berichtet die Bibel mit großer Begeisterung: Sie hatten alles gemeinsam. Die Reichen teilten mit den Armen. Es gab keine Notleidenden unter ihnen. Jeder bekam, was er nötig hatte. Sie brachen in ihren Häusern das Brot und hielten zusammen Mahl in Freude. Sie priesen Gott. In der gläubigen Erinnerung an Jesus wussten sie diesen immer lebendig gegenwärtig in ihrer Mitte. Sie hielten fest an der Botschaft der Apostel, das heißt an der Botschaft *Jesu*. Wenn sie bloß nicht zu viele *eigene* Botschaften fabriziert hätten und bei der Botschaft ihres *Herrn* geblieben wären!

Ich beneidete die Kollegen in anderen Universitäts-Städten, die ein repräsentatives Zentrum hatten – ein großes Haus mit einem Café im Parterre, daneben einen großen Saal und kleinere Räume für Vorträge und Diskussionen. Aber wie lebendig war hinter all dem die *Gemeinde*?

Schon bald sah ich, dass unsere Situation gar nicht so schlecht war. Um unsere Studenten und Studentinnen zu erreichen, mussten wir sie besuchen in ihren Wohngemeinschaften, in den nicht wenigen katholischen Wohnheimen, die säuberlich getrennt waren in männliche und weibliche Häuser. Dort trafen wir immerhin noch kirchen-*nahe* Gruppen. Um mit den »anderen« ins Gespräch zu kommen, mussten wir uns schon in der neu entstandenen Studentenstadt blicken lassen und zwar auf ihren Buden. Dort waren es anfangs nur zwei bis drei Interessierte, mitunter auch sechs bis acht, wobei die Diskussionen meistens bis Mitternacht dauerten. Da ging mir auf, was Pater Alfred Delp aus seiner Gefangenschaft an die Kirchen schrieb:

»Geht *hinaus*, hat der Meister gesagt und nicht: Setzt euch hin und wartet, ob einer kommt.«

Und ein zweites ging mir bald auf. An diesen Abenden erfuhr ich viel über die *Nöte* der Studenten. Dabei entstand immer häufiger der Wunsch nach Einzelgesprächen, nicht selten mit folgenschweren Konsequenzen, vor allem wenn es um Beziehungskrisen ging oder um schwere Auseinandersetzungen mit den Eltern. Damals gab es noch die vielen Probleme zwischen evangelischen und katholischen Partnern, was die Taufe und die Erziehung der Kinder betraf. Überall lauerte eine Exkommunikation! Was für ein Segen waren da unsere zwei Mischehen-Kreise, zeitweise mit je 25 Paaren. Bei den monatlichen Treffen stellte sich heraus, dass der evangelische Landesbischof gegen unsere Zusammenarbeit war, während ich die volle Unterstützung von Kardinal Döpfner bekam. Das tat mir für meinen evangelischen Kollegen sehr leid; denn wir verstanden uns glänzend und assistierten meistens gemeinsam bei solchen Eheschließungen.

Ein Glücksfall war noch vor dem Konzil die rasche Ernennung des Jesuitenpaters Augustin Bea SJ (1881–1968) zum Präfekten für ökumenische Fragen. Der scheinbare Ruheständler schaffte als erstes eine Reihe peinlicher Kirchenstrafen ab. Bei einem Besuch in München verwies er mich auf die neuesten Dispens-Möglichkeiten. Das war eine Sensation! Unsere Hochschulgemeinde lud Kardinal Bea kurzfristig zu einer Festrede in unserer Universität ein. Wir wählten, Gott sei Dank, den größten Hörsaal, der total überfüllt war. Er hielt einen fast zweistündigen Vortrag ohne ein Manuskript. Leidenschaftlich sprach er zum Thema: »Einheit der Kirchen – heute schon möglich – wenn wir tolerant genug sind.« Der Funke seiner zündenden Ansprache sprang auf den ganzen Saal über und es gab stehende Ovationen, aber leider keine Aufnahme oder Mitschrift seines Vortrags. Ein Pfingstereignis in unserer Stadt!

München war ab 1959 so etwas wie eine Hochburg in der Zeit der Konzilsvorbereitung. Namhafte Professoren und Journalisten schrieben ausführlich über die unterschiedlichsten Wünsche vieler Christen an das II. Vatikanische Konzil: Hans Maier, Max Müller, Hans Heigert, Karl Rahner SJ, Otto Bernhard Roegele, der

Schweizer Jesuit Mario von Galli SJ gehörten zu den herausragenden Figuren. In Zusammenarbeit mit der Katholischen Akademie unter der Leitung von Direktor Karl Forster wurden konkrete Konzepte für die Kirche der Zukunft entworfen. Es herrschte eine richtige Aufbruchsstimmung. Die Messe wurde erstmalig täglich in deutscher Sprache gefeiert. Die Studenten und Studentinnen aus dem Liturgischen Arbeitskreis schrieben dazu passende Gebete und Betrachtungen zu biblischen Gestalten und Themen. So hörten wir wochenlang im Wortgottesdienst die Geschichte Abrahams als *unsere* Geschichte.

Ich staunte über die Kreativität dieser jungen Männer und Frauen und lernte von ihrer sprachlichen Kunst. Dieser Liturgische Kreis stellte sogar ein umfangreiches Liederbuch zusammen mit ansprechenden alten und modernen Texten. Wie heißt es so überwältigend am Pfingsttag in der Apostelgeschichte: »Jeder hörte sie in *seiner* Sprache.« So war es auch jetzt: Diese modernen Texte waren *ihre* Sprache. Sie wurde von den Studenten verstanden, weil sie mit ihrem *Leben* zu tun hatte.

Kardinal Julius Döpfner war anfangs sehr skeptisch, genehmigte aber, wie er selbst sagte, die überraschend guten Beiträge als ein wertvolles Experiment für die Kirche. Einmal jedoch bemerkte er unzufrieden: »Lieber Mitbruder, warum fallen nicht uns *beiden* so gute Ideen ein als Vorschlag für die geplante Liturgiereform? Sagen Sie Ihren Leuten: Ich freue mich über ihren prächtigen Einsatz.«

Damit ich es später nicht vergesse, möchte ich an dieser Stelle unserem Kardinal sehr herzlich antworten: »Lieber Julius Kardinal Döpfner, ich danke dir heute im Namen vieler für deine Großzügigkeit und dein Vertrauen zu diesen jungen Menschen und zu unserer Hochschulgemeinde in dieser konziliaren Zeit. Du musstest dafür harte Kritik einstecken. Umso mehr – danke, danke!«

In der täglichen Sprechstunde war leider oft ein Hauptproblem – die Abtreibungsfrage. Schon beim ersten Gespräch als Studentenpfarrer begann eine junge Frau mit den Worten: »Ich komme nur, weil ich meiner besten Freundin versprochen habe, mit einem Pfarrer zu reden vor meiner bereits geplanten Abtreibung.« Eigentlich habe das Gespräch keinen Sinn, meinte sie. Keines meiner Argumente könnte ihren Standpunkt erschüttern. Denn ihr Freund würde sie mit einem Kind zu so ungünstiger Zeit verlassen. Die Eltern verweigerten weitere finanzielle Zuschüsse. Sie müsste für ihr Kind ganz allein aufkommen. Ihr bisher erfolgreiches Studium wäre umsonst gewesen. Da fragte ich reichlich unüberlegt: »Und wenn ich für den finanziellen Verlust während der Schwangerschaftszeit aufkäme und dafür sorgen würde, dass das Kind in gute Hände kommt – wäre das eine Lösung?« Rückfrage der Studentin: »Das würden Sie wirklich tun? Dann geben Sie mir das bitte schriftlich.« Wir tauschten unter Zeugenbestätigung zwei Papiere aus, auf denen stand: Ich käme für Mutter und Kind ein Jahr lang finanziell auf. Gleichzeitig wird bestätigt, das Kind ist nicht von mir.

Voll Freude eilte ich über den Hof zum Pater Provinzial und teilte ihm das Ergebnis meiner ersten Sprechstunde mit. Er reagierte entsetzt: »Ja glauben Sie, wir machen jetzt hier einen Kindergarten auf und wer kommt für die finanziellen Unkosten auf?« Er meinte, es bliebe ja wohl nicht bei diesem einen Fall. Ich sagte spontan: »Es geht doch hier um Leben und Tod eines Menschen. Und in der Moraltheologie habe ich gelernt, um ein Menschenleben zu retten, müsse man *alles* tun!« Mein Provinzial wünschte eine Bedenkzeit; aber noch am selben Abend stimmte er meinem Vorhaben zu und nannte mir gleich eine Reihe namhafter Firmenbosse im Münchner Raum, bei denen ich mit seiner Empfehlung freundlich anklopfen sollte.

Ich war erstaunt, mit welch unkomplizierter Offenheit mir diese reichen Chefs entgegenkamen. Ich musste kaum betteln. Es genügte das Stichwort: »Bitte helfen Sie mir, ein Menschenleben zu retten.« Erwünscht waren einige persönliche Angaben und ich bekam alles, was ich zu einer konkreten Hilfe brauchte. Vielleicht sollte man den Reichen ihr rechtlich verdientes Geld nicht einfach durch höhere Besteuerung wegnehmen, sondern ihnen die Chance geben, Menschen in Not praktisch zu helfen. Ich machte und mache bis zur Stunde nur gute Erfahrungen.

Sieger Köder, Kreuztragender Christus

Ist es nicht ein Trauerspiel, wie gleichgültig und unmenschlich wir inzwischen mit der Frage Abtreibung umgehen? Gilt Artikel 1 des Grundgesetzes: »Die Würde des Menschen ist unantastbar«, nicht auch für das Menschlein im Mutterschoß? Ich habe nie Leute verurteilt, die durch eine überraschende Schwangerschaft in Bedrängnis gerieten oder von ihrer Umgebung in Bedrängnis gebracht wurden. Allerdings – gemeinsam ist vieles leichter zu bewältigen, vorausgesetzt wir sind tatsächlich eine authentische Gemeinschaft, egal ob Pfarrgemeinde oder Hochschulgemeinde oder sonst eine frei gewählte christliche Gemeinschaft.

In Rom ging die erste Konzilsperiode langsam zu Ende. Als letzter sprach Kardinal Giacomo Lercaro. Seine Flammenrede rüttelte nicht nur die Konzilsteilnehmer auf, sondern wurde auch bei uns viel beachtet und von den wachen Studenten lebhaft diskutiert. Er verwies zunächst auf die Gerichtsrede Jesu (Mt 25): »Kommt, ihr Gesegneten! Was ihr für einen meiner Geringsten getan, das habt ihr mir getan. Ich war hungrig, durstig, nackt und krank. Ich war obdachlos und im Gefängnis – ich, euer Herr und Gott!« Und der Kardinal fuhr leidenschaftlich fort: »Das Geheimnis Christi in seiner Kirche ist seine leibhaftige Gegenwart in allen Armen und Leidenden unserer Welt. Wenn wir dieses Geheimnis nicht zum Mittelpunkt unserer Konzilsarbeit machen, haben wir das Konzil und das Evangelium verfehlt.« Hat nicht fünfzig Jahre später Papst Franziskus genau dieses Geheimnis zum Mittelpunkt seines Pontifikates gemacht? Dabei mahnt er mit Nachdruck, nicht jene zu übersehen, die jetzt, unmittelbar neben uns, leiden und auf Zuwendung warten.

Ein Fest war die jährliche Nachtwallfahrt unserer Münchner Hochschulgemeinde. Sie begann in Pullach bei Einbruch der Dunkelheit. Ziel waren am frühen Morgen die Wallfahrtskirche und das Kloster Andechs. Jede Wallfahrt hatte ein bestimmtes Thema wie: »Ist die Kirche eine familiäre Gemeinschaft oder ein Verein?« Oder: »Was heißt Christsein heute?« Häufig wurden auch politische Themen gewünscht: »Gerechtigkeit und Friede konkret«, oder: »Wie sieht echte Demokratie aus?« Man ging in Sichtweite in kleinen Gruppen, meditierte, diskutierte, stärkte sich natürlich auch in kleinen Pausen. Und jede Gruppe hatte einen Begleiter, der den Weg, meistens Waldweg, gut kannte.

Diese Nachtwallfahrt hatte immer großen Zulauf, obwohl auf den Einladungs-Plakaten stand: »Die Wallfahrt findet ihrem Sinn entsprechend bei jeder Witterung statt!« Was das heißt, bekamen wir einmal gründlich zu spüren. Es regnete durchweg in Strömen und wir kamen am Morgen ziemlich durchnässt in Andechs an. Aber da erlebten wir, was benediktinische Gastfreundschaft so berühmt macht. Die Mönche stellten uns alles zur Verfügung, was sie hatten, Kutten und Anzüge – auch für die Frauen. Die Frühmesse in der Wallfahrtskirche wurde zu einer wahren Festmesse. Es gab vor und nach der Messe heißen Tee und Kaffee in Fülle und später natürlich auch das aufwärmende Andechser Bier! Nach München fuhr man ja in Bussen zurück. Da konnte man sich schon eine gute Maß leisten.

Bewundernswert war der ehrenamtliche Einsatz vieler Studenten und Studentinnen in unseren sehr lebendigen »Arbeitskrei-

144

sen«. Neben den zwei wichtigen Caritaskreisen (Essen auf Rädern und Besuch von Kranken) gab es einen großen Mitarbeiterstab für Liturgie, für unsere täglichen Werktagsmessen. Beliebt war der rege, monatliche Erfahrungsaustausch besonders unter den Medizinern, Juristen und Psychologen. Die Initiative für solche Kreise ging fast ausschließlich von den Laien selbst aus. Die Hochschulgemeinde lieferte die finanziellen Spritzen für Werbe- und Honorarkosten, aber auch für das notwendige Arbeitsmaterial.

Stark besucht waren die öffentlichen, interfakultativen Podiumsgespräche. Dabei war der Meinungsaustausch oft sehr kontrovers und heftig. Aber alle Beteiligten erklärten hinterher, sie hätten viel voneinander gelernt. Die Hochschulgemeinde (KHG) *lebte* von diesen Kreisen und Gesprächen. Ich glaube, wir waren mit Sicherheit eine Gemeinde. Mit diesen Arbeitskreisen machten wir im Sommer auch mehrtägige Bergwanderungen, im Winter Ski-Wochenenden auf den verschiedensten bayrischen Hütten. Wenn wir dann am Samstagabend miteinander Eucharistie feierten, dann war uns bewusst: Die *Mitte* unserer Gemeinde ist und bleibt der *Herr*. In der Gemeinschaft mit ihm wurden wir wirklich Brüder und Schwestern.

Wir hatten natürlich jedes Semester mehrere große Veranstaltungen, bei denen die Hütte gerappelt voll war. Dazu gehörten zwei Faschingsabende: einmal mit Tanz und erstklassiger Musik. Und ein andermal ein bunter Abend mit Theater und Zauberkünsten. Die Künstler stellten an uns nie höhere Honorarforderungen, auch wenn sie zur ersten Klasse gehörten.

Standard war mindestens einmal im Jahr eine »Hochschulwoche«. Ein gleichlautendes Thema wurde an vier Abenden Montag bis Donnerstag von vier Professoren sehr unterschiedlich behandelt mit anschließender intensiver Aussprachemöglichkeit. Diese Vorträge fanden jeweils statt in großen Sälen der Universität.

Zum Beispiel hieß eine solche Woche einfach »*GOTT*«. Dieses Wort stand groß auf einem Plakat, darunter in wesentlich kleinerer Schrift: »Es spricht der katholische Theologe Karl Rahner. Es spricht der evangelische Theologe aus Berlin Helmut Gollwitzer.

145

Es spricht der Atheist aus Prag... Der Psychiater aus Frankfurt... Das waren Festabende. Gollwitzer sagte nach einem langen vorausgehenden Schweigen: »Ich muss zu Beginn ein Bekenntnis ablegen. Wir Theologen wissen scheinbar fast alles über Gott, nur nicht das eine, dass er uns *zuhört*!« Gelächter im Saal, dann Schweigen. Bis Gollwitzer sagte: »Gott, verzeih mir, wenn ich jetzt zu fahrlässig über dich reden sollte. Mit deiner Hilfe will ich versuchen, über dich, den Unaussprechlichen, dennoch zu sprechen.« Er hatte die Zuhörer für die nächste Stunde gewonnen – mit seinem großen Respekt vor dem großen Unsagbaren.

Nicht weniger eindrucksvoll war Karl Rahner SJ in der Schluss-Diskussion über seinen Vortrag. Ein Student fragte sehr aggressiv: »Und warum greift Gott nicht ein, wenn Millionen unschuldig leiden müssen. Warum schweigt er? Wir werden angeklagt, wenn wir bei einem Unglück nicht wenigstens erste Hilfe leisten. *Kann* Gott nicht oder *will* er nicht helfen? Was *tut* Gott eigentlich?« Man spürte, wie diese Frage den Studenten erregte und quälte. Es folgte ein langes, beklemmendes Schweigen. Man konnte mit Rahner fast Mitleid bekommen. Bis er sehr bewegt sagte: »Ich bin überzeugt – Gott *fügt*!« Hörbare Stille im größten Hörsaal der Universität. Dann fuhr Rahner fort: »Ja, er fügt – oft schon *jetzt*. Aber er fügt ganz bestimmt alles zum Guten – am *Ende*, am Tag der Vollendung – in unserem Tod.« Und der ganze Saal hörte, wie der fragende Student laut sagte: »Danke, Herr Rahner, danke!«

Ich habe viel *gelesen* von Karl Rahner; jedoch dieser Satz begleitet mich bis heute: »Gott fügt!« Und er fügt immer wieder – alles. Wir dürfen darauf vertrauen und bauen.

Neben regelmäßigen, jährlichen Kunstfahrten boten wir vor allem auch einwöchige Exerzitien an. Ich bevorzugte dabei private Unterkünfte, wie Gästehäuser für 20 bis 30 Personen in Südtirol, in Österreich, im Bayrischen Wald und im Allgäu. Eine ansprechende Landschaft schuf allein schon eine meditative Atmosphäre. Zu meinen festen Exerzitien-Gruppen gehörten meine zwei Mischehenkreise und meine Studentinnen-Gemeinschaft (MC).

Dabei reservierte ich ein Zimmer gleichsam als Hauskapelle. In der Mitte des Raumes stand auf einem Tisch eine einfache Monstranz aus Holz. Die große konsekrierte Hostie war unverglast, um die unmittelbare Nähe Christi im Sakrament noch zu verdeutlichen. Der Raum war zur Anbetung und zum persönlichen Gespräch mit Jesus jeweils nur für *eine* Person gedacht. Das gab einer solchen Hauskapelle eine gewisse Intimität.

Mein schönstes Erlebnis mit unserem kleinen Heiligtum hatte ich unerwartet, außerhalb der Exerzitien, mit einem *Kind*. Die Mutter ist meine Cousine. Das fünfjährige Töchterchen des Hauses bat mich: »Du, Onkel, ich möchte auch in deine Kirche gehen.« Ich nahm sie sofort mit und ergriffen schaute Elisabeth zur Monstranz auf. Von ihren Eltern wusste sie: In der Hostie ist Gott, der Heiland gegenwärtig. Nach einer Weile fragte sie mich, indem sie auf die Hostie zeigte: »Darf ich da mal hintupf'n?« Ich sagte: »Aber natürlich darfst du das.« Es war rührend, wie das Kind mit seiner kleinen Hand die Hostie und damit Jesus streichelte. Mir war in diesem Augenblick klar: So zärtlich dürfte Jesus kaum je zuvor von jemand berührt worden sein.

Doch plötzlich sagte das Kind betroffen: »Ist Gott jetzt bös, weil ich da hintupft hab?« Ich antwortete: »Glaub mir, Gott ist nie bös zu uns« – und schon unterbrach mich Elisabeth aufgeregt: »Aber die Mama hat g'sagt, Gott ist bös, wenn *ich* bös bin.« Ich erwiderte: »Weißt du, da hat sich deine Mama getäuscht. Wir reden dann gleich mit ihr. *Jeder* von uns kann sich täuschen, auch der Gescheiteste und Frömmste. Und merk dir: Gott ist der einzige auf der ganzen Welt, der nie böse ist, weil er gar nicht böse sein *kann*!«

Darauf sagte Elisabeth, die Hände gefaltet im Blick auf Jesus im Sakrament, strahlend vor Freude:

»Woißt, lieber Gott, ich freu mich ja so,
dass du da bist. Und ich freu mich so,
dass du nie bös zu mir bist.
Und ich freu mich, dass du immer
gut zu mir bist. Und darum mag ich dich.
Und jetzt weiß ich nichts mehr. Pfiat di!«

Ich bete dieses Gebet seither täglich, ebenso gern allein wie mit anderen. Denn in diesem Kindergebet ist wirklich alles drin – unser Glaube, unsere Hoffnung und die Liebe. Freilich gehört zu diesem einmaligen Gebet unbedingt auch der oberpfälzische Dialekt, die Sprache meiner Vorfahren, die ich leider nicht beherrsche. Er würde die Echtheit und Wärme dieser Gebetsworte deutlich unterstreichen.

Das Erlebnis mit dem Kind machte mir Mut, in meinen vielen Gesprächen auch über das Thema »Gebet« miteinander zu reden. Das wurde nie abgeschlagen, im Gegenteil dankbar angenommen. Die Not auf diesem Gebiet war größer, als ich dachte. Viele sagten, beten falle ihnen schwer, weil der Partner ständig unsichtbar bleibe. Andere sagten, sie beten nur, wenn sie etwas brauchen, so nach dem bekannten Spruch: »Jetzt hilft nur noch beten.« Eine, wenn auch noch so kleine feste Gebetszeit, etwa morgens oder abends hatten die wenigsten eingeplant. Man war sich einig, dass besonders im gemeinschaftlichen Beten, wie in der Eucharistiefeier, das Gebet leicht zur Routine werden kann, ein reines Lippengebet. Schon die Propheten und auch Jesus mahnten: »Dieses Volk ehrt mich mit den Lippen, ihr *Herz* aber ist weit weg von mir.«

Eine häufige Meinung war: Der Religionsunterricht hätte die Schüler mehr zu einer brauchbaren Gebetskultur hinführen müssen. Man hätte zum Beispiel mehr auf den Wert der Psalmen hinweisen können, in denen das gesamte menschliche Leben vor Gott hingetragen wird: Erfolg und Misserfolg, Krieg und Frieden, Enttäuschung, Zweifel und Angst. Ja, der Beter *ringt* buchstäblich mit Gott und fragt ihn erschüttert: »Mein Gott, warum hast du mich verlassen? Warum?« Diesen Psalm 22 betete auch Jesus am Kreuz.

Jedoch Gebetsworte der Freude, der Lobpreisung, des Dankes und des Vertrauens nehmen den breitesten Raum in den Psalmen ein, so im Psalm 23: Der Mensch steht gleichsam vor einer Ausweglosigkeit, schaut aber auf zu Gott und bekennt: »Ich fürchte kein Unheil, denn du bist bei mir.« Ich weiß: Du begleitest und führst mich, wie der gute Hirt, durch alle Nächte und Wüsten hindurch!

Diese zwanglosen Unterhaltungen über Not und Segen des Betens waren der Grund, einen eigenen Arbeitskreis zu gründen. Thema: »Mit jüdischen Psalmen beten«. In einem Semester hatten wir das große Glück, den einzigartigen Professor für Religionswissenschaft Schalom Ben-Chorin einige Male in unserer Mitte zu haben. Da wurde ein Arbeitskreis für kurze Zeit zu einer Taborstunde.

Am häufigsten bat man mich um Gebetshilfe, wenn das Staatsexamen bevorstand. Ich war so frei und fragte immer: »Wofür soll ich denn exakt beten?« Die Antwort war immer dieselbe: »Natürlich, dass ich mein Examen bestehe.« Zum Schrecken der Studenten sagte ich jeweils: »Dafür bete ich mit Gewissheit nicht. Da hilft nämlich kein Gebet. Ob Sie bestehen oder nicht, entscheidet allein Ihr Wissen. Aber keine Angst! Ich bitte für Sie den Heiligen Geist intensiv um zwei Dinge: Einmal, dass Sie nicht alles hinwerfen und aufgeben, wenn Sie durchfallen sollten, sondern mutig weitermachen und das Examen wiederholen. Aber noch viel mehr erbitte ich für Sie den Heiligen Geist, falls Sie das Examen hoffentlich bestehen. Er soll Ihnen jetzt erst recht beistehen, dass Sie demütig auf dem Boden bleiben und kein eingebildeter Akademiker werden!«

Obwohl das Gebet zum intimsten im menschlichen Leben gehört, waren die offenen Gespräche über dieses Thema mit am fruchtbarsten. *Ob* wir noch beten, warum wir *nicht* mehr beten, wie, wann, was wir beten – es lohnt sich, darüber immer wieder ehrlich nachzudenken.

Ich erlebte in den Staatsexamen leider auch tragische Fälle. So, wenn jemand im Grund alles wusste, es aber wegen einer krankhaften Prüfungsangst nicht sagen konnte. Es war eine Katastrophe, als unser Bester durch Versagen in der letzten mündlichen Befragung auf der Strecke blieb. War jetzt sein langes Medizin-Studium umsonst? Verzweifelt sagte er mir, er wage dies nicht seiner Freundin und seinen Eltern zu sagen.

Da fiel mir ein, dass ein Mitbruder von mir, Afrika-Seelsorger, gerade bei uns im Heimaturlaub war. Ich fragte meinen schwer angeschlagenen Studenten, ob wir den erfahrenen Afrika-Kenner nicht um Rat fragen sollten. Vielleicht wisse er eine Lösung. Und dieser Mann war für unseren gescheiterten jungen Mediziner *die* Lösung. Denn mein Mitbruder überzeugte ihn, dass man in Afrika Leute wie unseren Studenten samt seinem medizinischen Wissen dringend bräuchte. Der Rest ging rasend schnell. Seine Eltern standen hinter ihm. Seine Freundin schloss mit Erfolg ihr Lehramtsstudium ab und zog begeistert mit nach Afrika. Die Familie mit ihren späteren vier Kindern wirkte dort im Dienst für die Armen bis zu ihrem Rentenalter. Man kann nur – wie so oft – mit Karl Rahner SJ sagen: »Und Gott *fügt*.«

Mein Chef war Pater Georg Waldmann SJ. Er war auf seiner Kanzel in St. Michael/München der bekannteste Prediger weit und breit, ein sehr beliebter Beichtvater und Berater, hielt aber von Anfang an zu mir eine etwas kühle Distanz. Er beurteilte meine freiere Umgangsart mit den Studenten offensichtlich kritisch, was mehr bei ihm als bei mir Spannungen auslöste. Die Studenten in diesem Jahrzehnt wollten einfach mehr Mitspracherecht bei der Planung des Semesterprogramms und bei der Vergabe der »Gelder« für die Arbeitskreise.

Als es zu den ersten Demonstrationen an der Universität und auf den Straßen kam, meinte er: »Da sehen Sie, wohin das führt: In das pure Chaos, in die Anarchie, in den Bürgerkrieg.« Aber die Studenten unserer Hochschulgemeinde wollten sich in offener Diskussion mit den sogenannten 68ern auseinandersetzen und gründeten zu dem Zweck eine Gruppe mit dem ungefähren Titel: »Kritische katholische Studenten stellen Fragen.« Was waren das für Fragen?

Da war der Ruf nach viel größerer *Freiheit* auf allen Ebenen. Aber unter »Freiheit« verstand jeder etwas anderes. Da war unsere Pullacher philosophische Schulung »mit klaren Begriffen argumentieren« eine große Hilfe. Die meisten verstanden unter Freiheit totale Freizügigkeit: Jeder kann im Grunde machen, was er will. Freier Sex mit jedem Beliebigen war das Ideal. Sex sogar mit Kindern! Was waren das für harte Gefechte, später sogar mit den Grünen. Wie harmlos wird heute über diese Zeit geredet, in der Verbrecher wie Mao Tse-tung im obersten Wertekatalog standen.

Richtig dagegen war die Forderung, endlich die Nazizeit besser aufzuarbeiten. Etwa die Frage, wie war es möglich, dass ein Hitler legal an die Macht kommen konnte und das Ermächtigungsgesetz mühelos durchsetzte? Wie konnte es geschehen, dass hart gesottene Alt-Nazis wieder in führende Stellungen gelangten?

Man muss wissen, zur selben Zeit konnte ein »Spürhund« im Aufdecken von alten Nazizugehörigkeiten, der Literaturpapst Günther Grass, ungestört und heuchlerisch sein Enthüllungswerk durchführen. Bis gegen Ende seines Lebens aufgedeckt wurde, dass er selbst freiwilliges Mitglied der Waffen-SS war, wenn auch in jungen Jahren. Wir waren damals genauso jung und wussten dennoch, was wir taten. Übrigens wurde Grass wegen seines Verschweigens vom Literaturkritiker Marcel Reich-Ranicki aufs schärfste verurteilt.

Ehrlicher waren hier schon unsere revoltierenden Studenten. Bei unseren großen, wiederholten Diskussionen mit ihnen versuchte ich das Verhalten ihrer Väter und Verwandten im Krieg etwas verstehbar zu machen. Ich erklärte dies mit der Geschichte von den Geschwistern Scholl und ihren Freunden. Sie hatten den Mut, vor unserem Hörsaal im Stiegenhaus nebenan hunderte Flugblätter mit der Anklage der Verbrechen Hitlers in die Gegend zu werfen. Sie gaben ihr Leben unter dem Schafott. Und jetzt stellte ich meine Frage: »Wer von euch ganz sicher ist, dass er damals ebenso gehandelt hätte wie die Geschwister Scholl, der erhebe jetzt seine Hand.« Unter betroffenem Schweigen blieben alle Hände unten, und ich konnte nur noch sagen: »Respekt! Ich danke für ihre ehrliche Gewissensaussage.« Man konnte also über vieles gut miteinander reden. Und die meisten der anwesenden Studenten waren sowieso nur Zuschauer.

Trotzdem gab es viele Widersprüche im System der 68er. Auf der einen Seite war Toleranz eine der häufigsten Forderungen; andererseits war man brutal intolerant gegenüber anderen Meinungen. Bis heute hält sich wie ein Dogma die Behauptung von der »verstaubten Adenauer-Ära«, als wäre dieser der Totengräber der Demokratie gewesen. Wer hat denn Deutschland – entgegen den Plänen der Besatzungsmächte – wieder zu einem geachteten Partner in der Welt gemacht? Wer hat denn unserem am Boden liegenden Land die notwendige Sicherheit gegeben – nach innen durch einen unerhörten Wirtschaftsaufschwung und nach außen durch die Einbindung Deutschlands in den Kreis der angesehensten demokratischen Völker? Wer hat die Versöhnung mit dem so lange verfeindeten Frankreich zustande gebracht? Wer hat mitten im Kalten Krieg diplomatische Beziehungen hergestellt mit Russland, dem wir vor wenigen Jahren himmelschreiendes Unrecht zugefügt hatten? Mit großem politischem Feingefühl gelang es ihm, für über zehntausend noch lebende Kriegsgefangene die Heimkehr zu erwirken. Kaum ein anderer erkannte so scharf wie er, dass nur ein geeintes Europa, und zwar ein *christliches* Europa, in Zukunft Bestand haben wird. Natürlich machte er auch Fehler und war ziemlich verbraucht, bis er 87-jährig als Bundeskanzler zurücktrat. Meines Erachtens verdanken wir ihm, dem »Alten von Rhöndorf«, sehr viel.

Auf dem Höhepunkt der 68er Jahre hatte ich ein Referat ausgearbeitet: »Chancen und Gefahren der Studentenrevolte«. Darüber durfte ich in allen Fakultäten der Universität und Technischen Hochschule mit den Professoren und Assistenten diskutieren. Das Interesse war groß und die Reaktion durchweg positiv.

Auch der damalige Generalsekretär der CSU, Max Streibl, setzte mich bei der nächsten Klausurtagung seiner Partei auf die Rednerliste. Aber auf »Befehl von oben« musste er mich – gegen seinen Willen – wieder ausladen. Die Begründung von Franz Josef Strauß lautete: »Ich setze mich doch mit einem Kommunistenpfarrer nicht an einen Tisch!« Ich ließ ihm durch Streibl ausrichten: Ich sei tatsächlich ein Kommunist, so wie alle Ordensleute. Denn es gehört zum *Wesen* der Orden, dass die Mitglieder alles »*communis*«, gemeinsam haben. Genau das habe die ersten Christen in der Urkirche so beliebt gemacht, wie die Apostelgeschichte ausführlich berichtet (besonders in Kapitel 4 und 2): »Keiner unter ihnen litt Not«, weil sie alles miteinander teilten – freiwillig, im Geist Christi, um der Gerechtigkeit und des Friedens willen! Mit dem Geist eines Karl Marx, eines Lenin und eines Stalin haben *diese* Kommunisten wahrhaftig nichts zu tun! Aber in der Wortwahl war »unser Franz Josef von Bayern« grundsätzlich nicht zimperlich. Er hat sich übrigens für diesen Satz sehr bald persönlich entschuldigt.

Aber eines habe ich in diesen Jahren für mich persönlich auch gelernt: Wir Christen dürfen unseren *Glauben* an Christus in der Öffentlichkeit nicht immer mehr verstecken. Denn er *ist* und *bleibt* für uns – »*die* Wahrheit, *der* Weg und *das* Leben!« (Joh 14,6). Und er hat nicht umsonst gesagt: »*Daran* werden alle erkennen, dass ihr meine Jünger seid, wenn ihr einander *liebt*!« (Joh 13,35). Und Jesus meint mit »Liebe« immer auch den sozialen Einsatz in meinem Umfeld, mitunter über unsere Landesgrenzen hinaus. Unser Ordensgründer Ignatius pflegte solchen Forderungen hinzuzufügen: »Soweit dies möglich ist.«

Dieses Jahrzehnt 1960 bis 1970 war nicht nur bestimmt vom Aufstand der *Studenten*, sondern viel mehr noch vom Aufbruch ganzer Völker aus ihren wirklich unfreien, ungerechten Unterdrückungs-Systemen. Wichtiger als die Demonstrationen in deutschen Universitätsstädten waren erfreulicherweise in unserer Gemeinde die gewaltigen Demonstrationen in den USA. In weiten Teilen des Landes wurden die neuen Rassengesetze überhaupt nicht wahrgenommen. Prophetisches Sprachrohr für seine unterdrückten Brüder und Schwestern war der evangelische Pastor Martin Luther King. Zur Symbolfigur für die Befreiungsaktionen im rassistischen Land Südafrika wurde die charismatische Gestalt Nelson Mandela. Dafür musste er mit einer schweren Gefängnisstrafe büßen. Gleichzeitig wagte im »Prager Frühling« der einfache, aber glaubwürdige Arbeiterführer Alexander Dubček für seine Landsleute einen neuen Sozialismus-Kommunismus mit »menschlichem Antlitz«. Eine Provokation für die hoch aufgerüstete militärische Weltmacht Russland. Russische Panzer walzten den Prager Frühling in wenigen Tagen nieder samt der Begeisterung des Volkes für dieses neue politische Modell zwischen Kommunismus und Kapitalismus. Der begnadete Dubček wurde von der russischen Regierung böse gedemütigt.

Alle drei Männer aus Amerika, Afrika und Europa kämpften gegen jede Form von Diskriminierung, aber friedlich und ohne Gewalt. Alle drei setzten sich mit vollem Risiko ein für die Beachtung der Menschenrechte. Als aber am 4. April 1968 in Memphis Martin Luther King ermordet wurde, waren wir alle in unserem Haus sprachlos, fast hoffnungslos.

Sieger Köder, über den noch ausführlich berichtet wird, saß auch in unserer Runde. Anschließend sagte er zu mir: »Zu diesem Drama heute passt doch die biblische Erzählung vom ›Einsturz der Mauern‹ von Jericho‹ (Jos 6).« Und am gleichen Tag schuf er ein eindrucksvolles Bild zu diesen einstürzenden Mauern. Nur bei Köder waren es lauter musizierende Afrikaner, die eine Wende herbeiführten allein mit ihren friedlichen Gospel-Gesängen. Köder wollte uns Mut machen: dass am Ende doch – wie später in der DDR 1989 – die Kraft des Gebetes und des Friedens stärker sein wird als alle Gewalt! Was waren dagegen die Mao-Freiheitsgesänge unserer revoltierenden deutschen Demonstranten, denen gar nicht bewusst war, *wie* frei sie eigentlich sind!

Was uns als katholische Hochschulgemeinde am tiefsten bewegte und auch prägte, war ohne Zweifel der Geist des II. Vatikanischen Konzils. Nach allgemeiner Überzeugung ist das bedeutendste Dekret des Konzils die Pastoralkonstitution »Kirche in der Welt von heute«. Es war das einzige Dekret, das von Johannes XXIII. persönlich und mit Nachdruck gefordert wurde. Schon der erste Satz dieses Dokumentes beinhaltet eigentlich alles, worum es in diesen Jahren 1962–1965 ging. So beginnt das Dekret: »Freude und Hoffnung, Bedrängnis und Trauer der Menschen von heute, besonders der Armen und Notleidenden jeder Art, sind gleichzeitig auch Freude und Hoffnung, Bedrängnis und Trauer der Jünger Christi.«

Es geht also primär nicht um die *Kirche*, sondern um die Armen und die Notleidenden schlechthin, egal welchen Glaubens. Es geht damit auch um *Christus*, der nach seinen eigenen Worten *unser* Schicksal als *sein* Schicksal betrachtet (Mt 25). *Unsere* Freude und *unser* Leid sind somit auch *seine* Freude, *sein* Leid.

Herausragend in diesem Dokument war der Aufruf, »die Zeichen der Zeit zu erforschen und im Licht des Evangeliums zu deuten«. Die damals genannten Zeichen der Zeit haben an Aktualität nichts verloren. So lautet der Auftrag des Konzils immer noch: den egoistischen übertriebenen Nationalismus überwinden, eine gemeinsame politische, soziale und wirtschaftliche Ordnung ausarbeiten, den Frauen, auch in der Kirche, endlich ihre volle Gleichberechtigung gewähren, sich für die Arbeiter und Bauern einsetzen, damit sie den gerechten Lohn erhalten für ihre oft schwere Arbeit. Und diese Zeichen der Zeit mahnen immer dringender!

Der Wohlstand der zivilisierten Länder würde gut für *alle* Menschen reichen. Traurige Wirklichkeit aber ist: »Die moderne Welt ist zum Besten befähigt, leider auch zum Schlimmsten bereit!« Und dennoch gilt: Bei allen Ängsten, Unsicherheiten und Enttäuschungen weiß der Christ – »alles kann, wer glaubt«, Ihm, Christus glaubt. Mit ihm zusammen schaffen wir es, wenn wir in der Liebe bereit sind, zu teilen. Das Konzil hat uns eingehämmert: Die Kraft des Geistes Gottes ist uns dafür zugesagt.

Ein großes Geschenk in meiner Studentenpfarrerzeit in München war der Student und spätere Malerpfarrer Sieger Köder aus Wasseralfingen bei Aalen. Mein Weg mit ihm beginnt am 2. Juni 1967 in der Kaulbachstraße 31 in München. Es war der Tag, an dem bei einer Demonstration in Berlin der Student Benno Ohnesorg erschossen wurde. Köder, der mir bis dahin unbekannte Freisemester-Theologe aus Tübingen, bat mich um ein Zimmer. Er hatte Glück – in unserem zweistöckigen Studentenwohnheim wurde an diesem Tag eine primitive Studentenbude frei, direkt gegenüber meinem Wohnzimmer. Am nächsten Tag fragte er mich, ob er die Wände seines Zimmers bemalen dürfe. Ich sagte: »Kein Problem, das Haus wird in Kürze abgerissen.« Ich wusste ja

Sieger Köder und ich zu späterer Zeit

damals nicht, welches »Kaliber« sich hinter diesem schwäbischen Urgestein verbirgt.

Seine Wandbilder sind leider verschwunden; aber etwas anderes, Großartiges blieb. Das kam so: Die Vorlesungen an der Uni waren zu dieser Zeit frustrierend. Köder wollte fast schon mit der Theologie aufhören. Ich riet ihm: »Du bist doch so begeistert von deinen Tübinger Professoren. Bleib zuhause und mal deine Tübinger-Bibel-Erfahrungen, mal eine Bibel!« Und er schuf sie – 49 hochformatige Bilder, hergestellt in einem schwierigen, neuartigen Metallätzungs-Verfahren. Obwohl alle Bilder in seiner Münchner Studentenbude entstanden, nannte er sie »Tübinger Bibel«. Es sollte ein kleines »Dankeschön« sein für die dortigen Professoren, was diese aber offensichtlich nicht alle verstanden.

Nach den eigenen Worten Köders bildete diese Bibel »die Grundlegung auf viele spätere Bilder hin«. Dass ich die Entstehung dieser Bilder Tag für Tag erleben durfte, meistens nach meiner nächtlichen Heimkehr von Studentenbesuchen, war für mich in vieler Hinsicht ein großer Gewinn.

Eines Abends zeigte er mir sein neuestes Passionsbild: Bullige Soldaten verlosen das blutige Gewand Jesu. Über ihnen der Stumpf des Kreuzbalkens. Der Gekreuzigte selbst war total unsichtbar. Er fragte mich: »Was sagt dir dieses Bild?« Ich beschrieb die Gesichter der Soldaten, das Kleid Jesu und schloss mit der Bemerkung: »Der Gekreuzigte ist im Bild wie abgeschnitten.« Köder meinte daraufhin: »Ich dachte eigentlich an die *Kirche*, an uns! Geht es uns nicht oft zu sehr um Äußerlichkeiten, um kostbare Gewänder und Geräte, um glänzende Fassaden und Kirchenbauten? Oder geht es uns doch primär um den Gekreuzigten *heute*, der da laut schreit: ›Mein Gott, mein Gott, warum hast du mich verlassen? Mich dürstet!‹ Mich dürstet nach Wasser. Noch viel mehr dürstet mich nach menschlicher Nähe und Hilfe.« In vielen Bildern meditiert der Malerpfarrer über die Kirchen. *Dieses* Bild aber geht unter die Haut. Christus leidet in der Geschichte fort – in unendlich vielen Armen auf allen Kontinenten. Die Soldaten unter dem Kreuz feiern das *Gewand* Jesu – wie ein Fest. Der teure Stoff ist kostbar. Den Gekreuzigten selbst aber in seiner Not sehen und hören sie nicht. Es gibt Bilder, die vergisst man nie mehr. Ich ließ eine Karte davon drucken und verschenkte sie, zusammen mit einem meditativen Text, an die Studenten für die Osterferien. Das Echo war sehr positiv.

Zu den Bildern, die mich stark inspirierten in meiner Spiritualität und die mich ebenso animierten, diese in der Pastoral einzusetzen, gehört die Darstellung von der sechsten Kreuzwegstation »Veronika reicht Jesus das Schweißtuch«. Der legendäre Name der Frau heißt zu Deutsch: »Das wahre Bild« – die »vera icona«. Die Sehnsucht war immer groß, von Jesus ein wahres Bild zu besitzen. Diese Frau zeigt uns auf ihrem Schweißtuch das übliche Gesicht Jesu; aber der Maler fügt zwei schwarze Hände hinzu, die Hände eines um Hilfe bittenden Menschen aus der Dritten Welt. Man spürt: Jesus und der Afrikaner gehören unzertrennlich zusammen. Sie erinnern an die erschütternde Abschiedsrede Jesu (Mt 25): »Was ihr für einen meiner Geringsten getan, das habt ihr mir getan; denn ich war krank, obdachlos und hungrig.« Aber ihr habt mir geholfen. »Kommt in mein Reich!« Das wahre Bild Jesu – wir finden es in unseren bedrängten Mitmenschen.

Das Bild wurde zu einem Schlüsselbild auf der Würzburger Synode 1970 unter Leitung von Kardinal Döpfner. Dort wurden die

Sieger Köder, Kleiderverlosung

Beschlüsse des Konzils umgesetzt in die kirchliche deutsche Situation. Köder sah in diesem Bild sein persönliches Christus-Bild. Er meinte: »Seit Kreuz und Auferstehung gibt Jesus jedem Stoff, der aus Liebe gewoben ist, sein Gesicht.«

Wann und wo immer wir einem Menschen auf seinem Kreuzweg ein wenig beistehen – vielleicht auch nur mit einem Tuch,

158

einem Streicheln, einem guten Wort – begegnen wir auch Christus.

Ich denke mit meinen Behinderungen gern an die Veronikas. Sie begegnen mir immer häufiger mit ihrem Tuch. Und ihr Tuch tut sehr gut!

Im Rückblick auf eine 50-jährige Freundschaft ging mir erst richtig auf, wie sehr die Kunst dieses wunderbaren Wegbegleiters mein Leben bereichert hat. Sein Maler-Kollege Walter Habdank sagte bei einem Vortrag in Augsburg: »Es ist gut, einige Bilder auswendig parat zu haben, um im Leben bestehen zu können.« Dazu gehören für mich zwei Bilder, die der Malerpfarrer für Schwerstkranke gemalt und gezeichnet hat. Auf dem einen Bild hilft Jesus einem, der am Boden liegt und verzweifelt zu ihm aufschaut. Immer in Augenhöhe mit ihm, schleppt er ihn über steiniges Gelände der Ostersonne entgegen. Und es geschieht, was Mose zum klagenden Volk sagte: »Hab keine Angst! Der Herr, der dir in der Furcht erregenden Wüste vorangeht, wird für dich da sein. Er hat dich doch *getragen* auf dem ganzen Weg«, wenn du nicht mehr konntest. Was für ein Gott! Der nicht von oben herunterschaut, sondern mit uns, in uns unser Kreuz mitträgt.

Das andere Bild zeigt einen fröhlichen Ministranten, der mit seiner Fackel über drei hohe Mauern springt. Beim ersten Anblick löst das Bild große Freude aus, manche empfinden es lustig. Aber auch dieses Bild malte Köder für einen schwerkranken Menschen im besten Alter. Diese Person wünschte von ihm ausdrücklich ein Bild nach einem Satz aus Psalm 18: »Mit meinem Gott überspringe ich Mauern.« Die betroffene Person dachte dabei an drei Mauern in ihrem bisherigen Leben. Aber so ein Sprung wird selbst dem besten Stabhochspringer nicht gelingen. Dies gelingt nur dem, der auf das Wort Jesu vertraut: »Bei Gott ist *nichts* unmöglich!« Jetzt spricht aus dem Bild der frohe Glaube: Ob ich lebe oder sterbe, ich überlebe auf jeden Fall in den barmherzigen Händen Gottes.

Köder war überrascht, als ich ihm sagte, ich hätte in dieser Darstellung Spuren des dreifaltigen Gottes entdeckt. Es freute ihn echt, wenn einer in seinen Bildern etwas erkannte, woran er beim

Malen gar nicht dachte. Allgemein verweist in der christlichen Kunst die dunkelblaue Farbe auf Gott, den Unerforschlichen. Wir können vieles berechnen, aber nicht die Pläne Gottes. Auch im Kontakt mit Gott, dem Vater, können bei schwerer Krankheit Nächte sehr lang sein. Die Fackel des Ministranten ist ein verständliches Zeichen für Christus, der sich selbst als »das Licht der Welt« bezeichnet hat. Für den Stabhochspringer am entscheidendsten ist sein *Stab*. Denn nur mit der Kraft, die im Stab liegt, überspringt er Höhen und Mauern. Dieser Stab im Bild symbolisiert für mich den Heiligen Geist, der traditionell in der Dreifaltigkeit die *Kraft Gottes* ist.

Zwei einfache Bilder von Sieger Köder, aus denen ich Halt, Trost und Kraft schöpfen durfte, wenn Schmerzen und andere Bedrängnisse zu stark wurden. Zwei Bilder, die ich in Form von »Andachtsbildern« tausende Male an Junge und Ältere einfach verteilte. Und immer wieder bekam ich von Menschen die gleiche Bestätigung – die Bilder zusammen mit einem Gebet hätten ihnen viel Freude und Hoffnung geschenkt. Mir ist schleierhaft, warum in der Seelsorge so wenig mit Bildern gearbeitet wird.

Köder hat mit seiner Malerei meine Aufmerksamkeit neu auf die Bedeutung der *Kinder* gelenkt. In seinem Werk finden wir sie auf Hochaltären, auf dem Kreuzweg Jesu, in seinem gewaltigen Hungertuch wie in seinen Emmaus-Bildern am Tisch mit Jesus. Mich bewegt besonders, wie er Kinder einbindet in seine biblische Deutung unserer Zeitgeschichte. So zeigt er im Rosenberger Flügelaltar zunächst die besorgten Flüchtlings-Mütter und Flüchtlings-Omas von 1945 bis zu unserer Stunde. Aber er deutet sie mit Blick auf die Stammmutter Israels, Jakobs Frau Rahel: »Rahel weint um ihre Kinder« (Jer 31). Es gab für sie nach einem verlorenen Krieg keine Hoffnung mehr. Und dieser trauernden Frau ruft Jahwe zu: »Es gibt Hoffnung auf Zukunft«, ich *gebe* euch Zukunft. Gerade die *Kinder* sind eure Zukunft. Im Bild Köders spielen sie nicht mehr Krieg, sondern zusammen mit Tauben fröhlich Frieden.

Wir finden die Kinder zentral in allen Kreuzwegen Köders, in der achten Station. Die einen sind von einem Atombombenschirm bedroht, andere abgestempelt mit einem Judenstern. Und wieder andere halten uns eine leere Schale hin zum Zeichen: Wir haben Hunger, nicht nur Hunger nach Brot. Es fehlt uns fast alles! Wenn ich diese Kreuzwegstation bete, frage ich mich sehr ernsthaft: Tue ich – auch als Ordensmann – wirklich genug für diese Kinder?

Der Maler hat eine Vision: Juden, Buddhisten, Christen und Muslime schauen hoffnungsvoll auf zu Jesus, von dem sie Heil und Frieden erwarten. Und dieser Jesus steht mitten unter ihnen und trägt ihre Last mit. Ein aufrüttelndes Kinderbild! Die Last ist gewaltig, die Hoffnung aber auch. Was meinte wohl Jesus mit dem Wort: »Wenn ihr nicht werdet wie die Kinder, kommt ihr nicht in das Reich Gottes.« Ich habe immer wieder erlebt: Wenn Kinder unvoreingenommen zu Jesus hingeführt werden, *vertrauen* sie ihm wie kein Erwachsener. Sie unterscheiden überraschend klar zwischen glaubwürdig und unglaubwürdig.

Ich fragte einmal Köder, warum er fast alle bedeutenden Bilder in irgendeiner Form zuerst für Kinder male. Seine humorvolle und doch kritische Antwort lautete: »Ich denk mir halt, was *Kinder* verstehen, könnten vielleicht eines Tages auch *Akademiker* kapieren.«

Dem Seelsorger Köder lag natürlich besonders die *Familie* am Herzen. In der Hauskapelle der Katholischen Gemeinde zu Paris zeigt er sie als eine pilgernde Gemeinschaft. Das Ziel ist meistens eine bedeutende Glaubensstätte, verbunden mit einem festlichen Dankgottesdienst, weil man nach anstrengenden Wegstrecken das ersehnte Ziel glücklich erreicht hat. Für den christlichen Pilger ist freilich das ganze Leben ein einzigartiger Weg hin zu einem *letzten*, endgültigen Ziel. Die Bibel nennt es »das ewige Haus Gottes«, in dem Jesus für uns eine Wohnung bereithält (Joh 14). Georg Thurmaier kommentiert diese Verheißung schlicht, aber unübertrefflich mit einem Liedtext:

Wir sind nur Gast auf Erden
und wandern ohne Ruh
mit mancherlei Beschwerden
der ewigen Heimat zu.

Und sind wir einmal müde,
dann stell ein Licht uns aus,
o Gott, in deiner Güte,
dann finden wir nach Haus.

Auf dem Bild von Köder sehen wir symbolisch einige dieser Lichter. Der Vater hält in seiner Hand die Bibel, gleichsam als Wegweiser und Kompass. Das Mädchen verkündet mit der Osterkerze: Durch seine Auferstehung hat Jesus den Tod überwunden und auch für uns das ewige Leben erwirkt. Der Junge erinnert uns mit seinem blühenden Mandelzweig, dass dieser in Israel das erste Lebenszeichen der Natur ist nach dem Winterschlaf. Liebende schenken einander diesen blühenden Zweig als Zeichen der Unsterblichkeit der Liebe. Die Zärtlichkeit der Mutter zu ihrem Kleinstkind ist wohl das schönste Zeichen für das, was man auf jeder guten Wallfahrt erleben sollte. Die Bibel fasst es in die kurzen Worte: »Das Größte ist die Liebe. Die Liebe ist stärker als der Tod. Die Liebe hört niemals auf. Wer liebt, ist schon vom Tod zum Leben hinübergegangen.«

Der feierliche Gottesdienst am Wallfahrtsort will dem Pilger eine kleine Ahnung schenken von dieser unbeschreiblichen Liebe und nie endenden Freude. Als Studentenpfarrer waren für mich Wallfahrten – ob zu Fuß oder mit Omnibus – absolute Höhepunkte.

Von Sieger Köder lernte ich, unsere Zeitgeschichte und Geschichte überhaupt mit den Augen der Bibel zu sehen und zu verstehen. So deutet er mit der Pfingstgeschichte den tieferen Sinn der Ökumene heute. Seit Pfingsten existiert ein *neues* Haus Gottes auf dieser Erde. Das Haus lebt vom »Ruach Elohim«, vom Geist Gottes, der am Beginn der Welt über dem Tohuwabohu, über dem Chaos, schwebte und brütete. Jetzt durchdringt und begeistert er die neue Gemeinde mit dem Feuer seiner Liebe, besonders die *Jugend* in der obersten Etage.

Mit dem Christus-Banner zeigten wir in der Nazizeit in unserem Dom, wer unser *wahrer* Führer ist. Die Nachkriegsjugend ver-

Sieger Köder, Pfingsten

fasste lieber Transparente mit der Botschaft: »Schalom! Friede! Nie wieder Krieg! Gerechtigkeit für alle.«

Die schon einmal erwähnten offenen Fenster sind auch hier im Pfingstbild ein Zeichen, dass die Kirche den offenen Dialog mit der *Welt* sucht, mit ihren positiven Errungenschaften und Chancen ebenso wie mit ihren negativen Schlagseiten.

In der Mitte zeigt das Bild drei glaubwürdige, prophetische Gestalten der Ökumene. Wir sehen den evangelischen Pastor Dietrich Bonhoeffer mit der Bibel in der Hand; denn jetzt wird neben dem hebräischen Alten Testament auch das griechische Neue Testament verkündet mit der erlösenden Botschaft von Jesus. Neben dem Pastor hält der orthodoxe Patriarch Athenagoras die Osterkerze hoch mit dem Ruf: »Christus ist wahrhaft auferstanden, Halleluja!« Und als dritter Ökumeniker lehnt sich der gute Papst Johannes XXIII. ziemlich weit aus dem Fenster. Seine einladende Botschaft lautet: »Gott ist Liebe und Barmherzigkeit. Darum lasst uns auch einander lieben!«

Als Fundament des Hauses erscheint zunächst der Apostel Petrus. Auf ihn baut Jesus das Haus der Kirche, obwohl er ein sündiger Mensch war. Aber der eigentliche tragende Grund der Ökumene ist die Person Jesus Christus und seine Botschaft, die Petrus in Buchform in seiner Hand hält.

Ökumene bedeutet demnach: Wir Christen leben zusammen in *einem* Haus; aber das Haus hat verschiedene Wohnungen, unterschiedliche Entfaltungsräume, in denen Gottes Wort durchaus mit je anderen Akzenten verkündet wird. Jetzt wird das Bild zu einem Auftrag, ja zu einer Offenbarung, wie vielfältig das Evangelium erklärt werden kann. In einem späteren, ähnlichen Pfingstbild legt der Maler das Evangelienbuch dem Felsenmann Petrus auf sein Haupt. Er wollte damit klarstellen, dass Petrus nie *über* dem Wort Gottes stehen darf, sondern immer *unter* dem Wort Gottes bleiben muss. Ein Bild, das nach meiner Überzeugung mehr über die wahre Kirche aussagt als viele gescheite Bücher. Das *historische* Pfingstgeschehen, in Gemeinschaft mit der Mutter Jesu, wird hier in der Bildmitte nur angedeutet. Denn Kardinal Joseph Ratzinger hat einmal mit Recht zeitgemäß formuliert: »Pfingsten ist nur dann Pfingsten, wenn es sich immer wieder *neu* auch unter *uns* ereignet.«

1967 wurde ich im Auftrag der Deutschen Katholischen

Bischofskonferenz gebeten, mich an der Sendung »Das Wort zum Sonntag« im Ersten Programm des Deutschen Fernsehens (ARD) zu beteiligen. Bei wöchentlicher Abwechslung mit den evangelischen Kollegen und bei Verteilung auf mehrere Sprecher kam man auf etwa sechs Sendungen im Jahr. An sich eine große Chance, vor Millionen Menschen, darunter viele Nicht-Gläubige und Suchende, über den christlichen Glauben sprechen zu dürfen. Die Frage war: Soll ich in der kurzen Zeit von dreieinhalb bis vier Minuten mich mehr den Kirchgängern oder mehr den »Außenstehenden« zuwenden? Ich versuchte, möglichst viele zu erreichen. An einem Samstagabend 23 Uhr war es soweit. Ich sprach über den ersten Auftrag Jesu im Markus-Evangelium. Dieser lautet überraschend: »Metanoeite!« Ihr sollt *denken*, gründlich denken, umdenken und dann die Konsequenz daraus ziehen und *umkehren*! Die Menschen waren betroffen. Sie sollten also nicht einfach tun, was man ihnen vorsagt, sondern zuerst darüber *nachdenken*, also kritisch denken. Das war neu. Das war anstrengend! Deshalb übersetzte man schon sehr früh dieses Wort Jesu mit: »Tut Buße!« Solche Büßer schienen diesen Übersetzern bedeutend weniger gefährlich als wahre Denker.

Erst an zweiter Stelle sagt Jesus »Glaubt an das Evangelium.« Dieser Satz hat bei manchen eine Empörung ausgelöst. Dabei schließen sich in der Bibel Glauben und Nachdenken, Glauben und etwas gründlich Hinterfragen in keiner Weise aus, sondern ergänzen sich gegenseitig. Jesus stellt sie am Beginn seiner Verkündigung friedlich nebeneinander wie Brüder. Trotzdem war die Reaktion auf mein erstes Wort zum Sonntag gespalten. Die einen lobten und bedankten sich. Einer schrieb, er habe wieder Freude am Glauben bekommen, weil man ja doch selbst den Glauben kritisch befragen darf. Andere dagegen waren wütend und aggressiv, weil ich angeblich den Verstand über den Glauben stellen würde. Das war vor fünfzig Jahren. Ich glaube, dass diese Sendung nichts an Aktualität eingebüßt hat. Programmmäßig kommt sie leider zu spät.

Das in jeder Hinsicht aufregendste Wort zum Sonntag war am

Samstag, 26. August 1978. Am 6. August starb Papst Paul VI. Das Konklave, die Versammlung der wählenden Kardinäle, begann am Freitag 25. August. Tags darauf sollten die ersten Wahlgänge stattfinden. Der Bayrische Rundfunk ließ mich wissen, ich müsste mich auf jeden Fall für eine Lifesendung am Samstag, 26. August, bereithalten; denn ich hatte mich verpflichtet, in Krisenfällen als »Not-Feuerwehr« einzuspringen. Der für diesen Samstag zuständige evangelische Kollege hatte seine Sendung. Würde also am ersten Wahltag bereits ein neuer Papst gewählt, wäre ich in der Nachtsendung dran. Ich wollte aber nach meiner Dorf-Abendmesse noch unmittelbar aufbrechen in meinen Südtirol-Urlaub. Ein Anruf in Rom beruhigte mich diesbezüglich. Sachkenner seien sich einig, es würde diesmal länger dauern, einen geeigneten Nachfolger zu finden; ich könnte also ruhig planen.

Es kam alles anders. Während der Eucharistiefeier legte man mir einen Zettel auf den Altar, darauf stand: »Wir haben einen neuen Papst. Wie er heißt, weiß ich nicht!« Mit ähnlichen Worten betete ich direkt im Hochgebet weiter: »Gütiger Gott, erbarme dich unseres eben neugewählten Papstes. Wie er heißt, weiß ich noch nicht. Du aber kennst ihn und hast ihm dieses schwere Amt zugemutet. Schenk ihm jetzt die ganze Kraft deines Geistes und segne ihn, damit er auch für uns ein Segen sein darf.«

Auf der Fahrt im Auto nach München hörte ich alle Sender auf und ab, erfuhr aber über den neuen Papst so gut wie nichts. Was sollte ich über ihn sagen? Es war inzwischen 22:45 Uhr. Ich betete intensiv um den Heiligen Geist.

Und so begann ich (ich zitiere im Folgenden aus meiner Erinnerung): »Liebe Zuhörer, Sie waren vermutlich wie ich genauso überrascht, wie schnell man sich in Rom schon am ersten Wahltag auf einen neuen Papst einigte. Ich frage mich jetzt: Was mag wohl in ihm selbst vorgegangen sein, als er plötzlich und völlig unerwartet zum Papst gewählt war? Ich stelle mir vor: Da stand vor ihm einzig und allein Jesus. Der schaute ihn lange an und sagte dann: Mein Freund, ich habe nur eine einzige Frage an dich. Meine Frage und deine Antwort entscheiden, ob ich auf dich meine neue Gemeinde

166

bauen kann oder nicht! Albino Luciani – liebst du mich? Gefragt waren in diesem Augenblick nicht seine Talente, seine Rechtgläubigkeit, seine Moral. Wie sehr hatte der erste Papst Petrus noch vor seiner Ernennung zum Hirten der ganzen Kirche versagt mit der Verleugnung seines Herrn. Jesus wollte jetzt am heutigen Samstag, 26. August 1978, nur wissen, ob Albino ihn wirklich *liebt*, und das heißt – auch die *Menschen* liebt. Ich denke mir, wenn jetzt Albino Luciani guten Gewissens wie damals Simon Petrus antworten kann: Herr, du weißt alles, du weißt auch, dass ich dich liebe – dann bekommen wir einen guten, einen sehr guten Papst. Ganz einfach – weil er *liebt*!«

In der Reihe von 265 Päpsten war der neue Papst der erste mit einem Doppelnamen. Mit Blick auf seine zwei Vorgänger Johannes XXIII. und Paul VI. nannte er sich Johannes Paul I.

Einen Tag nach seiner Wahl hat er in einem kleinen Kreis von Freunden geoffenbart: Unmittelbar nach der Wahlentscheidung sei Jesus vor ihm gestanden. Er habe ihm wie damals dem Simon Petrus die gleiche Frage gestellt: Liebst du mich? Mich hat diese wenig bekannte Szene sehr bewegt. Mein fast verzweifeltes Wort zum Sonntag am 26. August war scheinbar doch keine reine Phantasie. Vielleicht geschehen doch noch Zeichen und Wunder!

Ich erlebte noch eine weitere Geschichte mit diesem Papst. Ich hielt für eine Schweizer Priestergruppe öfter Exerzitien in der Nähe von Bruder Klaus. Am Morgen des 29. September 1978 sollte der Schlussgottesdienst sein. Da weckte mich in aller Frühe ein Pfarrer mit der Schreckensnachricht: Im Radio wurde mitgeteilt, heute Nacht sei der Papst an einem Herzinfarkt gestorben. Wir waren alle zutiefst erschüttert, Pfarrer weinten, weil sie es nicht fassen konnten. Nur 33 Tage Papst! Unser Schlussgottesdienst wurde eine Gedenkmesse an diesen wunderbaren Papst und deine Dankmesse für alles, was er uns in wenigen Tagen geschenkt hat. In unseren Exerzitien war es Brauch (ich hoffe, es ist noch so), dass man am Schluss den päpstlichen Segen spenden durfte. In der Kommunionstille fragte ich Jesus, ob das auch bei einem *verstorbenen* Papst gelte. Ich war mir sicher: Der Segen wirkt jetzt erst recht – via Himmel! Die Mitbrüder applaudierten. Es war mein ergreifendster päpstlicher Segen.

Zur Sicherheit schrieb ich nach Rom, ob denn alles rechtens war. Die Antwort war nüchtern: Der Papst ist tot. Dann kann es auch keinen päpstlichen Segen geben. Ich schrieb daraufhin an die gleiche Adresse zurück: »Irrtum! Der Papst lebt. Jesus hat gesagt: ›Wer mir glaubt, wird leben, auch wenn er stirbt. Wer mir glaubt, wird nicht sterben, sondern leben in Ewigkeit!‹« Eine Antwort auf meinen Brief blieb bis heute aus. Die vertrauenswürdigen, kritischen Schweizer Priester aber ließen mich wissen: Sie hätten noch nie einen päpstlichen Segen so stark gespürt wie den von Johannes Paul I.!

Zwei Dinge möchte ich doch noch erwähnen, die mir dieser Papst mit auf den Weg gegeben hat. Das eine hat für mich am besten Ulrich Schütz formuliert in seinem Büchlein »Worte der Freude von Johannes Paul I.«, Ulrich Schütz schreibt in seinem Vorwort: »Für eine von Gewalt überflutete Welt war er die Botschaft der Güte in Person. Es war, als ob der Himmel in ihm der todtraurigen Welt ein Lächeln schenkte, als ob Gott durch ihn die Kirche an die Freude des Evangeliums erinnern wollte.« Diese seine Freude und sein ansteckender Humor waren engstens verwandt mit seinem Glauben und seinem Vertrauen auf Gott. Solche Grunderfahrungen seines Herzens bewirkten in kürzester Zeit mehr als alle Gebote, Verbote und Verurteilungen. Er zitiert einige Male Nietzsche mit seiner großen Sehnsucht nach froheren, gelösteren, erlösten Christen, die ihn am ehesten von der Existenz Gottes überzeugen könnten. Eine echte Spiritualität und eine fruchtbare Pastoral sind für mich undenkbar ohne die Freude und den Humor dieses zu früh verstorbenen Papstes.

Ein Zweites verdanke ich Johannes Paul I.: dass er die *mütterliche* Seite an Gott neu entdeckt und sehr stark herausgehoben hat. In einer seiner ersten Audienzen sagte er: »Wir wissen, Gott hat immer seine Augen für uns offen. Er ist Vater, noch mehr, er ist *Mutter*. Er will uns nur Gutes tun, allen.« Die Halle bebte, als das Volk minutenlang vor Begeisterung applaudierte. So deutlich sagte dies noch kein Papst. Und alle spürten – hier sagt einer ganz *Wesentliches* über Gott! Er tat dies mit dem unauffälligen Wert »mehr«. Der Papst sagte: »Gott ist Vater, noch mehr – er ist *Mutter*.«

Was also hat Unzählige in wenigen Wochen so spontan und dankbar an diesem Wort bewegt – nur weil da ein römischer Papst den großen Gott-Vater vergleichsweise auch *Mutter* nennt? Oder weil er mit Nachdruck unterstrich – *mehr* noch als Vater sei Gott auch *Mutter*? Was ist denn für viele Menschen das *Besondere* an einer Mutter?

Die Mutter ist schon neun Monate lang vor der Geburt mit ihrem Kind zusammengewachsen. Dabei hört das Kind die Stimme seiner Mutter, erlebt mit ihr unbewusst Freude und Leid, kann sich von der Mutter alles holen, was es zum Leben und Wachsen braucht. Und das Wichtigste: Auch nach der Geburt empfängt das Kind am häufigsten Zärtlichkeit von seiner guten Mutter. Ich denke an ein Wort von Marc Chagall bei einer seiner letzten Bilder-Ausstellungen: »Ich bin überzeugt, dass die Welt einmal nicht an *zu viel* Zärtlichkeit zugrunde geht, sondern an *zu wenig*.« Diesen, in seinem Wesen grenzenlos zärtlichen Gott hat mir Johannes Paul I. wieder nahegebracht, so wie jetzt auch wieder Papst Franziskus I.

Nicht zu vergessen das Wichtigste: Für das Zusammenleben mit den Mitmenschen und für ein Leben mit Gott ist unersetzlich – ein gesundes *Urvertrauen*. Es wird uns in den ersten Lebensjahren von der Mutter ans Herz gelegt. Gott kommt uns ein Leben lang mit *seinem* Vertrauen voll entgegen. Allerdings gehört es zur Verantwortung der Eltern und hier wieder besonders der Mutter, ihr Kind zu diesem vertrauten Gott durch ihr Vorbild hinzuführen.

Nach 15-jähriger turbulenter Studentenseelsorge genehmigte mir der Orden ein Sabbatjahr. Ich entschied mich für das Benediktinerinnenkloster Varensell bei Gütersloh. Neben der täglichen feierlichen Choralmesse durfte ich Schwestern geistlich begleiten und für das Kloster einige Exerzitienkurse halten. Die übrige Zeit nutzte ich zum vertieften Studium der Bibel und etlicher Heiligenbiografien unter Einfluss des evangelischen Schriftstellers Walter Nigg.

Am Ende dieses Jahres setzte man mich als Rektor ins Heinrich-Pesch-Haus in Mannheim. Aber schon nach wenigen Wochen musste ich schwer angeschlagen ins Krankenhaus, wo die Ursache meiner Erkrankung lange nicht erkannt wurde. 1973 stellte ich mich schon auf meine letzte Reise ein, bis durch Zufall ein gefährlicher südafrikanischer Virus als Ursache von allem festgestellt wurde. Noch am selben Tag wurde von London das entsprechende Gegenmittel eingeflogen. Das war meine Rettung. Allerdings war jetzt eine lange Reha notwendig, die ich in Buchloe, in einem Krankenhaus der Dillinger Franziskanerinnen verbrachte. Eine wertvolle Zeit. Ich konnte dort in der Krankenpflegeschule mitarbeiten und den Ethikunterricht übernehmen. Es waren lauter Schülerinnen bis auf einen Schüler. Nebenbei lernte ich das Leben der Kranken und auch der Sterbenden besser kennen, eine unschätzbare »Schule« für den langen Rest meines Lebens; denn Kranken und Sterbenden begegnen wir *immer*.

Ein Glücksfall war für mich, dass ich bei einem glänzenden Psychologen eine heilsame Therapie machen durfte. Durch ihn wurde ich während meiner gesamten Münchner Zeit Mitglied in einem für mich persönlich wichtigen Psychologenkreis, der sich monatlich zu einem mehrstündigen Erfahrungsaustausch traf. Ich wurde wie in einem Freundeskreis aufgenommen. Die sechs Männer und zwei Frauen wollten unbedingt einen Theologen dabeihaben; denn nicht wenige Neurosen und Psychosen hatten ihren Grund in angst- und krankmachenden falschen Gottes- und Moralvorstellungen. Eine große Rolle spielte damit ein verklemmter Umgang mit Sexualität schon in früher Kindheit. Unser Moraltheologe in Frankfurt, P. Hirschmann, belegte dies sehr offen mit vielen Beispielen. Aus den »Fall-Besprechungen« an den Münchner Abenden lernte ich für die praktische Seelsorge entschieden mehr als in allen Vorlesungen unserer Ausbildung. Mir wurde von Mal zu Mal klarer, wann ich einem Gesprächspartner dringend zu einer fachgerechten Therapie raten musste. Dagegen wehrten sich Männer viel heftiger als Frauen. Wir Priester bilden hier keine Ausnahme. Der Münchner Zirkel und ähnliche Gruppierungen haben mich überzeugt, wie wertvoll Gespräche gerade unter Humanwissenschaftlern für uns Theologen sein können – Gespräche also mit Ärzten, Lehrern, Psychologen, Philosophen und Schriftstellern, um nur einige Fakultäten zu nennen. So ein reger geistiger Austausch würde am Ende vielen Menschen nützen.

Eines ist mir in München trotz mehrerer Versuche nicht gelungen: die beiden MC-Verbände zu vereinen. Sie blieben schön säuberlich getrennt in Studentinnen und Studenten, wie der Präses der Männer, mein Mitbruder Pater Walter Mariaux SJ, es strikt so wollte. Seine Begründung: Er mache vor allem auch staatspolitische Schulung, um so seine Studenten für künftige Ämter wie Bürgermeister, Landrat, Minister vorzubereiten. Und das sei schließlich doch Männersache! Ich erwiderte ihm: Meine Studentinnen werden ebenfalls gute Lehrerinnen und Rektorinnen, anerkannte Ärztinnen und Juristinnen, eine sogar Äbtissin. Mein Mitbruder blieb hart in seiner Meinung, konnte aber nicht verhindern, dass aus beiden Lagern prima Ehen und Familien entstanden.

So ab 1968 leitete mein Mitbruder Pater Lothar Jenders SJ gemeinsam mit mir die Hochschulgemeinde. Die Zusammenarbeit war undramatisch, ich würde sagen: ausgezeichnet. Zusammen mit den Studenten gestalteten wir das jeweilige Semesterprogramm und jeder hatte seinen eigenen Arbeitsbereich. Wir ergänzten uns in Vielem, wobei der unverwüstliche Humor von Lothar mir sehr, sehr gut tat. Lothar kam auch bei den Studenten bestens an. Nachträglich bedaure ich, dass wir zu wenig Zeit fanden, unsere Erfahrungen auszutauschen. Ich bin ihm für die wenigen Jahre unserer Zusammenarbeit aufrichtig dankbar.

Ein anderer Mitbruder war mir über längere Zeit ebenfalls eine große Hilfe. Als einer meiner geistig-geistlichen Begleiter zeigte er mir in schwierigen Zeiten den rechten Weg und fand auch immer das passende Wort – unser guter einfühlsamer Pater Johannes B. Dold. Sein Wort als Beichtzuspruch traf meistens den zentralen Nerv und war die richtige, heilsame »Spritze« bis zur nächsten

Beichte in vier Wochen. Seine knappen, markanten Worte schrieb ich alle in ein Büchlein, das ich nun schleunigst entsorgen muss. Da könnte ja jeder auf meinen Sünden herumtrampeln. Für mich bleiben seine persönlichen Zusprüche unvergesslich.

Eine seiner »Kostproben« erwähnte ich in vielen meiner Vorträge. Ich nenne sie auch hier stellvertretend für alle anderen. In einer Beichte bekannte ich: Ich sei stolz gewesen, weil ich bei den Studenten offenbar gut ankäme. Darauf Pater Dold treffsicher: »Merk dir, alles, was du Gutes tun darfst, ist Gnade, ist dir von Gott geschenkt. Du sollst ihm dafür danken. Aber wenn du dir darauf etwas einbildest, bist du ein *Depp*!« Es folgte lateinisch das Lossprechungsgebet: »Dominus noster Jesus Christus te absolvat...« Unser Herr Jesus Christus spreche dich jetzt los... Und die Beichte endete mit dem kurzen Gebet: »Laudetur Jesus Christus...«, gelobt sei Jesus Christus. Das saß! Ich hatte verstanden. Ich glaube, das versteht jeder. Das konnte auch der Apostel Paulus in seinen Briefen nicht besser formulieren. Als Pater Dold schon schwer krank war, durfte ich auch weiterhin bei ihm beichten. Sein letzter Zuspruch lautete: »Wenn du täglich Gott dankst – für alles –, bist du auf der richtigen Spur.«

Übrigens war Dold der Superior von Pater Rupert Mayer SJ, als dieser 1945 starb. Am Abend der Beerdigung von Pater Mayer, am 4. November, fragte Pater Dold den damals jüngsten Pater im Haus, Pater Paul Riesterer SJ: »Na, Pater, haben wir heute in Pullach einen Heiligen beerdigt?« Dieser antwortete prompt: »Aber nein, er war doch so *normal*!« So ein wunderbarer normaler Heiliger war auch Pater Dold. Gott sei Dank gibt es die auch unter uns. Das sind alle, durch die unsere Welt heller, wärmer und menschlicher wird.

Priesterseelsorger mit Stationen in Augsburg, Streitheim und Heilbad Krumbad

Was sollte mit mir geschehen nach meiner Buchloer Reha-Zeit? Mehrere Bischöfe suchten für ihren Klerus Priesterseelsorger. Ich entschied mich für Bischof Josef Stimpfle und damit für die große Diözese Augsburg, südlich begrenzt von Benediktbeuern, Sonthofen und Lindau, nördliche Grenze Nördlingen und Dinkelsbühl. Wir vereinbarten ein Jahr Probezeit, weil ich nicht wusste, ob ich für diese Aufgabe geeignet bin.

Ich wünschte nach meinem Vortrag ein offenes, konstruktives Rundgespräch. Leider endete dieses, besonders in großen Dekanaten, nicht selten destruktiv. Es fehlte einfach eine gesunde Streitkultur. Ich spürte bei einer Reihe Mitbrüder deutlichen Widerstand. Dies sagte ich nach einem Jahr meinem Bischof Josef und ich sei deshalb für diese Aufgabe nicht der richtige Mann. Ich gehe lieber zurück in die Studentenseelsorge. Da unterbrach mich der Bischof und antwortete: »Theo, du machst jetzt einen großen Fehler. Du schaust nur auf den Erfolg. Aber Jesus hat uns doch ausgesandt, zu säen, zu säen, zu säen. Ob die Saat dann dreißig- oder sechzig- oder hundertfache Frucht bringt oder gar keine, ist Sache Gottes, hängt ab von der Aufnahmebereitschaft der Menschen, die Gottes Wort hören.« Ich sagte: »Stopp! Ich habe begriffen. Ich bleibe.« Inzwischen sind 43 Jahre vergangen und ich danke Gott, dass ich noch immer ein wenig Sämann sein darf. Es geht immerhin um eine Saat, von der Jesaja 40,8 sagt: »Das Gras verdorrt, die Blume verwelkt, doch das Wort Gottes bleibt in Ewigkeit.« Das Sämannbild von Vincent van Gogh wurde ab damals eines meiner Lieblingsbilder.

Meine erste Wohnung war natürlich unsere Ordensgemeinschaft in Augsburg am Perlach. Doch schon bald beklagten die Pfarrer, besonders die vom Land, es fehle weit und breit an Parkmöglichkeit. Dankenswerterweise bot mir mein alter Freund aus Dillingen, Georg Beis, Dompfarrer und Domkapitular, eine kleine Wohnung im großen Dompfarrhof an. Das Park-Problem war gelöst; man musste auch nicht mehr ins Zentrum der Stadt.

Ich war nun fast täglich unterwegs in eines der 35 Dekanate mit dreierlei Angeboten. Das häufigste war die sogenannte Recollectio. Dazu gehörte eine Beichtgelegenheit, dann Vortrag mit Aussprache und Krankenbesuche. Geplant war jährlich ein Einkehrtag und zweimal das Angebot von Priesterexerzitien in Leitershofen/ Augsburg und Bad Adelholzen.

In meiner ersten Zeit als Priesterseelsorger war ich besonders von Martin Buber inspiriert. Immer wieder stieß ich bei ihm auf den Gedanken: »Das wichtigste Wort des Glaubens heißt *DU*.« Er meint das »Du« zu Gott als das Urpersönlichste, Vertrauteste in unserem Beten. Nicht wenige Priester hatten zum Beispiel ein Problem mit dem Brevier. Die Texte seien oft unverständlich und es werde zu leicht zum Lippengebet. Heute ist dies viel besser. Es gibt inzwischen beste Literatur über die Psalmen; aber damals erzählte man sich schon im Seminar den Witz: Pfarrer beteten auf ihrem Dies gemeinsam die Vesper, als ein schwerer Sturm und ein Gewitter ausbrach. Da meinte der Frömmste unter ihnen: »Brüder, ich glaube jetzt hören wir mit dem Breviergebet auf und fangen an zu beten.«

Mein Anliegen war: Wie können wir einander und unseren Mitmenschen helfen, auch zu einem *persönlichen* Meditieren und Beten zu kommen? Da bat mich eine Priestergruppe: »Schreib für uns und unsere Seelsorge ein meditatives Marienbuch etwa mit dem Thema: Maria, Gestalt des Glaubens in biblischer Sicht.« Und zur gleichen Zeit bedrängte mich zufällig ein Verleger aus der Schweiz mit seinem Rex-Verlag, er wolle diese Geschichte Gottes mit Maria schon in drei Wochen auf der Frankfurter Buchmesse vorstellen. Unter diesem Druck und mit gewaltiger Unterstützung von »oben« entstand bei Tag- und fast Nachtarbeit ein kleines Standardwerk, das bis heute bei vielen Marienandachten und Wallfahrten benützt wird. Ein besonderer Dank gebührt an dieser Stelle meiner damaligen freiwilligen Schreibhilfe, meiner späteren Sekretärin und Hausfrau Edeltraud Reiter. Ohne ihren pausenlosen Einsatz wäre dieses Buch wohl gar nicht entstanden.

Das Marienbuch hatte eine unerwartete, pastorale und ökumenische Nebenwirkung: Ich bekam eine Menge Einladungen von evangelischen, katholischen Akademien in Deutschland, Österreich und der Schweiz, um über das biblische Bild Marias zu sprechen. Erstaunt war ich über die positive Reaktion unserer evangelischen Schwestern und Brüder. Sie hatten nur Probleme mit den zusätzlichen Dogmen über Maria und über eine »übertriebene Marienfrömmigkeit«, die Jesus fast in den Hintergrund treten lässt.

Über die spirituelle Einzelbegleitung von Mitbrüdern möchte ich nur wenig sagen. Dieser Bereich steht zu stark unter dem Schutz des Beichtgeheimnisses und erfordert deswegen höchste Diskretion. Die Not der Priester ist den aktiven Christen zur Genüge bekannt. Es braucht unbedingt eine Erweiterung der Kompetenzen für haupt- und ehrenamtliche Mitarbeiter in der Pfarrgemeinde. Vorbildlich ist für mich die Arbeit vieler Priester und Laien in der Dritten Welt, die bei unvergleichlich größerem Mangel an Kräften Bewundernswertes leisten.

Dennoch ist in unserem Land nicht die Vereinsamung vieler junger Priester zu unterschätzen, die sehr früh Pfarrer werden und dann plötzlich am Morgen, Mittag und am Abend allein sind in einem großen Pfarrhaus. »Es ist nicht gut, dass der Mensch allein ist«, steht schon am Anfang der Bibel. Diesbezüglich sind verschiedene Modelle seit Jahren auf dem Prüfstand.

Ich stehe seit 45 Jahren meinen Mitbrüdern in ihren Sorgen und Nöten liebend gern zur Verfügung. Aber es soll keiner das Gefühl haben, ich erzählte hier *seine* Geschichte. Ich möchte das große Vertrauen, das mir über so lange Zeit geschenkt wurde, nicht enttäuschen.

Einkehrtage in der Heimat Sieger Köders

Für sehr wichtig hielt ich die Dekanats-Einkehrtage. Hier lebten Priester und Diakone mit ihren Mitarbeitern einen Tag lang zusammen, beteten und diskutierten miteinander und erlebten sich als Gemeinschaft. Am bewegendsten jedoch waren die Besinnungstage im Zusammenhang mit den bedeuteten, neuen Werken des Malerpfarrers Sieger Köder. Aus seinem großen Werk kristallisierten sich nach meiner Meinung drei verschiedene wunderbare Einkehrtage heraus, die ich jetzt kurz skizzieren möchte.

Erster Einkehrtag, vormittags: Besuch der Aussegnungshalle auf dem Friedhof in Ebnat. Fast schockierend, so eine fröhliche Fahrt mit dem Blick auf das *Ende* unserer Lebensfahrt zu beginnen, mit dem Blick auf den *Tod*. In zehn Fenster-Bildern zeigt der Maler die Wahrheit, mit der das berühmte Theaterstück »Jedermann« immer wieder neu die Menschen erschüttert. »Mitten im Leben sind wir vom Tod umgeben.« Er ist die Endstation aller unserer Wege. Keiner kommt ihm aus.

»Totentanz« nannten unsere Vorfahren solche Darstellungen, in denen sich der Tod gleichsam spielerisch jeden holt – »Seine Heiligkeit Papst Bonifaz VIII.« ebenso wie unsere persönliche »Wenigkeit«. Alles, was mit Ebnat zu tun hat, bringt Köder ins Bild – so den Papst, der damals das päpstliche Ebnat großzügig dem Abt von Neresheim schenkte. Der Tod beugt zwar vor ihm das Knie, nimmt dem Papst aber seine Tiara weg – vielleicht mit den gleichen Worten, die auch heute noch beim Tod eines Papstes gesprochen werden: »Sic transit gloria mundi. So vergeht die Herrlichkeit der Welt.« Dem Abt von Neresheim geht es nicht viel besser. Dann folgen alle Berufe in dieser Gegend – die Bauern und Waldarbeiter, die Töpfer und Fabrikarbeiter, ein Soldat, der einen toten Kameraden abschleppt, stellvertretend für Million sinnlos Gefallener. Er holt sich aber auch Musikanten, frisch Verliebte und schließlich den Maler selbst, indem er ihm seinen Pinsel aus der Hand nimmt. Alle unsere Meditationen und Gespräche schlossen wir ab mit Gebet und Lied. Wenn ich dem Maler davon erzählte, war er glücklich. Mehr als einmal ließ er mich wissen: »Sag den Leuten, mir ist am wichtigsten, wenn nach dem Anschauen meiner Bilder noch ein bissele was dazukommt.« Er meinte natürlich ein Gebet als Bitte, Dank oder Lobpreis; denn es ging ihm um mehr als nur um Kunst.

Ich hatte oft ergreifende Gespräche in der Aussegnungshalle oder auf dem Friedhof. Ein Schicksal berührte mich ganz besonders. Eine hoch engagierte junge Hausfrau eines Pfarrers vertraute mir an: Sie leide an einem unheilbaren Krebstumor und habe nicht mehr lange zu leben. Die Totentanz-Meditation sei die beste Vorbereitung auf ihren eigenen Tod gewesen und habe ihr viel Mut geschenkt. Es ist schon auffallend, wie intensiv sich der Seelsorger und Maler mit dem Sterben auseinandersetzte und auch mit dem, was uns dann erwartet.

Der Nachmittag des ersten Einkehrtages war spannend, aber auch sehr anspruchsvoll. Wir betrachteten in Köders Heimatkirche St. Stephanus in Wasseralfingen zunächst seinen Kreuzweg, aktualisiert mit Hinweisen aus der Zeitgeschichte. Dann nahmen wir uns viel Zeit für den Sakraments-Flügelalter, ein wahres Kompendium christlicher Heilsgeschichte. Und schließlich ein einmaliger Frauenaltar, der stark an die Bedeutung der Frau heute in Kirche und Welt erinnert.

Der zweite Einkehrtag bei Köders Kunst- und Glaubenswerken begann auf dem Hohenberg bei Ellwangen. Schon im Umfeld der Kirche spricht der Maler – in herrlichen Fresken und Figuren – über eines seiner Lieblingsthemen: Der Mensch als ein *Pilger* zu Gott. Innerhalb der Kirche verkünden die wunderbaren Farbfenster von der Verheißung und Erfüllung des ewigen Heils.

Als weiteres Juwel erlebten wir am Nachmittag den Flügelaltar in der Rosenberger Pfarrkirche. Jede Bildtafel, nein, jede Figur ist von einer unwiderstehlichen Aussagekraft. Dabei heißt das Patrozinium der Kirche schlicht »Mater dolorosa« – Schmerzhafte Mutter. Bekannter unter dem Titel »Pietà«. Das heißt wörtlich: *Vertrautheit* – und die sucht doch jeder Mensch. Hier die Vertrautheit bei Jesus und seiner Mutter. Genial, wie der Maler für beide Gestalten *Vorbilder* in der Bibel sucht und in gleicher Weise *Nachbilder,* Nachfolger in unserer jüngsten Geschichte. Das Bild »Sterben des Christen« hat er sich als Erinnerungszeichen gewünscht – die Maske ist ab, das Vergängliche wird verwandelt, indem es hineinragt in die neue Welt Gottes.

Auch der dritte Einkehrtag blieb sicher allen unvergesslich. Vormittags Besuch im Kinderdorf Marienpflege. Die dortigen Werke in der Hauskapelle sind ein hinreißendes Beispiel, wie wichtig dem Seelsorger Köder die Kinder waren. Denn *sie* sind die Hauptakteure im hohen Wandbild »Waldweihnacht des Franz von Assisi in Greccio«. Und das gegenüberliegende hohe Farbfenster »Der Sonnengesang« von Bruder Franz soll den Kindern (und natürlich auch uns!) verdeutlichen, dass Gott letztlich die ganze wunderbare Schöpfung auch für *uns* erschaffen hat. Den Kindern wird im Lied und Bild gezeigt, dass sie den Tod nicht fürchten müssen. Im Tod verbirgt sich in Wahrheit *Gott,* der als »Schwester Tod« hier den Bruder Franz, aber einmal jeden von uns umarmend heimholt ins Reich seiner Liebe. Natürlich sangen wir am Schluss immer mit Leibeskräften den Sonnengesang und ein passendes Weihnachtslied.

Der Nachmittag des dritten Einkehrtages hat wiederum mit dem Zentrum unseres Glaubens zu tun. Nicht wenige Kenner der Werke Köders halten die Heilig-Geist-Fenster in der gleichnamigen Kirche zu Ellwangen für das Beste in seinem Kunstschaffen. Ich wiederhole mich gern: Meinen Mitbrüdern habe ich keine Gebetsbitte so dringend empfohlen wie die Bitte um den Heiligen Geist. Wir machen zu viel allein, viel zu viel ohne ihn. Nicht umsonst nennt ihn Jesus »Paraklet«, den in unseren Nöten *Herbeigerufenen.* Seine göttliche Kraft und Liebe sind uns hundertprozentig zugesichert. Nur – er möchte *gerufen* werden.

»Taborstunden« nannte eine Religionslehrerin diesen Nachmittag in der Gemeinschaft mit dem Heiligen Geist. Die acht kleinen Farbfenster spielten dabei eine große Rolle. Köder machte keine Anleihen bei den üblichen Heilig-Geist-Symbolen. Er wählte für seine Verkündigung andere kräftige Aussagen der Bibel und der

Kirchengeschichte. Mit meiner knappen Skizzierung möchte ich beim Leser die Lust wecken, sich von diesem Kraftfeld des Heiligen Geistes von Zeit zu Zeit inspirieren zu lassen.

So steht am Anfang der Bibel: »Der Ruach Elochim, der Geist des Herrn, brütete über dem Tohuwabohu.« Alfred Delp schreibt in seiner Gefängniszelle: Er spüre hier im Angesicht des Todes den Heiligen Geist wie den »Atem Gottes«, der seinem chaotischen Zustand Ordnung, Leben und Kraft verleiht.

Im nächsten Bild gleicht das auserwählte Volk Gottes einem großen Leichenfeld, weil es keine Hoffnung mehr hat und nicht mehr an Gott glaubt. Die Propheten Ezechiel, Jesaja und Jeremia rütteln das Volk auf: Wenn sie umkehren, sich Gott wieder öffnen, wird dieser ihnen einen neuen Bund, einen neuen Geist, ein neues Herz schenken – den Geist und das Herz *Gottes*. Und sie werden aufleben! War nicht unser Land und durch uns ganz Europa auch ein einziges Leichenfeld? Und haben *wir* uns bekehrt?

Und Gott wird Mensch und stellt sich vor mit den Worten: »Der Geist des Herrn ruht auf mir. Er hat mich gesandt zu den Armen« (Lk 4). Darin liegt der Schlüssel zum Glück und zum dauerhaften Frieden. Sich den Armen zuwenden und mit ihnen teilen. Da wirkt der Geist Gottes am nachhaltigsten. Erinnern wir uns, was nach Pfingsten geschah. In einem weiteren Bild sitzt Paulus in der Mitte unter einem österlichen Kreuz, schreibt an die Korinther: »Wisst ihr nicht, dass euer Leib ein Tempel des Heiligen Geistes ist, der in euch *wohnt*?« (1 Kor 6,19). Ungeheuer diese Aussage! In der Kraft dieses Geistes ist für den Menschen nichts mehr unmöglich. Paulus sagt: Dieser Geist gibt euch den Mut zur Verkündigung und ebenso die Freude an der Diakonie. Knapper kann man so tiefe Wahrheiten nicht in ein Bild fassen.

Im übernächsten Fenster ruft der leidenschaftliche Mönch und Prediger Joachim von Fiore das »Zeitalter des Heiligen Geistes« aus. Franziskus tanzt vor Freude mit Frau Armut, mit den Armen. Ihnen gehört sein Leben, weil auch Jesus mit den Armen unzertrennlich verbunden war. Er war gleichsam der Bruder der Armen, während der Mönch im Bild, der Dichter der Pfingstsequenz, den

Heiligen Geist herbeiruft als »Vater der Armen«. Immer wieder steht bei den Mystikern und Charismatikern der Heilige Geist im Mittelpunkt, so auch in diesen Fenstern. Eine Hauptfrucht des Heiligen Geistes ist der Schalom, die Versöhnung, der Friede. Einen Atom-Weltkrieg unmittelbar vor Augen, schreibt Papst Johannes XXIII. mit brennender Sorge ein Rundschreiben über den Frieden mit der Adresse Russland und USA. Neben ihm der Theologe und Jesuit Teilhard de Chardin, der den Frieden sucht zwischen Naturwissenschaft und Glaube.

Ein Fenster fällt aus dem Rahmen. Es verweist auf die Konzilien von Nicäa und Konstantinopel im vierten Jahrhundert. Die orthodoxe Ostkirche legte sich dogmatisch fest: Der Heilige Geist geht nur aus dem Vater und nicht aus dem Sohn hervor. Das gegenteilige Dogma vertritt die römisch-katholische Westkirche: Der Heilige Geist geht aus dem Vater *und* dem Sohn hervor. Diese kleine Silbe (filioque) spaltet nun zwei Kirchen schon fast 700 Jahre. Wer es fassen kann, der fasse es! Der normale Christ betet es brav am Sonntag im Credo mit, verstehen wird er es kaum.

Die Krönung des Heilig Geist-Zyklus ist das achte Fenster. Der Malerpfarrer nennt es »*Vollendung*«. *Wir* hinterlassen am Ende nur Bruchstücke. Der Geist Gottes aber, der in Gott *die* Liebe in Person ist, wird am Ende alles zu einer unvorstellbaren Vollendung führen. Der Maler drückt dies symbolisch aus mit einem großen kreisförmigen Rosenstrauß, der keinen Anfang und kein Ende hat. In der Mitte umhüllt Gott die Welt und jeden Einzelnen von uns, wie ein Bräutigam seine Braut umarmt. So viel kurz zu meinen drei schönsten Einkehrtagen als Priesterseelsorger – mit allen Dekanaten einzeln – auf drei verschiedene Jahre verteilt. Köder selbst konnte uns leider meistens nur beim Mittagessen mit seiner Anwesenheit beglücken. Er sagte: »Ihr seht mich ja viel besser in allen meinen Bildern.«

Rückblickend bewundere ich alle Mitbrüder, die heute mehrere Pfarreien betreuen. Ich erkannte immer mehr: Ein Weltpriester sollte *alles* können: Seelsorger sein für Kinder, Jugend, Studenten, junge Liebende, ein Vertrauter für Getrennte, Geschiedene und

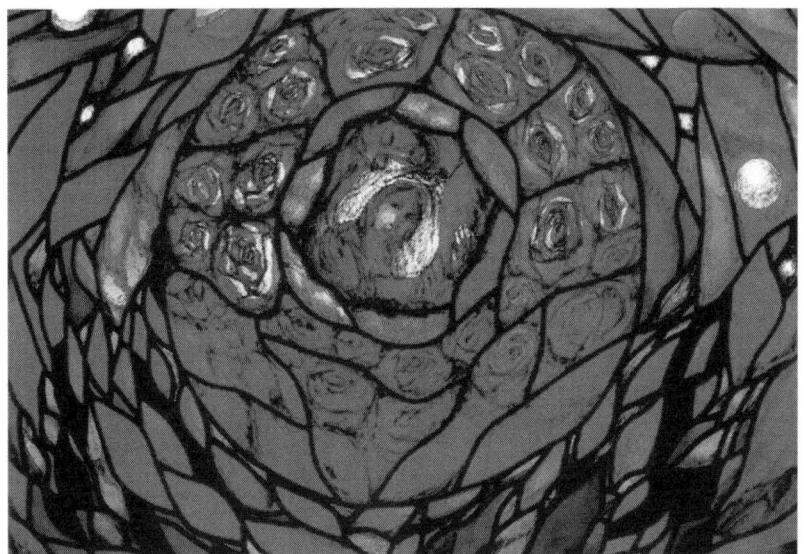

Sieger Köder, Die Liebe hört niemals auf. Fenster in der Heilig-Geist-Kirche Ellwangen

Wiederverheiratete, er soll ein Herz haben für Arbeiter und Akademiker, für Arbeitslose und Kapitalisten, für Sportler und für Schwerbehinderte. Er sollte ein guter Religionslehrer sein in der Hauptschule, Realschule, im Gymnasium, in der Berufsschule. Er soll gute Predigten halten, schöne Hochzeiten und Taufen und tröstliche Beerdigungen. Immer häufiger muss er zwangsweise Manager sein in den Renovierungen seiner Kirchen, seines Kindergartens und Altenheimes.

2006 sagte Papst Benedikt XVI. in einer Freisinger Rede: »Wenn wir an unsere Grenzen stoßen, sollen wir wie der Papst alles einfach *Gott* überlassen.« Wie Recht er hat, wie schwer dies aber alles zu verwirklichen ist. Denn Gott nimmt dem Pfarrer keine Gottesdienste ab, keinen Krankenbesuch, keinen Schulunterricht, keine Predigtvorbereitung. Und da höre ich Jesus das berühmte Wort sagen: »Misereor«, ich hab Erbarmen mit diesen Pfarrern. Und dann erschreckt mich der Satz: »Sie sind wie Schafe, die keinen Hirten haben.« Ich sollte jahrzehntelang ihr Hirte sein. Gott, verzeih mir, was ich den Brüdern schuldig geblieben bin. Ich hab viel

181

von ihnen gelernt in der persönlichen Begleitung, aber auch bei unseren Dekanats-Diskussionen.

Einmal hatte ich als Thema einen Satz von Paulus: »Der Glaube kommt vom Hören.« In der ersten Reihe saß ein Pfarrer, der immer eifrig mitschrieb und gute Diskussionsbeiträge lieferte. Diesmal sagte er: »Theo, du wirst dich gewundert haben, dass ich diesmal kein Wort mitgeschrieben habe. Ich glaubte bisher: Der Glaube kommt vom Viel-Mitschreiben. Und jetzt kommst du daher und sagst 45 Minuten lang: Der Glaube kommt vom *Hören*.« Alle lachten; aber der liebe Mitbruder zwang mich praktisch zum Nach-Denken. Und ich fragte mich noch lange: War ich denn selbst ein guter Zuhörer oder leider – ein zu viel Redender?

Ein Pfarrer, der mir sehr wohl gesinnt war, konnte mir immer wieder durch die Blume Wahrheiten sagen, die ihre Richtigkeit hatten. Er machte alle meine Priesterexerzitien mit und sprach auch erwartungsgemäß jeweils das Schlusswort im Namen der Teilnehmer. Eigentlich sagte er immer dasselbe, aber genau darauf warteten alle! Er sagte: »Weißt du, deine Exerzitien diesmal, das war schon – wie soll ich es sagen – nein, ich sag's doch lieber nicht. Ich weiß nicht, ob deine vermeintliche Demut dies wirklich verkraften würde. Ich trau ihr doch nicht so ganz. Darum – sage ich jetzt einfach Danke!«

In einer anderen Pfarrerrunde meinte einer wohlwollend: »Hast du denn kein schlechtes Gewissen, zu Pfarrern zu reden, wo du selbst keiner bist? Ihr Ordensleute seid fast alle ›außerordentliche Seelsorger‹ und darin ziemlich frei in eurem Beruf.« Das saß! Ich bat meinen damaligen Generalvikar Achter um eine kleine Pfarrei, um dort Erfahrungen zu sammeln für die Priesterseelsorge.

Ich holte mir Rat bei dem anerkannten und beliebten Dorfpfarrer Melchior Hops. Ich fragte ihn, was ich als Dorfpfarrer besonders beachten sollte. Er gab mir zur Antwort: »Das kann ich dir mit wenigen Worten sagen – du musst die Leut *mögen*! Vor allem die Kinder, die Jugend, die Gebrechlichen und die Alten. Wenn du dich um die Jungen und Alten kümmerst, freut dies auch die mittlere Generation und sie hören auf dich.«

Und so war es auch. Die Aufmerksamkeit und der Einsatz der Gemeindemitglieder war von Anfang an hervorragend – egal ob als wöchentliche Kirchen-Putzkommandos oder Chormitglieder, ob als Vorbereiter für besondere Gottesdienste und Pfarrfeste – auf meine Leute war Verlass. Meine Hausfrau und Sekretärin, Frau Edeltraud Reiter, organisierte vorbildlich die Kindertreffs und Jugendarbeit. Ich möchte hier an drei kleinen Beispielen zeigen, was mir als Pfarrer besondere Freude bereitete, was vielleicht auch den Leser dieser Geschichten aufhorchen lässt.

Es war an einem Sonntag, 2. Juli, Fest Mariä Heimsuchung. Ich las das Evangelium von der Begegnung der Mutter Jesu mit Elisabet, verbunden mit dem wunderbaren Magnifikat-Hymnus Marias. Ich wollte nur über einen einzigen Satz aus diesem Lied predigen, nämlich:»Gott hat herabgeschaut auf die Niedrigkeit seiner Magd.« Ich sagte der Gemeinde, mir gefalle diese Übersetzung nicht; denn auf jemand herabschauen klingt negativ, ihr Kinder wisst gar nicht mehr, was eine Magd ist, weil es bei uns im Dorf keine mehr gibt, und das Wort »Niedrigkeit« gebrauchen wir kaum noch. Darum möchte ich diesen entscheidenden Satz Marias sinnvoll so übersetzen:»Ich bin nur ein kleines, unbedeutendes Geschöpf, aber Gott sieht mich!« Da sprang ein fünfjähriges Kind in der ersten Reihe spontan auf die Kniebank, schaute in die Gemeinde hinein, klopfte ekstatisch auf seine Brust und rief überglücklich:»Da hat er mi g'meint!« Ich war einen Moment sprachlos. Die Gemeinde hielt die Luft an. Die Eltern schauten entsetzt. Nur das Kind strahlte. Da sagte ich:»Du hast verstanden, was Maria uns sagen wollte. Du hast es mit *einem* Satz gesagt, worauf es ankommt: Du bist gemeint, ich als Pfarrer bin gemeint, wir *alle* sind gemeint, was Gott uns durch Maria sagen lässt: Wir sind allesamt vor Gott ganz, ganz kleine vergängliche Wesen. Aber gerade deshalb hat uns Gott immer in seinem liebenden Auge, weil er jeden von uns liebt mit unendlicher Liebe. Ich kann nur noch sagen: Danke, mein Kind für deine einmalige Predigt. Ich hab deinem Wort nichts hinzuzufügen, kann nur noch sagen: Amen – so ist es, so geschehe es und so soll es bleiben. Amen.«

Ein anderes wunderschönes Erlebnis hatte ich mit einem alten, kirchentreuen Bauern aus dem Dorf. Dazu die Vorgeschichte. Ich sprach in einer Predigt ausführlich über den Wettersegen, den die Kirche während der Sommermonate spendet, auch in Verbindung mit traditionellen Bittprozessionen. Ich sagte, dieses Gebet könne leicht den Eindruck erwecken, wir könnten damit Gefahren verhindern wie Stürme, Hagelschlag, Feuerbrände, Erdbeben, Überschwemmungen. Gott aber lässt den Naturgewalten ihren freien Lauf. Wunder sind nur sehr selten. So fügte ich dem Wettersegen einige erklärende Sätze hinzu: »Wir bitten dich, Gott, halte Unwetter und Verwüstungen von uns fern, aber nicht nur von unseren Fluren, Gewässern und Bergen. Sondern bewahre auch unsere Familien, Gemeinden und Völker vor selbstverschuldeten Zerstörungen.« Am Schluss dieses Wettersegens jedoch stand die Bitte – im Blick auf die unerforschlichen Pläne Gottes: »Wenn du, Gott, es aber in deiner Vorsehung *anders* bestimmt hast, dann schenke uns die Kraft, ja zu sagen zu allem, was du uns schickst. Darum bitten wir durch Christus, unseren Herrn. Amen.« Ich gab diesen Wettersegen den Leuten nach der Messe mit, gleichsam zur Verarbeitung zu Hause. Dann erlebte ich folgende wunderbare Geschichte. Der schon genannte Bauer musste sich einer schweren Operation unterziehen und ich besuchte ihn im Krankenhaus. Er lag noch in einem großen alten Saal mit vielen Betten. Als ich das Zimmer betrat, empfing er mich mit lauter Stimme, sodass ihn alle hören konnten: »Mei, Herr Pfarrer, ihr Wettersegen hat mir so viel geholfen vor und nach der Operation. Ich habe ihn immer und immer wieder gebetet: Wenn du, Gott, es aber in deiner Vorsehung anders bestimmt hast, dann schenke mir die Kraft, ja zu sagen, zu allem was du uns schickst. Das hat mir so viel geholfen und Kraft gegeben, alles zu ertragen.« Nur ein einziger Satz aus dem Wettersegen, eine sehr ernste Glaubensaussage. Sie sollte helfen, zu unbegreiflichen Fügungen Gottes ja sagen zu können. Ein alter Mann wurde mir darin ein Vorbild.

Eine weitere Streitheimer Geschichte: Silvester, 18 Uhr, Dankandacht mit großem Segen. Die Kirche war voll besetzt und weil es so schön war, ließ ich am Ende unseren Herrn in der Monstranz frei auf dem Altar stehen und sagte: »Vielleicht wollen manche noch in aller Stille persönlich für dieses vergangene Jahr danken; um 20 Uhr werde ich noch mal segnen.« Zu meiner Überraschung waren viele Jugendliche da, einige Mütter mit ihren Kindern, und so verlängerte ich das Angebot der Anbetung und Danksagung bis Mitternacht. Dann aber gebe es endgültig den letzten Segen für das Jahr 1977. Tatsächlich kamen nochmals etwa 15 Jugendliche und frisch und fröhlich auch noch eine 80-jährige Oma. Als man sich dann am nächsten Tag nach dem Neujahrsgottesdienst auf dem Kirchplatz alles Gute wünschte, eilte die Oma auf mich zu, umarmte mich und sagte strahlend: »Mei, Herr Pfarrer, war des gestern Nacht schön. G'segnet hams auf Teufel komm raus!« Dies hab ich auch weitere neun Jahre redlich versucht!

Der Augsburger Weihbischof Manfred Müller, später Bischof von Regensburg, kannte meine Mutter bisher nur von meinen Erzählungen über sie in den Exerzitien. Er wollte diese Frau unbedingt vor ihrem Tod bei mir in Streitheim sprechen und sich von ihr segnen lassen. Er sagte zu ihr: »Auf das, was ihr Sohn alles für unsere Mitbrüder und auch Bischöfe tut, dürfen Sie schon stolz sein.« Meine Mutter unterbrach ihn energisch: »Aber Herr Bischof, stolz sein darf man doch nie! Sie a net!« Manfred Müller formulierte seine Frage neu: »Freut es Sie denn gar nicht, wenn ich über Ihren Sohn Gutes erzähle?« Und nochmals meine Mutter: »Natürlich können Sie gar net g'nug Gutes über meine Kinder erzählen; des freut mich riesig. Aber zwischen sich freuen und stolz sein ist doch ein großer Unterschied.« Besser hätte es kaum ein Moraltheologe ausdrücken können. Und was denken wir Priester uns, wenn wir täglich im Magnifikat beten: »Er zerstreut, die im Herzen stolz sind?« Manfred Müller kniete vor meiner Mutter demütig nieder und ließ sich von ihr segnen. Und jedes Jahr rief er zum Geburtstag an – ich war meistens nicht zu Hause – und ließ mir über die Sekretärin oder Hausfrau alles Gute wünschen. Und bis zu seinem Tod fügte er immer hinzu: »Richten Sie ihm bitte aus, ich habe es nicht vergessen – Sie a net!« Ein Bischof hörte auf eine alte 88-jährige Frau. Es war nicht zum Schaden der Kirche.

Mutters letzte Tage mit mir

Ende Dezember 1979 bat mich meine Mutter überraschend am Telefon, ob sie bei mir nicht in Ruhe sterben könnte. Sie sei im Krankenhaus Marktoberdorf und der Arzt gebe ihr nur noch wenige Tage; ihr Herz mache nicht mehr mit. Natürlich sagte ich mit Freude zu und schon am nächsten Tag holte sie meine Hausfrau aus dem Krankenhaus Marktoberdorf ab in die neue Heimat. Der Arzt war sich sicher, dass meine Mutter den Transport in unserem kleinen Auto nicht überleben würde. Sie unterschrieb auf ihre eigene Verantwortung und wir hatten noch am selben Tag wie ein Geschenk eine Oma in unserem großen Pfarrhaus. Mit ihrer Schwester Justi teilte sie sich ein freundliches Zimmer, beide verstanden sich bestens. Wir erlebten wunderschöne Stunden beim Frühstück, am Abend und an einigen Wochenenden. Ich erfuhr viele Dinge aus meinem Leben, von denen ich bisher keine Ahnung hatte.

Sie wollte sich auf jeden Fall von ihrer Familie verabschieden und zwar im Rahmen einer heiligen Messe. Weil sie keine Stufen mehr schaffte, feierte der engste Angehörigen-Kreis mit ihr zusammen ein letztes Mal Eucharistie in unserem großen Wohnzimmer. Neben mir saß, von einem jüdischen Gebetsschal umhüllt, meine persönliche Kirchenlehrerin, meine beste Theologin und Schriftgelehrte – halt einfach meine Mutter, der liebenswürdigste Mensch in meinem Leben. Sie las als Lesung schwerwiegende Sätze aus der Abschiedsrede von Mose an sein Volk Israel: »Und wenn dir alles geschenkt wurde, was du dir gewünscht hast – dann vergiss nicht den Herrn deinen Gott und *dank* ihm!« Dann reichte sie mir wie ein Diakon die Heilige Schrift und ich wählte selbstverständlich als Evangelium ihr Lieblingsgebet, das Magnifikat Marias.

Am Ende gab ich ihr die Bibel wieder zurück und bat sie, zum Lob- und Danklied Marias einige Worte zu sagen. Das tat sie auch, spontan und aus ganzem Herzen, obwohl sie nicht wusste, dass ich sie darum bitten würde. Der folgende Text ist ein kleiner Auszug aus ihrer kostbaren Abschiedsrede – ich schrieb damals alles mit. Man kann ruhig sagen – es ist ihr Testament:

»Was soll ich sagen – großer Gott, barmherziger Gott! Wie Maria möchte auch ich dir heute danken – danken für so ein langes und doch kurzes Leben. Jetzt 88 Jahre – vorüber wie ein Windhauch. Manches war schon schwer im Leben; aber im Gebet hast du mir immer wieder Kraft gegeben. Und dafür danke ich dir. Und wenn das Kreuz zu schwer wurde? Du hast mich dann spüren lassen: Du gehst mir voran und trägst mich und mein Kreuz kräftig *mit*. Und du hast mich kleines Geschöpf sogar brauchen können. Mit deiner Gnade durfte ich viel Gutes tun. Und darüber freue ich mich. Ich kann gar nicht anders, ich *muss* dir danken!

Du weißt, ich hab oft gebetet: Gott, lass keines meiner Kinder verloren gehen. Lieber schenke ich dir mein Leben. *Du*, mein Gott, hast mich so beten lassen und dafür bin ich so dankbar. Kinder, das Gebet ist unsere größte Kraft. Nichts heilt und befreit uns mehr wie danken, Gott loben und preisen. Glaubt mir, unser Herrgott macht schon alles recht. Habt's Vertrauen zu ihm! Seid's gut zueinander! Und dankt's unserem Herrgott – für alles. Ich dank ihm jeden Tag, weil er auch euch führt und euch beisteht, bis wir uns wieder sehen – bei ihm in seinem Himmel.«

Und sie schloss mit den Worten: »Betet das Magnifikat, sooft ihr könnt: Meine Seele preist die Größe des Herrn. Und mein Geist jubelt über Gott, meinen Retter. Sein Erbarmen hört niemals auf.« Alle schwiegen. Ein Kind spielte ein Lied auf der Flöte. Sie segnete noch jeden persönlich, der ihren Segen wünschte.

Am 7. Februar 1980 war meine Mutter nun schon zwei Monate unser Gast. Es war am Vorabend ihres Todes. Wie immer der gleiche Ritus vor dem Schlaf. Im Sinne des Dritten Ordens vom heiligen Franz begannen wir mit einer kurzen (fortlaufenden) Bibellesung. Wegen ihres schlechten Augenlichtes musste ich ihr den Text vorlesen. Es traf die Aussendungsrede Jesu an seine Jünger (Mt 10).

»Jesus sprach: Geht und verkündet: Das Himmelreich ist nahe. Nehmt keine Vorratstasche mit auf den Weg, kein zweites Hemd, keinen Wanderstab.« Meine Mutter unterbrach mich und sagte:

»Reicht schon! Es reicht für heute. So wollte ich eigentlich leben – bescheiden und besitzen nur, was man wirklich zum Leben braucht. Jesus, ich danke dir, dass du mich in den Dritten Orden des heiligen Franz aufgenommen hast. Der heilige Franziskus war mein großes Vorbild.« Und sie fuhr fort: »So und jetzt beten wir noch seinen Sonnengesang wie jeden Tag.« Als wir in der letzten Strophe beteten – »Gelobt seist du, mein Herr, für unsere Schwester, den leiblichen Tod« – unterbrach sie nochmals mit dem Bekenntnis: »Jetzt wird es wohl bald soweit sein. Ich bin bereit!« Wie üblich folgten das große und ihr kleines Magnifikat. Zum Schluss hatte sie immer die gleiche Bitte: »Erzähl mir noch eine kleine Geschichte von Pater Rupert Mayer.« Ich erwiderte lächelnd: »Du, mit deinem Rupert Mayer! Du stirbst sicher auch einmal *stehend* – wie dein großer Freund.« Darauf sie: »Na Bua, des pack i beim besten Willen nimmer.« Wir segneten uns, wünschten uns eine gute Nacht. Es war ihre letzte Nacht im still gewordenen Pfarrhaus.

Meine Hausfrau und Sekretärin war mit einer schweren Herzmuskelentzündung noch in der Klinik. So kümmerte ich mich jeden Morgen um das Frühstück. Da rief meine Tante laut: »Theo, komm schnell, die Mama stirbt.« Als ich in ihr Schlafzimmer kam, lagen sich beide Schwestern fest umschlungen in den Armen – natürlich *stehend*! Ich hatte wirklich spontan die bekannte Darstellung »Maria begegnet Elisabet« vor Augen – ein Bild voller *Zartheit* und Glaubensstärke! Meine Mutter lächelte zwar, aber an ihren Augen konnte man sehen, dass sie schon hinübergegangen ist zu ihrem Schöpfer und Erlöser. Ich umarmte beide – immer noch stehend – und konnte erst nach einer gewissen Zeit unter Tränen sagen: »Jetzt bist halt doch wie dein Pater Rupert stehend heimgegangen.«

Sind solche Geschehnisse am Rande nur reine, unbedeutende Zufälle? Oder wird hinter solchen Zufälligkeiten nicht doch auch die liebenswürdige, aufmerksame Handschrift *Gottes* spürbar?

Den Gottesdienst für meine Mutter wollte unbedingt Weihbischof Manfred Müller feiern. Er sagte in seiner Predigt: »In den

Augen der Welt war sie eine kleine, unbedeutende Frau. In den Augen Gottes aber ist sie eine der *großen* Frauen.« Bei unserer letzten gemeinsamen Familienmesse, kurz vor ihrem Tod, sagte meine Mutter eindringlich: Sie wünsche sich von uns keine lange Trauer. »Ich gehe ja nicht fort. Ich gehe euch nur *voraus* – und wie ich hoffe – auch ein bisschen *voran*. Ich bin überzeugt, dass ich euch dann näher sein werde als je zuvor.« Wir sollten uns möglichst bald mit ihr *freuen*, dass sie nach einem langen mühevollen Leben am Ziel angelangt sei – in der ewigen Freude Gottes.

Meine Eltern wurden ganz nahe an der Friedhofmauer neben der Hauptstraße begraben. Mitten in der Beerdigung – bei den Worten Jesu »Ich bin die Auferstehung und das Leben. Wer mir glaubt, wird leben, auch wenn er stirbt.« – exakt in diesem Augenblick zog eine lustige singende Kindergruppe am offenen Grab meiner Mutter vorüber. Es war der Faschingsmontag am 11. Februar 1980, übrigens auch das »Fest der Erscheinung Marias in Lourdes«. Der Pfarrer versuchte den ganzen Zug abzubremsen. Ich bat ihn: »Lass sie singen in ihrer Freude. Diesen Kinderchor hat sich unsere Mama für ihre Beerdigung bestellt.« Der Pfarrer verstand, der Bischof verstand, alle verstanden, was in diesem Moment geschah: »Wenn ihr nicht werdet wie die Kinder, kommt ihr nicht in das Reich Gottes.« Einer 88-jährigen Frau und Mutter von acht Kindern wurde ihr großer Wunsch erfüllt – durch die Regie des Himmels: Die *Freude* sollte bei ihrer Beerdigung nicht ausgeklammert werden.

Das Markenzeichen meiner Mutter auf Erden und jetzt im Himmel ist ohne Zweifel ihr *Segen*, die *Art* ihres Segnens. Bei ihrem »großen Segen« begann sie mit einem Kreuzzeichen auf die Stirn – »es segne dich Gott, der Vater«; dann folgte ein Kreuzzeichen auf den Mund – »es segne dich Jesus, unser Herr und Bruder«; und dann das Kreuzzeichen auf die Brust – »und es segne dich Gott, der Heilige Geist.« Zuletzt streichelte sie mit beiden Händen mehrmals über das Haupt mit den Worten: »Und es segne dich die Heiligste Dreifaltigkeit.« Ich war der letzte, den sie segnete, und da fragte ich sie: »Seit ich denken kann, hast du uns bei deinem Drei-

189

faltigkeits-Segen immer über den Kopf gestreichelt. Das ging unter die Haut. Was wolltest du damit sagen?« Sie gab die herrliche Antwort: »Ich hab mir gedacht, man sollte doch auch *spüren*, wie gut unser Herrgott ist!« Segnen also nicht nur eine Geste, ein Wort, sondern wie ein Sakrament ein Zeichen, in dem man *spürt*, wie sehr Gott uns liebt – jetzt und ewig!

Bei einer Privataudienz in Rom erzählte ich diese Geschichte Johannes Paul II. und bat ihn um einen Spezialsegen für meine Priester, mein Dorf Streitheim und für mich selbst. Er überlegte kurz, dann segnete er mich und klopfte dabei dreimal heftig auf mein gebeugtes Haupt. Der Papst fragte lächelnd: »War das jetzt dem Segen ihrer Mutter etwas ähnlich?« Ich wagte zu sagen: »Jetzt kenne ich jedenfalls den Unterschied zwischen einem väterlichen und einem mütterlichen Segen.« Darauf der Papst: »Dann segnen Sie mich, wie ihre Mutter gesegnet hat.« Während ich ihm am Ende dieses Segens sanft über den Kopf streichelte, meinte er: »Sie haben eine wunderbare Mutter! Überbringen Sie ihr meinen Segen. Ich bedanke mich für den Segen Ihrer Mutter.« So berühren unsere *kleinen* Geschichten des Alltags nicht selten unauffällig die *große* Geschichte. »Geschichten und Geschichte« – das innerste Geheimnis aller Geschichte aber ist und bleibt: Und Gott fügt!

Anton Schaule, Pfarrer in St. Martin/Augsburg, war einer meiner besten Freunde seit unseren gemeinsamen Tagen im Dillinger Priesterseminar. Noch nicht 60 Jahre alt, erhielt er die niederschmetternde Diagnose: Lungenkrebs, unheilbar. Ich durfte ihn begleiten, auch an seinem Sterbetag. Seine Stationsärztin im Zentralklinikum ließ mich wissen, er werde den 11. November 1982 nicht überleben. Ich saß an seinem Bett und sagte ihm, ich werde jetzt das kirchliche Morgengebet langsam beten. Es sei ja heute das Fest des Kirchenpatrons seiner Gemeinde. Er nickte heftig, sprechen konnte er nicht mehr. Als ich die großartige Antiphon anstimmte, liefen ihm die Tränen herunter und gleichzeitig lächelte er. Ich betete: »Martin, Priester des Herrn, dir steht der Himmel offen und das Reich meines Vaters.« Während dieser Worte ging er heim zu Gott. Ich wiederholte die Antiphon leicht verändert: »Bruder Anton, Priester des Herrn, dir steht der Himmel offen und das Reich meines Vaters.« Und ich fügte die letzte Antiphon hinzu: »Seliger Mann, du hast die Freude des Paradieses erlangt. Jubelnd begrüßen dich Engel und Heilige. Der Himmel sei deine Stätte in Ewigkeit.« So ein Sterben ist natürlich ein pures Geschenk Gottes.

Ein Telefonat vor Ostern 1986 brachte eine einschneidende Wende. Ein relativ junger Arzt aus dem Allgäu rief mich an, er leide an unheilbarem Krebs, werde nicht mehr lange leben und möchte sich in einer Exerzitien-Woche vorbereiten auf sein Sterben. Er bat mich, diese Exerzitien zu übernehmen. Er habe schon alles geplant, das Heilbad Krumbad würde uns in der Woche vom Palmsonntag zwei Zimmer zur Verfügung stellen. Ich war ziemlich aufgewühlt, konnte aber schlecht nein sagen. Das Heilbad war um diese Zeit in einer radikalen Renovierungsphase. Zu meinem Schrecken präsentierten sich unsere beiden Zimmer als kleine Dachgauben mit je einem einzelnen Dachlukenfenster, das man mit einer Stange öffnen musste. Als ich mich entschuldigen wollte, sagte der Arzt lächelnd, das störe ihn überhaupt nicht, im Gegenteil: Er freue sich, dass über ihm nur noch der Himmel zu sehen sei. Und ich sollte ihn auf dem Weg dorthin in den Exerzitien begleiten. Ich bin in späteren Exerzitienkursen kaum noch einmal so reich beschenkt worden wie in dieser einzigartigen Krumbad-Woche. Leider starb der Arzt schon sehr früh, während die Frau mit ihren Kindern verständlicherweise schwere Fragen an Gott und auch an mich richtete.

Am Ende der Exerzitien brachte uns die Generaloberin von Ursberg, Sr. Redempta, eine Osterkerze und fragte mich nebenbei: »Könnten Sie nicht auch von hier aus Priesterseelsorge machen? Es wird eine Wohnung frei mit einem Fremdenzimmer. Sie könnten dann auch Priester einladen zu Einkehrtagen oder Exerzitien.« Das war ein klarer Fingerzeig Gottes. Ich wollte mich sowieso nach zehn Jahren Tätigkeit in Streitheim verändern. Und so zog ich am 16. Dezember 1986 bei großem Schneetreiben um in meine neue Heimat »Krumbad«. Damals noch dreißig Schwestern der Ursber-

Skizze von SK

ger St. Josefs-Kongregation hielten im Wesentlichen das Haus zusammen. Tags darauf, an einem Sonntag, feierte ich um sechs Uhr morgens mit den Schwestern die heilige Messe und hatte auch gleich mein erstes »Erfolgserlebnis«. Pünktlich, beim ersten Wort meiner Predigt, schlief eine ältere Schwester in der ersten Bank seelenruhig ein. Und ebenso pünktlich wachte sie exakt beim »Amen« meiner Predigt wieder auf und lächelte mich an. Ich habe mich echt gefreut, dass meine Predigt doch wenigstens *eine* gute Wirkung bei jemand hatte: Diese Schwester konnte im Haus Gottes herrlich schlafen – wie Samuel selig im Tempel des Herrn.

Zufällig saß ich beim anschließenden Frühstück ausgerechnet

neben dieser Schwester und teilte ihr meine Freude mit. Darauf sagte sie sehr einleuchtend: »Wissen Sie, Herr Pater, wenn ich in meinem langen Klosterleaba net den Kirchaschlaf g'habt hätt, hätt i des Klosterleaba nie ausg'halta!«

Und sie fuhr fort: »Gellns, ihr Herra predigt doch immer desselbe: Unser Herr Jesus is g'storba und wieder auferstanda, wir sollen unsern Herrgott und den Nächsten lieben, so guats halt geht. Gell, und mehr wisset ihr Herra au net. Hab i recht?« Und sie lächelte spitzbübisch zum zweiten Mal.

Das Heilbad hatte für mich auch deswegen eine große Bedeutung, weil hier vorübergehend zwei bedeutende Priestergestalten lebten – der eine länger, der andere kürzer –, die man klar zu den gewaltlosen Widerstandskämpfern gegen die Nazis zählen darf. Zwei schwäbische Urgesteine, man könnte sagen heilige Dickschädel, die sich von den Nazis nicht täuschen und einschüchtern ließen. Der eine von ihnen, der Rottenburger Bischof Joannes Baptista Sproll, der hier bei den Ursberger Schwestern gleichsam wie im Asyl lebte vom 24. 1. 1941 bis zum 12. 7. 1945. Er sollte eigentlich von Rom aus resignieren, also nicht mehr der amtliche Bischof seiner Diözese sein. Der Nuntius von Deutschland besuchte Sproll zweimal und sagte ihm, dass der Papst seinen Rücktritt wünsche. Der Bischof befragte sich eine Nacht lang in der Hauskapelle mit Gott und kam zu dem Ergebnis: Ich muss bleiben! Der Hirt kann seine Herde nicht im Stich lassen, wenn es gefährlich wird. Der Nuntius konnte ihn nicht umstimmen – die Stimme Gottes war eindeutig. Rom war verärgert, aber der Bischof blieb standhaft.

Der andere Schwabe, Pater Rupert Mayer SJ, sehr befreundet mit Bischof Sproll – machte auf seinen Wunsch hin nach seiner Haftentlassung aus dem Gefängnis in Landsberg 1938 hier im Heilbad die 30-tägigen Exerzitien des Ignatius von Loyola. Kardinal Faulhaber von München und Provinzial Rösch wünschten ausdrücklich, Rupert Mayer sollte schweigen und nicht mehr predigen. Dies war scheinbar der Deal zwischen Staat und Kirche. Rupert Mayer aber wollte wie Bischof Sproll eine Antwort von *Gott*! Er fügte den ersten vier Wochen nochmals vier Wochen

Bedenkzeit an und entschied: Ich muss, ich werde predigen! Die Folge war, neben anderen Gründen, eine baldige Einlieferung ins KZ Oranienburg-Berlin, bis für ihn eine »Ehrenhaft« im Kloster Ettal ausgehandelt wurde. Der Pater bezeichnete dies als großen Fehler. Er und Bischof Sproll blieben bis zum Ende der Hitler-Zeit standhafte Märtyrer, Zeugen für Gott und seine Kirche.

Übrigens die erwähnte ältere Schwester beaufsichtigte tagsüber die Hauskapelle und hielt ausgezeichnete Führungen. Bei einer solchen empörte sich eine Besuchergruppe über das lebensgroße Relief im Altarraum: Jesus kniet am Boden und wäscht dem sitzenden Petrus die Füße. Die Gäste protestierten: »So flaggt doch unser Herrgott nicht am Boden. Er ist der Sitzende und am Boden vor ihm liegt die Sünderin.« Die mutige und richtige Antwort der Schwester: »Liebe Gäste, genau das ist meine große Freude: Wenn ich am Morgen die Kapelle betrete und meine erste Kniebeuge machen will, kniet unser Herrgott schon vor mir und wäscht mir den Schmutz von meiner Seele ab. Ist das nicht großartig? So sehr liebt Gott uns!«

Andere Gäste beschwerten sich, dass am Kreuz in der Kapelle nicht der Leib Christi hängt. Einer meinte sarkastisch: »Hat da bei euch das Geld nicht mehr gereicht?« Ich war auf der Empore Zeuge, wie die Schwester antwortete: »Wissen Sie, unser Pater sagt immer wieder, der Herr ist auferstanden. Und darum hängt er nicht dauernd schmerzhaft am Kreuz. Seine Auferstehung ist die wichtigste Botschaft an die Welt. Und wir Schwestern glauben unserem Jesus.«

Bei meinen Führungen verweilte ich am längsten bei unserem gewaltigen, einzigartigen Ambo. Beim Künstler und Gestalter unserer Kapelle, Franz Hämmerle, sah ich den Ambo als großen, groben Steinklotz im Gelände vor seinem Wohnhaus. Ich sagte etwas skeptisch: »Und dieser Riesen-Koloss soll in unserer Mini-Hauskapelle künftig als Ambo stehen?« »Wart's ab, du wirst überrascht sein«, meinte mein Freund Franz. Und so war es auch. Ich durfte den Ambo erst wieder sehen, als er auf seinem endgültigen Platz stand. Er hatte ihn verhüllt, als er mich in die Kapelle führte.

Und da kam ich aus dem Staunen nicht mehr heraus: Mit seinem gebeugten Rücken trägt Mose die schwere Last des Wortes Gottes, wie es täglich bei der Eucharistiefeier verkündet wird. Aber gleichzeitig hält er auch in seiner Hand zwei steinerne Tafeln, auf denen Gottes Wort steht, das er am Berg Sinai empfangen hat. Vom Lichtglanz Gottes und seines Wortes geblendet, hat er sein Gesicht verhüllt auch aus großer Ehrfurcht vor dem Wort des lebendigen Gottes! Ich fragte Hämmerle: »Wie hast du das aus dem Stein herausgeholt?« Er sagte: »Das war alles schon *drin* in dem Stein. Ich musste allerdings schwer meißeln und viel wegnehmen, manches auch weghauen; aber der Stein ließ sich das alles gefallen. So konnte ich das Profil, das in ihm verborgen war, freilegen. Sag das deinen

Ambo im Heilbad Krumbad

Gästen, besonders jungen Leuten, was Gott auch aus *uns* machen könnte und wollte, wenn wir ihn nur ließen und nicht beim ersten Meißelschlag schon Au schrien.« Lieber Leser, kommen Sie und überzeugen Sie sich selbst von unserem Ambo. Streicheln Sie dann liebevoll dem Mose über sein altes Haupt – es wird ihm und Ihnen gut tun.

Über dem Ambo, der Gottes Wort trägt, die sakramentale Gegenwart Christi mit einer Tabernakel-Tür, die direkt zum Herzen Gottes führt. Denn die Tür zeigt das Relief »Der barmherzige Vater und verlorene Sohn.« Nichts anderes wird von diesem Ambo aus verkündet und im Sakrament gläubig empfangen.

Dem Ambo und dem Tabernakel zugewandt steht auf der rechten Seite eine ausdrucksstarke Madonnenfigur. Wir wünschten uns eine »Magnifikat-Maria«. Diese Frau ist für mich die Hörerin des Wortes Gottes in Person. Schon bei ihrer Berufung sagt sie radikal und bedingungslos: »An mir geschehe dein Wort.« Und Gott wird Mensch in ihrem Schoß. Zweimal heißt es: »Sie bewahrte alle seine Worte in ihrem Herzen.« Und ihr letztes, uns überliefertes Wort, klingt wie ein Testament, wie ein Auftrag an uns alle: »Was er euch sagt, das tut!« In der Hämmerle-Darstellung ruht ihre linke Hand auf ihrem schwangeren Leib, was das »Bewahren« ausdrückt. Mit ihrer rechten Hand weist sie einladend hinüber zum Ambo, auf Gottes Wort zu hören und danach zu leben. Dann singt sie ihr Magnifikat-Lied, indem sie die Mächtigen und Reichen anprangert. Gott wird sie von ihren Thronen stürzen, weil er nur die »Kleinen« emporhebt. Hier die Prophetin Maria, dort der Prophet Mose – sie ergänzen sich großartig.

Wir wünschten uns eine Maria, frei auf einer Säule stehend. Sie sollte an die Berufung des Propheten Jeremia erinnern: »Tritt vor sie hin und verkünde ihnen alles, was ich dir auftrage! Erschrick nicht vor ihnen. Ich selbst mache dich heute zur eisernen Säule gegen die Könige, Beamten und Priester. Mögen sie dich bekämpfen. Ich bin mit dir, ich werde dich retten« (Jer 1,17–19). Diese wehrlose, aber innerlich starke Frau macht uns Mut. Gottes Erbarmen, so betet sie, steht uns immer und überall bei. Wir lieben unsere Säulen-Magnifikat-Madonna. Vor unserer jetzigen Maria stand eine andere Maria auf diesem Platz. Sie wurde von der Mehrheit der Kurgäste und Schwestern abgelehnt. Die wuchtige Madonna aus Stein war dem Volk zu bäuerlich, zu grob, nicht schön genug.

Wie alles hat auch das Bild Marias eine Geschichte. In der Romanik ist Maria noch eine natürliche einfache Frau, die ein starkes Selbstbewusstsein ausstrahlt und ihre Base Elisabet herzlich umarmt. In der Gotik wandelt sich das Menschenbild, auch in religiöser Hinsicht. Man wünscht sich eine *schöne* Madonna nach dem höfischen, fürstlichen Stil. Maria wird nun dargestellt als Fürstin – äußerlich leider oft geprägt von Schminke, Puder, künstlicher Frisur mit reicher Gewandung und Schmuck. Durchaus verständlich, aber wahre Schönheit ist nun einmal ein innerer Wert und durch keine höfische, fürstliche Gebärde zu ersetzen. Es gab darüber keinen Streit, nur eine Meinungsverschiedenheit und die war fruchtbar. Wir fanden nämlich für unsere erste Madonna genau den richtigen Platz – im Freien, hinter unserem Haus auf dem Weg zur Grotte und in den Wald.

Ich dachte an ein wichtiges Ereignis im Leben unseres Ordensstifters. Seine neu gegründete Gesellschaft Jesu wohnte seit 1541 in einem Haus neben einer verfallenen Marienkapelle. Dort stand das Gnadenbild »Maria della Strada«, Unsere Liebe Frau vom Wege. Unter diesem Namen feiert unser Orden am 24. Mai ein eigenes Fest Marias. Für Ignatius war Maria die wichtigste Frau in

Maria della Strada im Heilbad Krumbad

seinem Leben, vor allem schätzte er ihr Vorbild. Weil Maria auch mir sehr viel bedeutet und meine Geschichten langsam zu Ende gehen, erlaube ich mir einige meditative Gedanken.

»Unsere Liebe Frau vom Wege« war ein ganzes Leben hindurch auf dem Weg. Und das war meistens nicht leicht. So heißt es bei der Geburt ihres Kindes in Betlehem: »Für sie war kein Platz«, obwohl das größte Ereignis der Weltgeschichte bevorstand. Bald danach erlebt sie das furchtbare Schicksal einer Flucht. Sie kennt die Flüchtlingsmütter und ihre Kinder. Sie kennt die Nacht und Verzweiflung. Sie begreift, dass Gott manchmal unbegreiflich ist.

Maria ist auf dem Weg nach Jerusalem, mit ihrem zwölfjährigen Sohn auf dem Pilgerweg. Dabei verliert sie ihr Kind. Und als sie es findet, klagt sie: »Kind, warum hast du uns das angetan?« Einmal macht sie sich mit ihren Verwandten auf den Weg, um ihren Sohn »mit Gewalt heimzuholen«. Sie wollte als Mutter ihren Sohn retten vor einem sicheren Tod in Jerusalem. Vergeblich, Jesus geht *seinen* Weg.

Ihr schwerster Weg war freilich der Gang nach Golgota. Dort stand sie bei ihrem Sohn unter dem Kreuz und begleitete ihn auf seiner letzten Wegstrecke. Sie hörte ihn, wie er rief: »Mein Gott, mein Gott, warum hast du mich verlassen?« Die »Liebe Frau vom Wege« kennt auch unsere Kreuzwege und steht uns zur Seite. Sie nimmt uns aber ebenfalls mit auf den Weg der Auferstehung, in die Ostertage des ewigen Schalom. Ich bin fest überzeugt: Wer sich ihr anvertraut, hat nach ihrem Sohn die beste Weggefährtin gefunden für sein Leben. *Unsere* Madonna vom Wege zeigt uns ihren Sohn bereits als *Sämann*. Erwartungsvoll streut Jesus Gottes Wort, das Wort des Lebens, unter die Menschen, auf dass es wachse und Frucht bringe. Von meinem Büro aus sah ich Unsere Liebe Frau direkt vor meinem Fenster, grüßte sie am Morgen und Abend und empfahl ihr meine Mitbrüder und Mitschwestern.

Geschichten meines Bruders Paul

Nach einem Studentengottesdienst in München hatte ich ein interessantes Pastoral-Gespräch mit meinem Bruder Paul. Er zeigte mir als Fotokopie das Textbuch von Bert Brechts »Mutter Courage«. Auf jeder Seite standen mehrere kurze persönliche Anweisungen für den Schauspieler. Die Stichpunkte hießen: »Pause, lange Pause, Stille, große Stille, hörbare Stille!« So ging es das ganze Textbuch hindurch. Dann sagte Paul: »Eine der größten Sünden der Gegenwart ist die Vernachlässigung und der Missbrauch unserer Sprache. Im Fernsehen, aber auch in der Liturgie der Kirche, wird viel zu schnell gesprochen – ohne Pausen, ohne etwas wirken zu lassen. Der Hörer kommt kaum zum Nachdenken. Selbst im Gespräch miteinander übertrumpft einer den anderen. Paul sagte: »Rede mit deinen Lektoren, übe mit ihnen. Sie verkünden schließlich das Wort des lebendigen Gottes!« Das tat ich nun jeden Samstag. Im Pfarrhaus erklärte ich meinen Lektoren den Sinn der Lesungen, auch der Fürbitten und sonstigen Gebete und schon bald sagten die ersten Kirchgänger zu mir: »Ihre Predigt war heute fast überflüssig. Die Lesung ging unter die Haut.« In Wahrheit wurde die Lesung lediglich viel langsamer gesprochen, richtiger betont, mit Pausen zum Mitdenken und mit innerer Anteilnahme engagiert vorgetragen. Alle verstanden jedes Wort, sogar die Schwerhörigen. Warum also dieses Tempo? Woher diese Eile? Paul blieb seither auf diesem Gebiet mein stiller Mahner.

Etwas ganz anderes war für den Laien und Schauspieler Paul geradezu existentiell: Die Beschäftigung mit den *Zeugen* des Christentums. Christentum war für meinen Bruder keine Summe von Lehrsätzen, keine Theorie, die man lange studieren muss, um sie vielleicht zu verstehen. Das Christentum hat sich so rasch verbreitet durch das glaubwürdige Zeugnis von begeisterten Männern und Frauen, die Gott und Christus in verschiedenen Weisen intensiv erfahren haben. Als überragende Beispiele wählte mein Schauspieler-Bruder seinen Namenspatron Paulus und in Erinnerung an unsere franziskanischen Eltern natürlich Franz von Assisi. Er schrieb diese zwei bewegenden Theaterstücke einzig und allein für den Ort Waal, wo alle zehn Jahre die Passion Christi aufgeführt wird. Denn mein Bruder kam vom Laienspiel St. Anton in Augsburg und er schrieb diese Stücke nur für Laien. Mein Bruder wollte mit diesen beiden Werken im Grunde *predigen*. Alle Vorstellungen waren ausverkauft. Kein Pfarrer könnte auch nur annähernd so viele Menschen für seine Verkündigung erreichen.

Und darin hat mich mein Bruder wieder neu und stark angeregt, über die Zeugen des Glaubens zu reden, sie zu Wort kommen lassen. Wir brauchen sie als unsere Vorbilder und Mutmacher. Ich gestaltete mit beiden Heiligen ab sofort zwei Einkehrtage – zunächst für die Mitbrüder, dann auch für Ordensfrauen und Laien. Alle bestätigten: Solche Figuren wie Paulus, Petrus, Franz von Assisi sprechen die Menschen an. Wir müssen für unsere Glaubenszeugen mehr Platz finden. Ich glaube, Walter Nigg hat auch nach fünfzig Jahren Recht, wenn er, der Protestant, die Katholiken mahnte, es drohe bei ihnen eine »Auswanderung der Heiligen«.

Wie realistisch und einfühlsam mein Bruder die beiden Heiligen sah und uns vorstellte, beweist er in einem fingierten Gespräch zwischen Petrus und Paulus im Gefängnis. Da fragt Petrus seinen Bruder Paulus: »Weißt du, dass ich mich oft frage, warum der Herr ausgerechnet uns beide erwählt hat. Dich, den fanatischen Verfolger, und mich, den Feigling und Verräter? Ich finde keine Antwort.« Darauf antwortet ihm Paulus: »Ich will es dir sagen. Wären wir Heilige gewesen, dann hätten wir die Menschen entmutigt, zu denen wir kamen. Weil wir aber fehlbar waren, verstanden wir die Nöte der anderen; weil wir Sünder waren, wussten wir um das Wirken der Gnade Gottes. Ja, Gnade. Wenn *wir* nicht verloren waren, dann brauchte es niemand zu sein. Ich weiß nur von einem Menschen, dem Jesus das Paradies versprochen hat. Und der hing neben ihm am Kreuz und war ein Verbrecher.« Demütig erwidert Petrus: »Ich glaube, du hast Recht. Du bist eben doch der Klügere von uns beiden.« Nochmals Paulus: »Aber dich hat Jesus den Felsen genannt. Vergiss das nicht.«

Zu meinen Stammgebeten gehört der Schlusssatz vom Credo: »Ich glaube an die Gemeinschaft der Heiligen und an das ewige Leben.« Das Wissen um ihr Dasein ist doch wunderbar. Und sie haben uns ja auch jede Menge zu sagen. Mein Bruder hat mir durch seine zwei Theaterstücke Franziskus und Paulus die Heiligen buchstäblich ans Herz gelegt. Danke!

In seiner dritten Geschichte hatte Paul wiederum ein pastorales Problem im Visier. Mein Bruder litt an unheilbarem Krebs und vertraute mir an, er habe seine Beerdigung mit seinem Pfarrer in Dortmund genau besprochen. Paul war absolut kirchentreu, war jeden Sonntag ein sehr beliebter Lektor in seiner Pfarrkirche, obwohl er mit einer geschiedenen Frau verheiratet war. Im Innersten war er immer auch Seelsorger – dachte selbst bei seiner Beerdigung nicht an sich, sondern primär an seine Kollegen und Kolleginnen. Er sagte mir: Die meisten von ihnen seien Suchende oder Nicht-Gläubige. An sie wollte er die Botschaft richten, dass es Gott gibt und ein Leben nach dem Tod.

Er sei sicher, mit den offiziellen kirchlichen Gebeten am Grab erreiche man seine Freunde nicht. Dazu brauche es ein andere Sprache und einen entsprechenden Ritus. Es ging ja auch Jesus immer zuerst um den *Menschen* und nicht um vorgeformte liturgische Texte.

Die Beerdigung von Paul war überwältigend. Nur zwei »Lieder« waren am Sarg zu hören. Ein Kollege von Paul beeindruckte mit dem Sonnengesang von Franz von Assisi. Anschließend wurde von einer Kollegin ebenso überzeugend das »Hohelied der Liebe« vorgetragen – hörbar über den ganzen Friedhof hin.

Während der vergängliche Leib in die Erde gesenkt wurde, verkündete der erste Lektor: »Gelobt seist du, mein Herr, für jene, die verzeihen um deiner Liebe willen. Selig, die ausharren in Frieden, denn du, Höchster, wirst sie einst krönen.« Ein einziger Lob- und Dank-Gesang an Gott für die Herrlichkeit seiner Schöpfung. Nach einer kurzen Pause sprach sehr bewegt die Lektorin das »Lied von der Unsterblichkeit der Liebe« aus dem 1. Korintherbrief, Kapitel 13 von Paulus: »Ich zeige euch einen Weg, der alles übersteigt.

Ohne die Liebe wäre ich nichts. Die Liebe ist gütig, sucht nicht ihren Vorteil, trägt alles mit und glaubt dem anderen. Am größten von allen – ist die Liebe – die Liebe hört niemals auf.« Danach beim Mittagessen, zusammen mit Pauls Schauspielertruppe, wurde fast nur über die zwei Lieder gesprochen. Alle waren noch immer sehr betroffen. Einer meinte: »Unsere zwei Kollegen haben uns mit ihren Liedern fast in den Himmel hineingesungen. Das war ein typischer Schmidkonz. Unser Paul kann das Predigen einfach nicht lassen, auch wenn er gestorben ist.« Ich muss gestehen: Pauls Beerdigung wurde durch seine Inszenierung zu einem wahren Fest der Liebe und der Auferstehung. Er hat mit diesem letzten Akt auf der Bühne der Welt noch einmal gezeigt, was ihm äußerst wichtig war: langsam sprechen, Pausen einlegen zum Nachdenken und sich an starken Zeugen orientieren wie Paulus und Franziskus und – egal ob als Schauspieler, Lehrer, Arbeiter oder Hausfrau – immer seine Mitmenschen im Auge behalten! Danke, Paul, du bist ein wahrer Bruder.

Schriften für die Brüder und Schwestern

Alle meine Schriften waren gedacht als geistige Handreichung für meine Brüder und Schwestern im Dienst der Kirche. Vom Marienbuch war schon früher die Rede. Es fand auch in der damaligen DDR eine weite Verbreitung. Die zwei kleinen Gebets-Angebote »Du Gott« und »In deiner Hand« waren eine Fügung. Das erste Büchlein entstand, als die Armen Schulschwestern von München mich baten, zur Seligsprechung ihrer Ordensgründerin 1985 etwas Spirituelles zu machen. Sie war eine weit vorausschauende Frau. Gegen den Willen ihres Kardinals kämpfte sie für die Zulassung aller Mädchen zu einer höheren Schulbildung. Ein persönlicher Brief an den Papst ließ ihren Wunsch Wirklichkeit werden. Eine Revolution in Bayern. Sr. Maria Theresia Gerhardinger gehörte in der Kirchengeschichte zu den Frauen, die etwas zu sagen haben. Also suchte ich in ihren Schriften markante Worte, meditierte ihre Gedanken in Gebetsform und aus 45 Sätzen von ihr entstand ein ansehnliches Gebetsheft. Mit meiner Hausgemeinschaft beten wir jeden Tag von diesen Gebeten. Das vorletzte gehört zu meinen Lieblingsbetrachtungen: »Lasst uns aufs neue anfangen.« Mir fiel auf, dass fast jeder Brief und jede Ansprache an ihre Schwestern mit diesem Gedanken schließt. Ich finde das so tröstlich, dass sie ihre Schwestern nicht mit moralischen Appellen überfordert, sondern ihnen rät, einfach jeden Tag neu zu beginnen.

Im Büchlein heißt es: Jesus, du gibst mir eine Chance bis zum letzten Atemzug. Danke, Jesus, für alles, was du mit mir Anfänger anfängst.

Die Gebete »In deiner Hand« entstanden aus einer »zufälligen« Begegnung mit meinem Ordensgeneral 1987 in München. Er kam zur Vorbereitung der Seligsprechung von Pater Rupert Mayer SJ. Ich gehörte zu dieser Kommission, wahrscheinlich deswegen, weil ich einen Liedtext über Rupert Mayer verfasste, über dessen Verwendung noch gestritten wurde.

Da stand plötzlich Pater General vor mir, mit dem Büchlein »Du Gott« in der Hand und fragte mich: »Könntest du nicht in der gleichen Form ein Rupert-Mayer-Büchlein verfassen?« Ich fragte lächelnd zurück: »Ist das jetzt ein Wunsch oder ein Befehl?« Darauf mein Chef: »Ein guter Jesuit macht hier keinen Unterschied!« Das war mehr als eine Lehrstunde. Ich antwortete: »Ich werde mich selbstverständlich bemühen.« So kam es zu den Gebeten »In deiner Hand«.

Beide Büchlein sind immer noch sehr gefragt. Der bekannte Journalist Josef Othmar Zöller meinte sogar in einem Zeitungsartikel: »Beide Büchlein gehörten eigentlich auf das Nachtkästchen eines Christen. Die Texte sind wunderbar geeignet als Morgen- oder Abendgebet.« Ich füge hinzu: Viele dieser Gebete passten auch in die Stille nach der Kommunion, vorausgesetzt, dass jeder Satz langsam gesprochen wird. Mein Lieblingsgebet in diesem Heft ist das letzte: »Die Menschen sind ja so dankbar für ein gutes Wort.« Ein typischer Rupert-Mayer-Rat: Wenn wir einem armen Menschen nichts mehr zu geben hätten, ein gutes Wort müsste immer noch drin sein. Auch hier der Schluss dieses Gebetes: »Danke, Gott, für jedes gute Wort, das uns heute über die Lippen kommt. Danke für jedes gute Wort, das uns heute zugesprochen wird. Danke aber besonders für *Dein* gutes Wort.«

Auf Wunsch von Sieger Köder schrieb ich eine Meditation zu seinem Kreuzweg von Wasseralfingen. Ich erinnerte mich an Worte von Kaplan Hermann Josef Wehrle, als ich 15 Jahre alt war: »Du wirst manchmal vor dem Kreuz erschrecken. Das schadet aber nichts. Es aufheben und dem Herrn nachtragen – darin liegt die wahre Freundschaft mit Jesus.« Dieses Wort sollte mein Leitmotiv für die Kreuzweg-Meditation werden und das war sehr bewegend.

Köders Kreuzwege können einen aufwühlen; denn viele Stationen stellt er in eine direkte Beziehung zu unserer Zeitgeschichte. So in der achten Station: Jesus begegnet den weinenden Frauen. Wir sehen neben Jesus zwei gebrandmarkte Kinder mit einem Judenstern auf der Brust. Eine japanische Mutter sucht verzweifelt unter dem Atombombenschirm von Hiroshima ihr verstrahltes Kind zu schützen. Afrikaner- und Palästinenser-Kinder hungern nach Freiheit und Brot. Mauer und Stacheldraht erinnern an die Schande der Konzentrationslager, in denen auch Kinder ermordet wurden. Mitten drin Jesus, der mit seinem breiten Rücken alle ihre Lasten mitträgt. Wie so oft stellt Köder wieder die Kinder ganz in die Nähe des Kinderfreundes Jesus.

Wenn Kaplan Wehrle vom Kreuz sprach, dann niemals ohne den Blick auf Ostern. Er schrieb mir mehrmals: »Und denk daran – alle unsere Kreuzwege münden letztlich ein in den Osterweg unseres Herrn und besten Freundes Jesus Christus. Also Mut und unerschütterliches Gottvertrauen!« Nach dem Zeugnis des Gefängnisseelsorgers ging Wehrle »aufrecht, im Glauben an Ostern den Weg zum Galgen«. Der Gedanke Kreuzweg–Osterweg hat mich seither nicht mehr losgelassen.

Zum Schluss mache ich Gebrauch vom Vorwort meines Buches »Osterweg – ein Weg der Hoffnung und des Lebens in 14 Stationen«. Kommt diese letzte Wegstrecke Jesu in unserem Glaubensleben nicht doch etwas zu kurz? Dabei hat Paulus in einem der ältesten Jesus-Zeugnisse deutlich verkündet: »Ist Christus nicht aufweckt worden, dann ist unsere Verkündigung leer und euer Glaube sinnlos. Nun aber ist Christus von den Toten auferweckt worden als der erste der Entschlafenen. Seht, ich enthülle euch ein Geheimnis: Verschlungen ist der Tod vom Sieg« (1 Kor 15). Im auferstandenen Christus liegt der ganze Sinn unseres Lebens. Ich bin meinem Freund Sieger Köder dankbar, dass er sich spontan und mit letzter Energie mit der bildhaften Gestaltung des vorliegenden Osterweges auseinandergesetzt hat. Fast alle seine Hauptwerke sind eindrucksvolle Zeugnisse vom Osterweg Jesu.

Wir trafen uns ab jetzt sehr oft und waren am Ende überzeugt, dass dieser Osterweg so etwas wie unser Testament ist. Wir sollten diesen Osterweg wagen, »solange uns Tage geschenkt sind« (Ps 23). Es gibt keine größere Hoffnung und Vollendung!

An den Priester von heute

Einige Mitbrüder baten mich, dass ich mit wenigen Worten das Wichtigste über den Priester von heute schreiben solle. Ich versuche es:

1. Du musst die Menschen annehmen, so wie sie sind. Ja, sie müssen spüren, dass du sie magst.
2. Dazu braucht es eine große Hörfähigkeit, mit viel Empathie, Geduld, Menschenkenntnis.
3. Äußerst wichtig ist ein tiefes Gebetsleben, wobei Laudes und Vesper nicht genügen. Der Priester muss sich täglich eine feste Zeit nehmen, mit Jesus ganz persönlich alles zu besprechen. Dieses freie Gebet mit Gott ist unverzichtbar.
4. Immer mit allen Laien auf Augenhöhe bleiben. Wir sind nichts Besseres. Im Abendmahlsaal sagt Jesus unmissverständlich: »Ich bin mitten unter euch wie ein Diakon.«
5. Er sollte sich auch einmischen in politische und moralische Fragen – mit der Bereitschaft, differenziert und tolerant zu denken. Er sollte auch den Mut haben, das Wort Gottes und die Botschaft Jesu in gesellschaftliche Planungen einzubringen.
6. Helmut Schmidt, anerkannter Kanzler und »Philosoph« äußerte zwar wiederholt in Gesprächen »Bei Maischberger«: »Mit Gott und der Bergpredigt Jesu ist keine Politik zu machen.« Auf die Frage Maischbergers, was denn die Devise seines Lebens und seiner Politik gewesen sei, antwortete er: »Gott, an dem ich zweifle, hat mir nie geholfen. Meine Devise war ein ganz einfacher Volksspruch. Was du willst, das man dir tut, das tu auch anderen. Was du willst, das man dir nicht tut, das füg auch keinem anderen zu. Das bestimmt mein Leben!«
Genau diese Sätze stehen sinngemäß in der Mitte der Bergpredigt (Mt 7) und heißen seit alters her: »Die goldene Regel der Bergpredigt.« Der Kern der Botschaft Jesu also bestimmte doch unbewusst die Politik Helmut Schmidts!!
Gott gehört eigentlich in die Mitte aller Politik. Freunde, wir brauchen Gott nirgendwo zu verschweigen!

Zum Schluss

Das Studium der Lehre vom jüdischen Gott war stets eine Bereicherung meiner Spiritualität und Pastoral. Zur Gemeinschaft mit Gott gehören im Judentum, auf dem unser Glaube fußt, himmlische Wesen, Engel genannt. Engel stehen Gott besonders nahe. Auch wenn viele über sie lächeln und als kindlich betrachten – ich bin überzeugt, es gibt sie. Der Mensch ist nicht unbedingt das höchste aller Wesen. Nach der Bibel sind sie Boten der Zuwendung Gottes zu uns.

Sie heißen in der Bibel Gabriel, wenn sie Gottes Wort verkünden, aber auch nur ein gutes Wort für uns haben. Sie heißen Raphael, wenn sie uns beratend und heilend beistehen. Ihr Name ist Michael, wenn sie sich mutig für uns einsetzen. Der Psalm 91 sagt von Gott: »Er befielt seinen Engeln, dich zu behüten auf allen deinen Wegen. Sie tragen dich auf ihren Händen.« Dazu gibt Gott seinen Engeln meistens eine menschliche Gestalt. Sie erscheinen dann als Engel unbemerkt in Menschen, die uns Gutes tun, die uns in unseren Alltagsbeschwerden kräftig unterstützen. Wir sagen zu ihnen mit Recht: »Du bist ein Engel.«

Und diesen Engeln, diesen freundlichen Boten Gottes, gilt bewusst am Schluss meine zärtliche Aufmerksamkeit und mein aufrichtiger Dank. Ihre Hilfe ist unbezahlbar! Ohne sie könnte ich schon lange hier nicht mehr arbeiten. Sie wollen aber ausdrücklich nicht mit Namen genannt werden. Ich respektiere ihre große Bescheidenheit, während ich mit ihrer Hilfe und mit großer Freude noch für meine Brüder und Schwestern da sein darf. Meine Engel tragen in aller Stille die Hauptlast meiner Alterserscheinungen. Meine Engel machen es möglich, dass ich noch vielen zuhören, ihnen Rat geben, sie segnen und im Sakrament der Versöhnung ihnen Mut machen kann. Gott vergelte euch, meine lieben Engel, euren selbstlosen Dienst für mich, für die Diözese Augsburg, auch für meine »Gesellschaft Jesu«. Ist es nicht ein Wunder Gottes, wenn er auch uns immer wieder einsetzt als seine Engel, damit wir andere behüten auf ihren nicht immer leichten Wegen? Innigen Dank!

Natürlich bitte ich am Ende meines irdischen Lebens alle um Verzeihung, denen ich Unrecht getan habe. Ich bereue von ganzem Herzen. Ich bitte um eure Versöhnung, euren Schalom.

Und natürlich danke ich nochmals denen, die mich buchstäblich über die letzte Schwelle getragen haben. Ein großer Dank gilt meinen Mitbrüdern, die sich um mich sorgten und mir viel Kraft gaben. Aufs innigste danke ich den vielen, die mir ihre Freundschaft, ihr Vertrauen, ihr Gebet schenkten. Ich glaube an die heilende, aber auch innerlich verbindende Stärke des Gebetes.

Und jetzt bleibt mir nur noch zu sagen: Adé, A-Dieu, A-Dios: Auf zu Gott! In ihm bleiben wir verbunden bis zu unserem Wiedersehen. Gott segne euch!